张晓冉 著

刑事疑难案件的
法理研究

中国社会科学出版社

图书在版编目（CIP）数据

刑事疑难案件的法理研究/张晓冉著．—北京：中国社会科学出版社，2020.5
ISBN 978-7-5203-6346-4

Ⅰ.①刑… Ⅱ.①张… Ⅲ.①刑事诉讼—审判—案例—法理学—研究
Ⅳ.①D915.318.04

中国版本图书馆 CIP 数据核字（2020）第 065067 号

出 版 人	赵剑英
责任编辑	张　林
特约编辑	张　虎
责任校对	冯英爽
责任印制	戴　宽

出　　　版	中国社会科学出版社
社　　　址	北京鼓楼西大街甲 158 号
邮　　　编	100720
网　　　址	http://www.csspw.cn
发 行 部	010-84083685
门 市 部	010-84029450
经　　　销	新华书店及其他书店

印　　　刷	北京明恒达印务有限公司
装　　　订	廊坊市广阳区广增装订厂
版　　　次	2020 年 5 月第 1 版
印　　　次	2020 年 5 月第 1 次印刷

开　　本	710×1000　1/16
印　　张	16.75
插　　页	2
字　　数	258 千字
定　　价	99.00 元

凡购买中国社会科学出版社图书，如有质量问题请与本社营销中心联系调换
电话：010-84083683
版权所有　侵权必究

序

  疑难案件是法理学的核心命题，也是司法实践中不可回避的难题。概而言之，疑难案件之所以被称为疑难，其原因有二：一曰事实疑难，二曰法律疑难。当然，事实与法律可能单独存疑，也可能同时存疑。许多学者侧重于对法律疑难的研究，然而，事实疑难的重要性并不亚于法律疑难，目前我国已经纠错的刑事错案就多为事实疑难的案件。刑事案件关乎公民的人身、自由、财产等基本权利，对刑事疑难案件处理不当，一旦形成错案，将会严重侵害公民权利，其后果不容小觑。由此，以疑难案件的类型为主线，以刑事疑难案件为对象，从法理学的视角对事实疑难和法律疑难进行从理论到实证的研究，是本书的独特视角和重要特征。

  在事实疑难案件中，排除客观事实疑难是排除法律事实疑难的基础。本书研究了客观事实之间、法律事实之间，以及客观事实与法律事实之间可能存在的冲突，并提出：通过正当程序、因果关系梳理、形式推理结合实质审查等方式，可以得出较为确切或具备合理性的案件事实。比如，事实疑难根据案件所处的阶段不同，其类型和适用也不尽相同。以刑事案件为例，侦查阶段侧重考察客观事实疑难；检察起诉阶段是以排查客观事实疑难为主，同时考察法律事实疑难；审判阶段是从法律事实疑难到客观事实疑难的倒推，然后在排除了事实疑难的前提下考察法律疑难。如果将该类型分析运用到司法实践中，就会发现，刑事案件中的"罪疑"关乎案件客观事实，"疑罪"关乎法律事实。在公安侦查阶段，以考察"罪疑"（是否有罪存疑）为主；在检察院审查起诉阶段，仍以考察"罪疑"（是否真的有罪）为主，兼顾考察"疑罪"（法律上是否有罪）的情形；在法院审判阶段面对刑事存疑案件时，则是从"疑罪"到

"罪疑"的倒推，法官要选择的仅是"疑罪从无"还是"罪疑从轻"的问题。

另外，在法律疑难的案件中，规则、原则、政策之间也可能存在冲突，上升到法哲学层次，还有"恶法亦法"与"恶法非法"的理念冲突。关于法律疑难的理论研究在国内外已经相对深入，国外以分析实证主义法学派的代表哈特和以新自然法学派的代表德沃金为主，各自形成了一套关于疑难案件的理论。哈特从分析实证法学派"恶法亦法"的角度，通过语义、承认规则论证了法律具有不确定性，德沃金以自然法学派"恶法非法"的角度，提出了整全性法律理论，并认为法律具有确定性。本书对法律疑难的主流理论进行梳理、辨析，并对将其落实到刑事法律疑难的实证研究上做了有益的尝试。

最后，本书以建构的疑难案件类型为分析方法，对刑事案件审理中的"疑点利益归于被告"原则进行了扩展性的研究。在刑事案件中，"疑点利益归于被告"原则适用于事实疑难和法律疑难两种疑难案件，但是，在事实疑难案件中适用该原则时，应对客观事实与法律事实疑难进行细化并分别考量；在法律疑难案件中适用该原则时，则应根据个案中规则、原则、政策等因素的冲突，并结合案件事实进行综合的考察。刑事错案，不仅包括对无罪的嫌疑人判决有罪，罪轻的嫌疑人判决过重；也包括对有罪的嫌疑人无罪释放，罪重的嫌疑人判刑过轻。处理刑事存疑案件，从保护人权的角度出发，理应适用"有利于被告"的原则，但是，为了保持法律价值的中立，避免法官过度使用自由裁量权，不能笼统地将一切事实及法律疑难之利益都归于被告。本书正是通过对事实疑难与法律疑难的理论及实证梳理，力图在同类型疑难案件中实现事实认定、法律适用中的同案同判。

任　强

2019 年 9 月 28 日

前　言

　　法理学界对于"疑难案件"的研究和争论由来已久，西方现有的疑难案件理论主要围绕法律适用上的疑难展开。中西方既有成文法与不成文法的法典差异，也在审判流程中对于事实认定的环节存在不同。在国内的司法实践中，容易出现"案件事实应当如何认定"的问题，目前已经发生的刑事错案也大都出错在事实认定的环节。基于此，本书对疑难案件的研究并不局限于法律适用方面，而是将事实疑难与法律疑难合并进行系统的研究，更契合国内的司法实践问题。

　　本书的核心部分包括第五章到第十二章。其中第五至第八章主要研究事实疑难，首先分析了案件事实中的疑难情形，从法理的角度提出了解决"应然"层面事实疑难的进路，在此基础上运用法理对刑事案件侦查、起诉、审判三个阶段中的事实疑难情形进行辨析，最终落脚到对刑事事实疑难案件如何形成定案证据的分析。第九至第十二章主要研究法律疑难，首先分析了法律适用中的疑难情形，分别从德沃金和哈特不同法理学派的"疑难观"切入，辨析二者对于法律疑难的理论争议，分别阐述了二者关于法律疑难理论的优点与局限性。在此基础上，运用法理并结合疑难案件相关理论对刑事案件侦查、起诉、审判三个阶段中的法律疑难情形进行辨析，最终落脚到对处理刑事法律疑难司法方法的研究。

　　本书的末尾部分，重点研究了刑事疑难案件在诉讼中的原则，尽管部分原则在国内尚未推行，仍可作为一种解决刑事疑难案件的法理路径，为司法实践提供参考。在全书的研究结论中提出了：对于同类型的刑事疑难案件，应做出在犯罪事实认定上、罪名的确认上、量刑的标准上同类型的判决，促进司法的可预测性和稳定性。这既是司法实践中解决刑事疑难案件的难点，也是各地法院在处理刑事疑难案件时应当遵循的原则。

　　本书选取刑事领域疑难案件作为疑难案件理论的实证研究，一方面将法学理论运用到刑事案件侦查、起诉、审判的各个阶段，另一方面对刑事案件中的客观事实疑难、法律事实疑难、法律疑难进行顺推，试图从法理的角度找到解决刑事事实疑难和刑事法律疑难的路径，希冀能够为国内合理解决刑事疑难案件提供一些理论和实践的参考。

目 录

第一章 绪论 …………………………………………………… (1)
  第一节 刑事疑难案件问题的提出 ………………………… (1)
  第二节 研究内容与框架 …………………………………… (4)
  第三节 研究方法 …………………………………………… (7)

第二章 事实疑难与法律疑难相关研究综述 ………………… (9)
  第一节 事实疑难相关研究述评 …………………………… (9)
  第二节 法律疑难相关理论述评 …………………………… (15)

第三章 疑难案件的类型及成因 ……………………………… (28)
  第一节 疑难案件的类型 …………………………………… (28)
  第二节 疑难案件的成因 …………………………………… (43)

第四章 国内典型的刑事疑难案例 …………………………… (49)
  第一节 刑事事实疑难案例述评 …………………………… (49)
  第二节 刑事法律疑难案例述评 …………………………… (54)
  第三节 刑事案件中的疑难之法哲学研究意义 …………… (57)

第五章 案件事实中的疑难情形 ……………………………… (60)
  第一节 案件事实认知上的疑难 …………………………… (60)
  第二节 案件事实中的冲突 ………………………………… (64)

第六章　解决应然层面事实疑难的理论进路……………………（72）
  第一节　形式推理与实质审查………………………………（73）
  第二节　因果关系梳理………………………………………（76）
  第三节　程序正义辅以实质正义……………………………（77）
  第四节　社会影响及社会危害性……………………………（79）
  第五节　价值衡量与利益平衡………………………………（80）

第七章　刑事案件中事实疑难的法理………………………………（83）
  第一节　事实疑难的阶段性分类及法理解析………………（83）
  第二节　事实疑难中"罪疑"与"疑罪"之法理界分………（92）
  第三节　刑事事实疑难之"利益归于被告"………………（104）

第八章　刑事事实疑难案件之证据形成……………………………（117）
  第一节　案件事实的证明……………………………………（117）
  第二节　形成定案证据之争议………………………………（120）

第九章　法律适用中的疑难情形……………………………………（125）
  第一节　成文法律规则中的瑕疵……………………………（125）
  第二节　法律规范内部的冲突………………………………（127）
  第三节　超越法律规范的"信仰"冲突……………………（135）

第十章　法律疑难的理论争议及其辨析……………………………（143）
  第一节　德沃金新自然法视角的疑难案件理论……………（144）
  第二节　哈特分析实证法视角的疑难案件理论……………（165）
  第三节　德沃金与哈特关于法律疑难理论的不相容………（179）

第十一章　刑事案件中法律疑难的法理……………………………（188）
  第一节　刑事法律疑难的阶段性分类及法理适用…………（188）
  第二节　刑事法律疑难之"利益归于被告"………………（206）

第十二章　国内处理刑事法律疑难案件之司法方法 ……… (212)
　　第一节　法官进行裁判解释 ……………………………… (212)
　　第二节　最高人民法院做出司法解释 …………………… (215)

第十三章　刑事疑难案件在诉讼中的原则 …………………… (219)
　　第一节　"禁止双重危险"和"一事不再理"原则 ……… (219)
　　第二节　刑法不得已原则与谦抑原则的区别适用 ……… (223)

第十四章　结论 ………………………………………………… (228)

参考文献 ………………………………………………………… (234)

附录 ……………………………………………………………… (249)

后记 ……………………………………………………………… (254)

图表目录

图 1—1　主体内容研究框架 …………………………………（7）
图 5—1　事实之间的推导关系 ………………………………（69）
图 8—1　定案证据的形成 ……………………………………（119）
表 11—1　规则瑕疵及其司法解决途径………………………（198）

第一章

绪　　论

事实疑难与法律疑难同属疑难案件的两大范畴，具有同等重要的研究价值，学界目前对疑难案件的研究侧重于后者。要完整地研究疑难案件理论，不能单一地研究法律适用上的疑难，应从事实认定疑难到法律适用疑难进行顺推，才能完整地反映出在司法流程各阶段中产生疑难情形的原因，并寻求解决之道。本书是在综合现有法律疑难理论和事实疑难问题的基础上，对刑事事实疑难和刑事法律疑难进行的理论与实证相结合的研究。

第一节　刑事疑难案件问题的提出

学界关于法律疑难已经存在理论争议，在刑事案件中，无论出现事实疑难还是法律疑难，都将是导致案件难以有效解决的阻碍性因素。刑事疑难案件一旦出现对犯罪嫌疑人反复实施不同的司法措施，拖延裁判或者不合理的裁判等情形，容易侵害被告的人权。如果不能合法、合理地解决个案中的事实疑难或法律疑难，还可能形成刑事错案。因此，刑事疑难案件问题值得从法理的角度深入研究，并将理论运用于司法实践。

一　司法的两大难题：事实疑难与法律疑难

疑难案件是长期困扰司法实践的一大难题，个案中的事实或法律都存在疑难的可能，以哈特为代表的法律实证主义与以德沃金为代表的新自然法学派对疑难案件理论的研究较为深入，且展开了争论，但二者主要都侧重对法律疑难方面的研究。值得注意的是，事实疑难也是一种典型的疑难案件类型，并且随着社会的不断发展，科技的不断进步，案件事实不断推陈出新，在法律事实的认定以及客观真相的探明等方面都可能存在疑难，该种疑难如果得不到合法、合理的解决，不但容易产生错案，更危及当事人的人身、自由、财产权利，不容小觑。个案中事实清楚是法律适用的基础，如果案件事实存在疑难，适用再合理的法律也只是空中楼阁，从排除事实疑难到排除法律疑难实则是一个递进的过程。因此，本书拟将事实疑难与法律疑难作为疑难案件理论研究的两大类型，进行系统的研究。

为何选择刑法这一部门法中的疑难问题作为本书的法理研究？第一，刑法素来有"小宪法"之称，与公民的人身、自由、财产权利息息相关，是除宪法与行政法外，与公民有直接利害关系的部门法。然而，刑法在适用过程中难免有存疑的情形，尤其是涉及公民人身自由的刑罚时，如果出现事实疑难或者法律疑难应如何处理，法官对"疑点"以及"疑点利益"的合理运用，将直接影响到公民人身自由等最基本的权利。第二，刑法中的事实疑难与民法不同，某些事实疑难除了形式推理可能还需要运用实质推理，除了形式审查可能还需要实质审查，方可最大限度避免错案对当事人的侵害。因此，在所有部门法中，本书尤以研究刑事疑难案件为主，文中案例分析多以刑事案件为例。

刑事错案不仅包括对无罪的人判决有罪，轻刑的人判决过重；还包括对有罪的人判决无罪，重刑的人判决过轻。长期以来，我国在司法实践中对刑事存疑案件通常采取"疑罪从轻"的判罚。尤其是重大案件，对按照法律应当判处死刑的嫌疑人，出现疑难时，通常判处死缓，采取"留人一命"的做法。但是，如果该嫌疑人本就无罪，或者根据调查取证的客观事实或法律事实不应判其有罪，即使对其判处死缓，留下了性命，也侵犯了他的人身自由权，而这恰是受宪法保护的公民最基本的权利。在刑事疑难案件中，如何最大限度地保障嫌疑人的人权？何种存疑情形不应判处嫌疑人有罪？何种存疑情形只能采取"罪疑从轻"，不能"从无"？在适用法律时，当原则与规则出现冲突时，法官应如何裁决？一系列的事实疑难及法律疑难的追问，正是研究疑难案件理论要探明的缘由。

二 为何要强调刑事事实疑难案件的重要性

截至目前,我国已出现多起由刑事疑难案件转变为刑事错案的例子,尤为著名的有呼格吉勒图案、聂树斌案等。无论是从侵害嫌疑人的人身自由权利,错案的嫌疑人家属涉诉信访付出的高额代价,还是原先界定为错案改判后对司法公信力的影响以及国家赔偿来看,刑事错案无论对公民还是政府都是双输的局面。

有学者研究表明:"在英美对抗式诉讼结构中,当事人按照证据规则主张事实、通过证人作证揭示案件事实真相,并提供证据使其主张的事实成立,以便使案件的事实裁断者依据上述证据来解决事实争议,并在此基础上由法律裁判者依据案件事实做出公证裁判。"[1] 可见,在英美法系的对抗式诉讼中,是由专门的事实裁断者来解决事实疑难,因此国外尤其是美国、英国等判例法国家,对于疑难案件的研究重点主要在法律疑难。皆因判例法国家通常由陪审团专门审理案件事实,并且严格执行程序正义,采取非法证据排除等规则。到达司法审判法官审理阶段的案件事实,即便仍无法完全保证已呈现出案件的全部真相,但对于该种存疑事实如何认定至少已满足合理性的要求,并在陪审团中达成一致意见。除此之外,对于案件事实还赋予法官可以推翻陪审团认定的权力,[2] 实现排除案件事实疑难的双重保障。由于上诉法院只负责对法律问题的认定,初审法院中"JNOV"[3] 的出现,实际上就是否定了陪审团的事实认定,改由法官自己做出法律判决,同时给予败诉方上诉复查初审法律问题的权利。在此基础上,判例法国家的疑难案件才主要体现为法律疑难。

而我国是成文法国家,不同于英美法的判例优先。我国尚无专门的刑事证据规则,陪审团的形式意义大于实质意义,案件事实的认定与法律的适用都由主审法官决断,这无疑增大了案件形成事实疑难的可能性,也增加了由于事实疑难导致错案的概率。当下,国内学界主要将疑难案

---

[1] 常怡、陈飚:《麦考密克论证据》书评,《环球法律评论》2007年第2期,第124页。
[2] 这种情况叫作 JNOV,即 Judgment Notwithstanding the Verdict 的缩写。
[3] 关于"JNOV"的详细论述可以参见 Franklin A. Nachman: Posttrial Alchemy: Judgments Notwithstanding the Verdict, Litigation, Vol. 15, No. 3, APPEALS (Spring 1989)。

件的研究侧重于法律疑难。本书意将事实疑难与法律疑难的研究相结合,更为全面地研究疑难案件理论。因此,可以说本书的研究将具有以下两方面的意义。

第一,通过将事实疑难与法律疑难作为疑难案件理论不可分割、同等重要的类型来同时进行法学理论的整体研究,能够更全面、完整地研究疑难案件理论。尤其对于事实疑难的法哲学、方法论研究,将弥补当下的理论不足;对现有的法律疑难的国内外理论研究进行比较分析,为规范处理疑难案件提供理论依据。

第二,本书的研究将有助于系统地了解疑难案件的形成过程、特征、理论及如何解决。进而有助于在司法实践中,面对不同类型的疑难案件,无论是事实疑难还是法律疑难都有理论依据,减少同类型疑难案件不同判决结果的可能性,降低刑事疑难案件转化为错案的概率,进而达到保障人权的目的。

第二节　研究内容与框架

在分别对事实疑难和法律疑难相关文献进行分类、综述、分析的基础上,通过实证、价值、概念等分析方法,主要基于以下内容及框架对刑事疑难案件的法理展开研究。

一　研究内容

为了窥探疑难案件理论的全貌,本书以疑难案件的类型为主线,从事实疑难与法律疑难两方面展开,全面地分析疑难案件理论,并着重对刑事疑难案件应如何合理运用"存疑利于被告"的原则进行辨析。

为何要从事实疑难谈起?以一个刑事案件为例,从案件的形成来看,公安侦查、检察院起诉到司法裁判前,三个阶段注重考察的都是案件事实,尽管如此,也无法完全排除事实疑难。而我国目前已有的刑事错案实际上多为事实疑难的案件,面对事实疑难应当如何认定、如何判罚才能尽可能地减少错案的产生,是本书试图解决的问题。另外,从司法审判的流程来看,首先是审理事实疑难,而后才是法律疑难。查明案件的事实疑难是分析法律疑难的基础,如果案件事实不清,在此基础上进行的法律疑难辨析只能是空中楼阁,适用再恰当的规则、原则,也不能纠正案件事实这一源头上的错误。并且,事实真相难以完全还原,难免有存疑的情形,对于客观事实、法律事实等不同类型的事实存疑应如何判罚,除了法律的明文规定外,对于应然层面的事实疑难也应有相应的理论作为支撑。因此,本书对疑难案件的研究从事实疑难开始,再到法律疑难,意图对疑难案件进行更加全面、系统的分析。

将案件事实中的疑难,与法律适用中的疑难加以说明,并分别进行阐述,再结合相应的法学理论进行辨析,最后落脚到刑事案件中的事实与法律疑难的法理研究上。对刑事疑难案件中的客观事实疑难、法律事实疑难、法律疑难的辨析将贯穿全书,意图通过从法学理论的阐释到具体部门法的法理适用,实现理论与实践的结合。

二 研究框架

根据研究内容的侧重不同,本书的研究框架大体可以分为四个部分,共 14 章。

第一部分,刑事疑难案件概论。通过第一部分对刑事疑难案件的概述,提出实践中的问题,划分刑事疑难案件的类型。

绪论部分主要对本书的研究内容、研究框架、研究方法进行概述。第二至四章除了厘清什么是疑难案件,还将疑难案件分为事实疑难与法律疑难,并分别进行阐释。在此基础上,将事实疑难与法律疑难进行再分类,事实疑难还可分为客观事实疑难与法律事实疑难两种类型,并且分别探析客观事实疑难、法律事实疑难以及法律疑难的成因。

第二部分,主要研究刑事案件中的事实疑难。以事实疑难为主线研究其冲突,以及解决刑事案件事实疑难的理论进路,最后落脚到刑事案件中事实疑难的法理研究。主要观点包括:排除事实疑难是解决法律疑难的基础,事实疑难又分为客观事实疑难及法律事实疑难两种类型。疑难案件的产生实则从立案调查到审查起诉阶段就开始了,司法审判只是对疑难案件裁定的最后阶段。

第五章分析案件事实中的疑难情形,着重分析案件事实的认知疑难,事实之间的冲突情形。第六章研究解决应然层面事实疑难的理论进路。第七章经过前面对事实疑难情形及理论辨析,最终落脚到刑事案件中事实疑难的法理研究上，并对刑事案件中的事实疑难分为侦查、起诉、审判三个阶段研究其分类及适用，以及案件事实向证据的转化，最后研究刑事事实疑难案件在哪些情形下应适用"利益归于被告"的问题。第八章研究在刑事事实疑难案件中，案件事实的证明以及定案证据的形成等疑难问题。

第三部分，主要研究刑事案件中的法律疑难。以法律疑难为主线，研究其相互之间的冲突、理论冲突及方法论，最后以刑事案件中的法律疑难为实证，寻求合理解决司法实践中法律疑难的路径。对于法律疑难，学界主要分为哈特的"语义上的疑难案件"与德沃金的"法律根据争议的疑难案件"两大类别。其后的学者主要在两人的理论基础上展开研究。

第九章主要研究法律适用中的疑难情形，分析个案中法律疑难相互之间存在的冲突，以及法律疑难中的"信仰"冲突，通过对"信仰"冲突的分析，辨析法律疑难理论争议的根源。第十章以自然法与实证法两大法学流派关于法律疑难的理论争议为研究主线，以德沃金与哈特的疑难案件理论为主，分析二者法律疑难理论的相容与不相容，从不同的视角切入，以期全面论证法律疑难的理论。通过前面两章对法律适用的疑难及理论分析，第十一章落实到对刑事案件中法律疑难的法理研究上，并根据刑事司法的侦查、起诉、审判三个阶段，分别进行法律疑难的辨析。第十二章实证分析国内在处理刑事法律疑难时采用的司法方法，主要包括裁判解释和司法解释。

第四部分，结论。在前述分别对刑事事实疑难和刑事法律疑难进行从理论到实证的研究基础之上，分析刑事疑难案件在诉讼中的原则，并对全书观点进行提炼、概括、总结。

第十三章分析刑事疑难案件在诉讼中的原则，分析"禁止双重危险"原则、"一事不再理"原则、刑法不得已原则、谦抑原则在刑事疑难案件诉讼中的作用及合理适用。第十四章为全书的结论部分，对全书观点进行概括性的归纳，并提出主要的研究结论。

基于上述，本书的研究主要是围绕第二部分事实疑难和第三部分法律疑难展开的，主体内容的研究框架如图1—1所示。

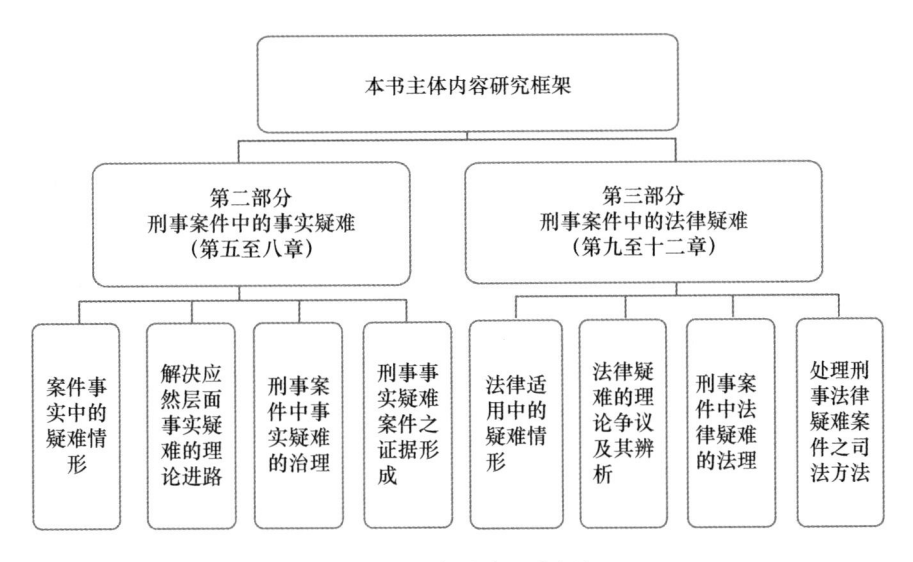

图 1—1　主体内容研究框架

第三节　研究方法

在将刑事疑难案件分为事实疑难和法律疑难两大类别的基础上，对刑事疑难案件的法理研究主要采取概念、实证、价值、社会学、比较分析等方法。其中，在研究刑事事实疑难时侧重实证分析和社会学分析，研究刑事法律疑难时侧重价值分析和比较分析，在通篇的研究中对部分原则、理论进行概念分析。

第一，概念分析法。在对疑难案件进行事实疑难与法律疑难的概念细分基础上，研究刑事事实疑难与刑事法律疑难的内涵与外延，从概念上区分出刑事疑难案件从事实到法律的疑难阶段，和不同阶段的疑难类型，并为后续的研究划分研究类型、奠定理论基础。

第二，法律实证研究方法。主要将对疑难案件的研究落实到刑事疑难案件的实证上，并将刑事疑难案件分为事实疑难与法律疑难，分别对两种刑事疑难案件通过法条文本、法律适用、疑难案例、刑事诉讼原则等进行实证分析，将疑难案件的法理与刑事疑难案件的实证结合起来研究，以期解决实践中的疑难问题。

第三，价值分析方法。价值判断的重点通常不是对与错、是与非，而是合理与不合理。本书分别对存在事实疑难与法律疑难的刑事案件提出了"应当如何裁判"的追问，对于上述两种疑难，在没有法律规范可以适用，或者适用法律规范将导致明显的不合理判决等情形下，都需要运用一定的法律价值准则对个案的研判进行衡量、辨析、评判，才能得出合法、合理的判决。

第四，社会学分析方法。将疑难案件理论与社会学分析相结合，研究刑事疑难案件裁判的合理性。具体来讲，即通过预测分析对刑事事实与法律疑难案件的研判将造成的社会作用和效果，并参考社会目的、利益平衡等因素，反向推导并研究应当如何对存在事实与法律应然层面疑难的刑事案件进行裁判，以及与刑事疑难案件相关原则的合理适用。

第五，比较分析方法。本书对于比较分析方法的运用并非立足于国家之间的法律，而是从新自然法视角和分析实证法视角对法律疑难案件分别形成的两种理论进行比较。从两种不同的视角切入，研究基于不同的理论所产生的不同的疑难观，以及两种理论的正面意义、局限性。分析两种理论的不相容之处，进而从两种理论中综合出可以解决刑事法律疑难案件的方法。

第 二 章

事实疑难与法律疑难相关研究综述

在一个疑难案件中，除了可能存在法律适用上的疑难外，事实疑难也是困扰司法实践的症结所在，目前国内学者对于疑难案件分为案件的事实疑难与法律疑难两大类型已基本达成共识。关于疑难案件的成因、类型、理论，国内外已有法理学者进行相关研究，然而，现有的多数研究都侧重于法律疑难的方面，对事实疑难的研究较为薄弱。下面将国内外对于疑难案件的现有研究分事实疑难与法律疑难分别进行简要的概述，作为深入剖析疑难案件的基础。

第一节 事实疑难相关研究述评

季涛在《论疑难案件的界定标准》一文中指出："法律规则的局限性与案件事实的非常规性是导致疑难案件的两个相互联系的因素。"[1] 应当明确，法律疑难与事实疑难都是造成刑事疑难案件的两大重要因素，某些刑事疑难个案中，既存在事实疑难，也存在法律疑难。进一步来讲，由于对刑事个案中部分案件事实应当如何认定存疑，进而才造成了法律适用上的疑难。因此，如何合理合法地解决刑事案件中的事实疑难同样在法学理论层面存在可研究的空间。刑事案件事实由于认知局限、事实冲突和证据形成等三个方面的因素，存在疑难的可能。[2] 区分个案中的客

---

[1] 季涛：《论疑难案件的界定标准》，《浙江社会科学》2004 年第 5 期，第 55 页。
[2] 参见张晓冉《案件事实为何疑难？——认知局限、事实冲突和证据形成》，《北京警察学院学报》2019 年第 3 期。

观事实和法律事实,更利于细化案件事实疑难的类型,发现事实疑难的症结,辅助法官对疑难事实的认定。

一 案件事实概述

有学者研究表明:类型概念在法律适用中对事实的认定与理解非常重要,法律职业者对事实完成了类型化认识就算完成了法律推理小前提的论证。① 陈林林在研究证据推理时提出事实的层次包括:再现事实、证据事实、裁判事实。② 由于推理本身是动态的,这种对于事实层次的区分将案件事实也视为一个纵向的、动态的过程。本书将案件事实主要分为客观事实与法律事实两大类别,对刑事事实疑难案件的研究也主要基于客观事实疑难和法律事实疑难展开。

(一) 客观事实

哲学意义上的客观事实泛指不以人的意志为转移的现实事物。金岳霖基于认知主义事实观,认为:事实是被接受和安排了的所与,是认知主体在感觉材料基础上所做的一种认知建构,兼具客观性和主观性。③ 可见,基于认知主义事实观,客观事实并非纯粹是客观性的,也同时具有主观性。客观事实在认知上的主观性,也将造成人们对客观事实认知上的疑难。

案件中的客观事实是通过法定的载体将其真实性进行展示的,一种不以人的意志为转移的事实。黄宏生指出:法理学领域中的客观事实一般是通过诉讼当事人陈述和举证的方式展示出来,因此不可避免地带有一定的主观性,导致法律职业者有时难以准确地把握客观真实。④ 基于上述不难看出,无论是哲学意义还是法理学意义上的客观事实都不能完全排除其主观性,法律职业者对客观事实在认知上的主观性,是导致刑事案件中的客观事实存在疑难的主要原因。

---

① 参见杨建军《事实的类型化与法律推理》,《法律方法》2005 年第 4 卷,第 388 页。
② 参见陈林林《证据推理中的价值判断》,《浙江社会科学》2019 年第 8 期,第 49 页。
③ 参见陈波《客观事实抑或认知建构:罗素和金岳霖论事实》,《学术月刊》2018 年第 10 期,第 17 页。
④ 参见黄宏生《客观事实与法律事实的关系及意义》,《福建论坛》2007 年第 7 期,第 139 页。

(二) 法律事实

杨建军认为：法律事实是能够引起法律关系演变的事实，是由法律所规定的，被法律职业群体证明，由法官依据法律程序认定的客观事实。① 可见客观事实需要被认定后才称其为法律事实，而"认定"本身是一个同时掺杂着客观与主观的过程。既然对法律事实的认定存在法官的主观因素，则可能产生法律事实认定的疑难。杨建军进一步指出：司法裁判活动必须沟通法律事实、规范与价值，司法裁断活动不可避免地内含着法律价值评判与目的追求，故而司法判断过程中离不开价值的保障与统摄。② 因此，刑事案件中对法律事实认定的价值判断容易产生疑难，这也是事实疑难的一种常见情形。

正如孙日华所言："事实的形成是一个动态的过程，客观事实被陈述为案件事实，案件事实被建构为裁判事实。"③ 刑事案件中，从诉讼当事人双方对客观事实的陈述，到法官对案件事实的认证，最终形成裁判事实的过程中，都不可避免地掺杂着人的价值判断。因此，不能排除刑事案件事实存疑的可能性，且必须强调刑事诉讼中查明个案的客观事实、正确认证个案的法律事实的重要性。

学界对于客观事实和法律事实的概念已经有了清晰的界定。在刑事案件中，以客观事实和法律事实为两大类别的案件事实还可进行细分，只有厘清客观事实和法律事实的内容及形成原因，才能更好地辅助司法实践精准定位事实疑难的具体情形，高效寻求相应的解决办法。

二 案件事实疑难相关论述

案件事实疑难又可分为客观事实疑难和法律事实疑难，国内学者对案件事实疑难的论述也主要以客观事实和法律事实为基础，也有学者将法律规则与事实结合起来进行研究，认为裁判就是需要法官在事实与规则之间反复比对。因此，案件事实一旦存疑，会影响法官的认定，进而影响司法裁判的公正性。

---

① 参见杨建军《法律事实的概念》，《西北政法学院学报》2004年第6期，第43页。
② 参见杨建军《法律事实、规范与价值》，《法律方法》2006年第5卷，第95页。
③ 孙日华：《裁判事实如何形成》，《北方法学》2011年第5卷，第15—23页。

（一）疑难事实的认定

陈永生认为：由于受认识手段的影响，以及限制法官恣意和保护人权等多种原因，法律事实与客观事实经常发生背离。① 并且，神示证据制度、法定证据制度与自由心证证据制度下对事实认定的侧重有所不同。其中消极的法定证据原则和自由心证证据制度都强调了法官的主观认识在事实认定中的作用，这也表明案件事实并不总是客观的，在对案件事实的认定过程中存在"应当如何认定"的价值判断。可见，事实疑难与法律疑难一样，都具有应然的规范性问题，对事实疑难的应然层面也应当借助法理进行规范分析。

郑永流在静态上将事实划分三种：一是生活事实或原始事实；二是证明事实；三是法律事实。② 事实疑难则在这三种类型中都可能存疑。按照该种对事实的划分，在刑事案件中，第一种事实主要由侦查机关搜集；第二种证明事实主要由起诉机关负责，并对第一种事实负有核查与补充侦查的职责；审判阶段则是在第二种事实的基础上，完成对第三种事实的认定。必要时，需要回到第二种事实乃至第一种事实的考察中去。也即是说，审判阶段是对事实通过逻辑推理和实质审查的形式进行全面的考察，查漏补缺。值得注意的是，法律事实的存疑分为两种情形：由客观事实存疑引起的法律事实认定疑难属于事实疑难的范畴；由于法律的空缺引起的在认定法律事实时适用法律的疑难，则属于法律疑难的范畴。

（二）证明案件事实

要研究如何证明案件事实，首先要明晰因果关系的证明。国外有学者指出，因果关系必须是合理的且是密切相关的：当案件事实表明被告犯有过失以及原告受到损害，除非原告能够证明其损害是由于被告的过失行为造成的，否则被告不承担损害赔偿责任。③ 可见，因果关系是一项重要的法律事实，法官可以据此认定被告是否需要承担责任。但因果关

---

① 参见陈永生《法律事实与客观事实的契合与背离——对证据制度史另一视觉的解读》，《国家检察官学院学报》2003年第4期，第65页。
② 参见郑永流《法律判断大小前提的建构及其方法》，《法学研究》2006年第4期，第3—4页。
③ 参见 Walter Dean Negligence: Proof of Causation, *Michigan Law Review*, Vol. 48, No. 4 (Feb., 1950), p. 536。

系是需要证明的,证明的过程即掺入了人的主观因素,法官对此需要做出事实判断和价值判断。因此,因果关系有存疑的可能,是一种需要被证明的案件事实。

国内学者王舸以案件事实推理为切入,分几个方面分别论述了如何推理案件事实的方法,其对证据和证明标准两个方面的论述,对实践中认定案件事实有促进作用。他不仅肯定了认定案件事实的重要性,也提到了对事实进行价值推导的内容,其方法论对排除案件事实的实然与应然两个方面的疑难都适用。[①] 郭华在《案件事实认定方法》一书中强调:裁判者认定事实是一个困难的过程,并分析了案件事件的认定方法。[②] 此外,彭漪涟在《事实论》一书中,也对事实展开了详细的论述。[③] 国内这些学者对事实的专门论述,都对我国司法实践中案件事实的认定,以及完善证据规则、证明标准等有一定的积极作用。笔者在本书中虽然也论及事实,但是从案件事实疑难的角度进行切入,与上述两位学者对事实的切入略有不同。

(三)事实疑难引发价值问题

孙笑侠认为规则与事实作为司法哲学的逻辑起点,前者涉及法律的安定性,后者涉及法的合目的性。进而指出:"在大量有争议的法律问题中,并不都是规范问题,还有许多事实问题及由此引发的价值问题。"[④] 该种观点与笔者不谋而合,实际上,案件事实具有不可逆转性,司法阶段呈现出来的案件事实只能是后期人为还原的事实,在个案中难免存在客观事实之间、法律事实之间,以及客观事实与法律事实之间缺漏或冲突的可能。面对该种案件事实瑕疵应当如何认定?如何裁决?刑事案件中,相应的侦查、起诉、审判机关根据事实疑难的不同,应做出何种合法、合理的对应措施,这其中即存在法律问题也存在法社会学侧重研究的社会效果问题。本书将对事实疑难中,从客观事实到法律事实的冲突、理论进路以及价值问题进行全面的研究,并从理论最终落实到刑法实

[①] 详见王舸《案件事实推理论》,中国政法大学出版社2013年版。
[②] 参见郭华《案件事实认定方法》,中国人民公安大学出版社2009年版。
[③] 参见彭漪涟《事实论》,广西师范大学出版社2015年版。
[④] 孙笑侠:《基于规则与事实的司法哲学范畴》,《中国社会科学》2016年第7期,第132页。

践中。

张颖颖在其研究中指出了客观事实与法律事实之间存在冲突,这种事实之间的冲突本质上是一种事实疑难情形。但其过于强调法律事实的重要,认为:"法官只对法律真实负责,而不承担发现客观真实的使命。"[1] 这种观点在民事诉讼中可以适用,但刑事诉讼是以发现客观真实为主要目的,如果允许法官只追求法律真实,难以避免刑事错案的产生,同时也不利于从根本上解决刑事案件中的事实疑难,对于犯罪嫌疑人人权的伤害可想而知。

(四)事实与法律的对应关系

郑永流从法律与事实的对应关系入手,归纳了五种类型的案件:一是事实与规范关系相适应;二是事实与规范关系相对适应;三是事实与规范之间不相适应;四是事实缺乏规范标准,即存在法律漏洞;五是事实与规范关系形式相适应,但实质不相适应。[2] 在这种区分方式下,第一种显然属于简单案件,第二至第五种案件类型,可以表述为疑难案件,但该种分类方式并非疑难案件的全部。实践中,事实与法律有可能单独存疑,该种单独存疑的类型,用事实与规范之间是否相互适应来表述似乎并不清晰,所以,本书对疑难案件的分类采取了根据疑难内容来划分的模式。

哈特曾在其研究中提到:"英国法院诉讼的决定性阶段通常是法院做出判决时,即某些事实是真实的,某些法律后果是附属于这些事实。因此这种判决是事实和法律的复合或混合。"[3] 从中可以总结出司法审判阶段事实和法律的对应关系大抵如此。疑难案件,则通常是事实不清楚,或者法律适用不明,事实与法律不能相对应而产生的一系列疑难问题。

(五)事实疑难与法律疑难同属疑难案件

国内的沈宗灵对疑难案件的类型归纳与划分得较为全面,他首先根据疑难案件的内容区分出事实与法律两个方面的内容,在此基础上,考

---

[1] 张颖颖:《刍议法律事实和客观事实的冲突问题》,《厦门广播电视大学学报》2004 年第 1 期,第 57—60 页。

[2] 参见郑永流《法律判断大小前提的建构及其方法》,《法学研究》2006 年第 4 期,第 5—6 页。

[3] H. L. A. Hart: "The Ascription of Responsibility and Rights," *Proceedings of the Aristotelian Society*, New Series, Vol. 49 (1948–1949), p. 172.

察司法阶段引起"疑难"的原因是事实还是法律，或者事实与法律同时存疑。再对由法律原因引起的疑难，及法律与事实同时存疑的疑难进行进一步的研究。① 本书对疑难案件的划分也主要采取这种方法，与之不同的是，本书将事实疑难与法律疑难进行了更为细致的再分类，提出了事实认定在应然层面的疑难及理论解决。并且可以借助价值实证和规范实证方法，② 对法律事实应然层面的疑难进行分析。

拉伦茨认为疑难案件大致有以下三种情形：一是事实不清，很难获知到底发生了什么，事情真相如何；二是法律规范的意思无法把握；三是案件找不到得以适用的法律规范。③ 可见，拉伦茨将事实疑难的主要问题归结为对案件事实的真相无法查明，而这种真相主要由案件客观事实来反映。实际上，事实疑难并非仅仅是客观事实存疑，由于客观事实存疑引起的法律事实认定上的疑难也属于事实疑难的范畴。

中西方的学者都普遍认同对事实的认定应以实然为主，排除应然的成分，才能确保案件事实认定结论的客观性。因此，大多数学者将对疑难案件的研究重点放在了法律适用的疑难上，笔者也认同这种确保事实认定的实然性的观点。然而，在刑事案件中，案发以后通过侦查手段呈现出来的案件事实，还存在客观事实之间相冲突、法律事实之间相冲突，以及客观事实与法律事实相互冲突的可能性。当这些冲突情形出现时，可能出现难以认定案件事实的局面，那么此时如果没有别的辅助事实，又必须得出结论，就会出现"应当如何认定"的问题，这也是案件事实在应然层面需要解决的疑难，需要从法理的角度予以解决。

第二节　法律疑难相关理论述评

西方法理学界对法律疑难展开了深入的理论研究，关于疑难案件理

---

① 参见沈宗灵等主编《法理学与比较法学论集》，北京大学出版社2000年版，第253—254页。
② 有关规范分析方法的详细论述可以参见谢晖《论规范分析方法》，《中国法学》2009年第2期，第36—44页。
③ 相关论述可以参见［德］卡尔·拉伦茨《法学方法论》，陈爱娥译，商务印书馆2003年版。

论的研究观点及代表人物尤以自然法学派和分析实证法学派最为突出，两大学派并各自形成了关于法律疑难的理论体系。

一 新自然法学派与法律疑难相关的理论

自然法学派认为法律与道德是相关联的，二者都有规范人的行为及社会活动的作用。我国是成文法国家，成文法律有其自身的局限性，不可能绝对全面地规范人的行为。在刑法领域，国内已出现了空白规则、不良规则等情形的法律疑难案例。自然法学派基于"恶法非法"理念以及法律与道德的关联性，衍生出的疑难案件理论有其合理性，对合理解决司法实践中应然层面的法律疑难有一定的适用性。

（一）法律的道德性

新自然法学派的富勒（Lon. L. Fuller）关于法律的道德性理论可以在应然层面解决部分法律疑难的案件。他将法律与道德通过以下理论联系起来：首先，富勒通过义务道德与愿望道德，为法律提供了道德基础和依据。[1] 根据富勒的观点，义务道德作为一种社会规范，是社群已经达成共识的最低限度的道德要求。"从最低点出发，它确立了使有序社会成为可能或者使有序社会得以达到其特定目标的基本原则。"[2] 这种最低限度的道德是一种基本共识，具有普适性，富勒并希望通过这种最低限度的信念为人们的自由划出一定的界限，如他指出：给实践中的言论自由与思想自由一些最低限度的信念是必要的。只有当这一信念被重新确立，自治秩序的领域才能得以扩展。只有这样，才能使我们的社会结构调适得越发完善。我们的思想才能与时代的需要相协调。[3] 而愿望道德则是"善的生活的道德，卓越的道德以及充分实现人之力量的道德"。[4] 愿望道德与义务道德相比，在适用的范畴上小于义务道德，愿望道德具有个体

---

[1] 参见 Lon L. Fuller: *The Morality of Law*, New Haven and London, Yale University Press (1969), pp. 5–9。

[2] ［美］富勒《法律的道德性》，郑戈译，商务印书馆2005年版。

[3] 参见 F. C. Auld review: The Law in Quest of Itself: Being a Series of Three Lectures Provided by the Julius Rosenthal Foundation for General Law, and Delivered at the Law School of Northwestern University at Chicago in April, 1940 by L. L. Fuller, *The University of Toronto Law Journal*, Vol. 4, No. 1 (1941), University of Toronto Press, p. 203。

[4] 参见［美］富勒《法律的道德性》，郑戈译，商务印书馆2005年版。

性。其次，富勒通过对道德进行"内在"与"外在"的区分，阐明了其认为法律具有道德结构和功能的观点。法律的内在道德是指法律之所以成其为法律，是因为它符合道德，这是在一定区域内共同生活的社群愿意承认并共同遵守法律的前提。"法律的内在道德并不关心法律的实体目标，并且很愿意同等有效地服务于各种不同的实体目标。"① 换个角度来说，法律的内在道德追求的是法律的公平、正义等宏观的价值。富勒进一步指出："企图证明法律应不计后果及其伦理和实际结果的法律教条主义，往往是不战自败和欺骗人的。"而法律的外在道德相较于内在道德更为具体，通过法律的外在道德可以保障法律内在道德的实现。从这个意义上来讲，富勒所提出的法律的外在道德不仅仅涉及程序法，也包括实体法，因为只有将程序与实体相结合才能保障法律的价值实现。

不难看出，富勒将法律与道德紧密结合起来，根据富勒的理论可以有效地对法律进行是不是"恶法"的价值判断。在法律适用的过程中，当出现实然和应然的冲突，以及应然层面的冲突时，难以在法律规则、原则、政策层面寻求解决之道时，对法律进行是否属于"恶法"的价值判断将有助于对个案从应然层面寻求解决。然而，德沃金也指出富勒关于法律的道德性理论存在局限性和争议。② 如果在司法实践中，我们面对法律时，首先进行道德衡量，将大大地损害法律的权威。并且，对法律的善恶不应仅仅以道德作为评判标准。同时，法律并不如富勒所言总是具有道德性，部分法律规则其内容并不涉及道德，有的法律的实施结果也并不符合道德的愿望。这也进而上升到了自然法"恶法非法"的观点，对此，学界并未达成共识，在现实中也无法完全依照"恶法非法"来实施。综上来看，法律的结构不是刻板的规则、原则、政策，富勒的理论为我们打开了新的视角，以道德为切入口也可以划分出法律的结构，增强了在法律疑难的案件中，解决应然与实然冲突的可能。

---

① [美] 富勒：《法律的道德性》，郑戈译，商务印书馆2005年版。
② 德沃金指出，富勒试图在《法律的道德》一书中建立起一个"关于法律的新主张"，但富勒并未成功，德沃金对此提出了一些异议，相关内容可参见 Ronald Dworkin："Philosophy, Morality, and Law. Observations Prompted by Professor Fuller's Novel Claim," *University of Pennsylvania Law Review*, Vol. 113, No. 5 (Mar., 1965), pp. 668–690。

（二）法律的正义价值

新自然法学派罗尔斯（John Bordley Rawls）关于法律价值的理论可以在法律疑难实然和应然层面提供部分解决依据。他从法律的价值追求角度，论述了法律的程序正义以及正义价值的重要，证明了正义的合理性，[1]他认为公平才是最大的正义，而人们有追求正义的自由。罗尔斯试图通过假设人们处于"无知之幕"和一种最原初的状态（original position）[2]下，来剔除其他因素对正义的干扰，从而辨析纯粹的正义价值。然而，该种剔除其他因素的纯粹的正义，可能并不完全符合现实社会多元化的要求。对此德沃金提出了反驳："在罗尔斯的原初状态下，置身于'无知之幕'的背后，人民愿意选择的将不是罗尔斯的差别原则，而是资源平等。"[3]

分析实证主义的哈特也曾专门论述"正义"，他认为自然法学派的亚里士多德和柏拉图都没有将正义的概念与个人的自由或价值联系起来，尽管德尔维奇奥含糊其辞地认为这样一个概念存在于亚里士多德的分配正义中。[4]哈特认为一个社群中人与人之间的道德观存在差异，如果通过道德去规范人们的行为难以达成共识，但法律权利制度却能保障人与人之间的平等。哈特对罗尔斯的《正义论》一书给予了高度的评价，他同时也对罗尔斯就正义和自由关系的描述提出了不同意见。[5]

（三）整全法理论和建构性解释

新自然法学派代表德沃金（Ronald M. Dworkin）认为司法裁判的正当性在"疑难案件"中尤为重要，从法令或先例中不能直接找到合理解决"疑难案件"的答案。因此，德沃金从自然法的角度，以建构性解释的方法，通过整全法思想论述了规则、原则、政策作为整全性法律，在解决疑难案件的适用中，具有确定性。他明确指出了法律原则在解决疑难案

---

[1] 参见 Anthony Simon Laden，*The House That Jack Built：That Years of Reading Rawls*，Ethics，Vol. 113，No. 2，January 2003，pp. 367–390。

[2] 参见 John Rawls，*A Theory of Justice*，The Belknap Press，1999，ch. 3。

[3] Ronald Dworkin，*Sovereign Virtue：The Theory and Practice of Equality*，Cambridge，MA：Harvard University Press，2000，p. 118.

[4] 参见 H. L. A. Hart，Justice，Philosophy，Vol. 28，No. 107（Oct.，1953），p. 351。

[5] 参见 H. L. A. Hart，"Rawls on Liberty and Its Priority，" *The University of Chicago Law Review*，Vol. 40，No. 3（Spring，1973），pp. 534–555。

件时的重要作用，提出了原则论证与政策论证之间的区别，并明确解释了在涉及宪法规定、法令和普通法先例的案件中如何区别适用。① 德沃金特别指出：在同个社会中，人们都希望向更好的社会，更公平、更公正的方向发展，因此人们不时达成原则上的解决方案，作为进一步向好发展的平台，延伸到每个人身上。② 在此基础上，应当认可原则的重要性，将原则适用作为解决疑难案件的一种路径。

此外，德沃金指出："每个社区都有一个道德环境，这种环境对其成员的生活产生影响。"③ 他认为，道德与法律有密切的联系，必要时可以通过宪法性法律将道德原则吸收进来，通过宪法权利保障道德，进而适用于案件裁判。德沃金在研究解决法律疑难的案件时，更侧重于解决应然层面的问题，因为在德沃金看来，整全性的法律能够解决法律疑难，正确答案是客观存在的，问题在于如何找到，如何甄别。由于德沃金相较于其他自然法学派提出了更为全面、自足的疑难案件理论，他的理论留待专章与哈特的疑难案件理论着重进行对比研究。

（四）超法裁判的伦理

杰弗里·布兰德（Jeffrey Brand）当属新自然法学派的后起之秀，他关于"超法裁判伦理"的研究，基于个人拥有道德权利和普遍人权的假定，其理论对解决应然与实然相冲突的疑难案件有较大的贡献。例如，他对德沃金的"唯一正确答案"命题从裁判结果最优化的角度展开了进一步的辨析。他认为：法院案件的每一个结果都可能依据道德类别被划分为最优的（optimal）和次优的（suboptimal）。当且仅当没有其他结果优于它时，一个结果在规范性上是最优的；当且仅当它不是最优的，则一个结果在规范性上是次优的。④ 同时，他指出疑难案件有别于次优结果案件，二者有各自的定义，疑难案件的范围广于次优案件，次优案件通

---

① 参见 Ronald Dworkin: Hard Cases, *Harvard Law Review*, Vol. 88, No. 6 (Apr., 1975), pp. 1057-1109。

② 参见 Ronald Dworkin: "Law's Ambitions for Itself," *Virginia Law Review*, Vol. 71, No. 2 (Mar., 1985), p. 187。

③ Ronald Dworkin: "Liberal Community," *California Law Review*, Vol. 77, No. 3, Symposium: Law, Community, and Moral Reasoning (May, 1989), p. 480.

④ 参见［美］杰弗里·布兰德《法治的界限：超法裁判的伦理》，娄曲亢译，中国人民大学出版社 2016 年版，第 75 页。

常被疑难案件所涵盖。另外，尽管布兰德在书中将道德作为超法裁判的主要参考因素，但他也表明自己并不赞同"法官们在道德上被允许完全忽视法律"，因为他认为"好似法律不存在或不重要那样作出判决甚至比盲目遵从法律更糟糕"。①

基于上述不难看出，富勒、罗尔斯分别从道德、法律的正义价值等层面，为解决法律适用中应然与实然之间的冲突开辟了新视角。在司法实践中，实然与应然的冲突已然是一种客观存在，如果仅仅试图从"承认规则"中找到合法、合理的解决途径，势必要将"承认规则"的范畴进行一再的扩张，而这种以保护法律权威为名的扩张实际上也并不能完全解决现实中的问题。富勒关于法律内在道德的研究，在法律规范的层面，可以作为解决法律规范内部规则、原则、政策冲突的理论路径。而罗尔斯的程序正义虽然主要适用于法律规范内部的疑难，但其关于法律价值的衡量与价值平衡的研究则可以适用于法律规范与非法律规范之间实然与应然的冲突，以及非法律规范之间的应然冲突。

二 实证主义法学派与法律疑难相关的理论

实证主义法学派认为法律与道德应当分离，解决法律疑难案件只能依据法律，不能将道德作为解决法律疑难的准则。因此，哈特将法律原则纳入"承认规则"的范畴，试图驳斥德沃金的"整全法"思想。目前实证主义的疑难案件理论得到了大多数法理学者的认同，各国的司法实践也以实证主义居多。

（一）"承认规则"与法官"造法"

分析实证主义法学派代表哈特（H. L. A Hart）从法律实证主义的角度，以概念分析的方法，通过语义、规则、法律的缺陷，论述了在解决法律疑难的案件中，法律依据的不确定性。因此，哈特认为要解决疑难案件，在适用承认规则的基础上，还要借助于"法官造法"。哈特通过平等权试图反驳自然法的道德权利问题，他提出这样一个论点："如果有任何道德权利，那么就必须有一个自然权利，即所有人的平等自

---

① ［美］杰弗里·布兰德：《法治的界限：超法裁判的伦理》，娄曲亢译，中国人民大学出版社2016年版，中文版序言。

由权。"① 但一个人生活在社会中不可能拥有绝对的自由，每个人都只享有相对的自由。哈特通过人的有限自由推论出平等自由权这一自然权利的有限性，进而试图推论出只有道德准则，通常不使用道德权利的概念。此外，哈特还曾引述相对论的道德观"道德可能因不同的社会而不同，为了刑法的实施而有价值，道德不需要合理性或其他具体的内容"。② 进而表明其道德应当与法律相分离的观点。

德沃金认为哈特对他自己的方法论的观点属于典型的当代哲学领域，但哲学家们通常只是从外部俯视政治、法律、科学和艺术等事物，他们研究非哲学家关于对错、法律或非法、真或假的论述。③ 德沃金这段对于哈特理论的评价非常形象，也表达出他与哈特是基于不同的视角在研究疑难案件。由于哈特针对法律疑难，从分析实证的视角提出了较为完备的理论，他的理论观点与德沃金自然法视角的观点有所不同，并产生了理论争议。因此，笔者认为二者对于如何解决法律疑难的观点及理论差异本身也是一种疑难，对此本书将专章进行详细论述，此处不再展开。

（二）司法论证理论

新分析法学派麦考密克（Neil MacComick）的理论相较于哈特的理论而言，更贴近于司法实践。麦考密克提出了以演绎证立为基础的司法论证理论，同时认为，对于疑难案件，可以将二次证明作为补充。麦考密克认为，法律的适用如果存在"普遍的"裁判规则争议时，"二次证明所要解决的问题是如何在若干这样的裁判规则之间作出选择"。④ 此外，他还否定了后果主义的论证模式，认为以后果倒推规则适用的模式没有法律上的合理依据。⑤ 总的来说，麦考密克关于疑难案件的理论分析具有严密的逻辑和理性，对司法实践有一定的影响。但由于他的理论切入是以

---

① H. L. A. Hart: "Are There Any Natural Rights?," *The Philosophical Review*, Vol. 64, No. 2 (Apr., 1955), p. 175.

② H. L. A. Hart: "Social Solidarity and the Enforcement of Morality," *The University of Chicago Law Review*, Vol. 35, No. 1 (Autumn, 1967), p. 1.

③ 参见 Ronald Dworkin: "Hart's Postscript and the Character of Political Philosophy," *Oxford Journal of Legal Studies*, Vol. 24, No. 1 (Spring, 2004), p. 2.

④ ［英］尼尔·麦考密克：《法律推理与法律理论》，姜峰译，法律出版社2005年版，第95页。

⑤ 同上书，第115页。

实证主义为视角的,只能说从他的视角来看存在合理性,但并不能以他的理论就推翻德沃金的疑难案件理论。

(三)"来源命题"和"权威命题"

拉兹(Joseph Raz)从排他性实证主义的角度对德沃金的融贯论提出了质疑。拉兹通过"来源命题"[1]论证了法律不依赖于道德存在,将法官对法律的发展划归道德论证,认为在对法律的适用上只需运用法官的才能。[2]再通过"权威命题",强调法律具有权威性,这是法律区别于道德的特质,也说明了法律的权威并非来自道德。拉兹将权威的类型分为两组,第一组是理论与实践权威;第二组是事实与正当权威。[3]从这个角度来看,如果拉兹仅仅是质疑德沃金,那么他的权威理论就完全在否定富勒的"法律道德性"理论。拉兹的理论对解决法律适用上初级的疑难,尤其是由规则的瑕疵造成的适用疑难方面有一定的影响。法律本身具有权威性,法律也需要权威。当法律规则出现瑕疵时,我们对于漏洞规则、空白规则进行补充、解释,这种在法律适用过程中的解释行为的合理性正是来自法律的权威,否则依据"法无明文规定则自由"来看,空白规则就不应再通过解释来适用,而法律的权威赋予了法官对此进行解释的权力。

(四)概念分析

布雷恩·毕克斯(Brian Bix)主要侧重于概念性分析法哲学,他采用的概念分析主要涉及某类研究对象的重点和基础,并为概念建立一套评价体系。[4]他赞同维特根斯坦的语义与语境的分析方法,[5]从他研究的侧重来看,他的研究已经从单纯的语义分析上升到了类化的概念分析。这种类化的概念分析将有助于提高语义的灵活性,降低语义的僵硬性特

---

[1] Joseph Raz: *Legal Positivism and the Sources of Law*, in the Authority of Law, Oxford: Clarendon Press, 1979, p.47.

[2] 参见 Joseph Raz: *The Authority of Law: Essays on Law and Morality*, New York: Oxford University Press, 1979, p.49。

[3] 参见 Joseph Raz: *Ethics in the Public Domain: Essays in the Morality of Law and Politics*, Oxford: Clarendon Press 1995, pp.211-222。

[4] 参见[美]埃尼尔·希曼《当代美国自然法理论走势》,徐爽译,《现代法学》2002年第1期,第140页。

[5] 参见 Brian Bix: "Michael Moore's Realist Approach to Law," *University of Pennsylvania Law Review*, Vol.140, No.4, Apr., 1992, pp.1307-1310。

质，更利于在法律文本内找到解决模糊规则、冲突规则等法律疑难情形的依据。

基于上述可以看出，分析实证主义主要从法律实证的角度，反驳德沃金的整全法思想，并从承认规则、法律的权威、分离命题、[1] 法律推理、概念分析等角度，试图将法律的适用牢牢固定在法律实然的实证层面。他们认为，以承认规则为界限，超出承认规则之外的道德等因素，不应左右法律的适用。

三　其他法学派与疑难案件相关的理论及观点

其他法学派代表人物分别从价值法学、功利主义、法律推理等角度，提出了解决疑难案件的理论。但这些学者并未如德沃金和哈特般对法律疑难案件形成了一套完整的理论体系，仅选取与疑难案件相关的一个重点或一个方面提出了自己的理论观点。其中，有的学者观点与新自然法学派的疑难案件理论相契合；也有部分学者从其所属法学派的视角，提出了反驳德沃金整全法理论、建构性解释的观点。

（一）宪法权利理论

德国价值法学代表人物罗伯特·阿列克西（Robert Alexy）是基于法律论证角度的疑难观。阿列克西的宪法权利命题以及原则的适用、法律论证等，主要是在德沃金疑难案件理论的基础上，从法律规范内部，[2] 即规则、原则、政策的层面对法律疑难进行研究。

首先，阿列克西在《宪法权利理论》一书中提出了宪法权利的适用，并认为可以按照比例原则解决权利冲突。对此，也有学者认为该种比例原则的解决之道并不理性，而阿列克西将此界定为一种商谈理性。其次，阿列克西在原则是最佳实现之诫命的基础上，提出了"冲突原则法则（the law of competing principles）"。[3] 该法则可表述为：从相冲突的原则之

---

[1]　参见 John Austin: *The Practice of Jurisprudence Determined*, ed. Wilfrid E. Rumble, New York: Cambridge University Press, 1995, p. 157。

[2]　笔者在本书中主要采取自然法的视角，将规则、原则、政策疑难视为法规规范内部的疑难，将道德、伦理、价值等疑难作为法律规范外部的、影响法律适用的疑难。

[3]　Lorenzo Zucca reviewed: "A Theory of Constitutional Rights by Robert Alexy and Julian Rivers," *The International and Comparative Law Quarterly*, Vol. 53, No. 1, Jan., 2004, p. 247.

间，可以推导出两个内容上相矛盾的要求，从而相互限制对方在法律上适用的可能性，该种冲突需要通过法益衡量来解决。① 其中一个原则优先于另一个原则的前提条件，是与该优先原则具有相同法效果的规则的要件。② 这可以理解为在法律规范范畴内的原则冲突解决之法。再次，阿列克西还对法律判断如何证成提出了法律论证理论。阿列克西是继德沃金之后，从自然法角度对法律疑难进行实然到应然全面研究的又一位著名法学家。

然而，阿列克西的理论将法律疑难的应然层面限制在了法律规范的范畴内，无论是宪法权利还是原则冲突的"竞争法则"到法律论证的命题，都紧贴法律适用的实然疑难，以及实然与应然冲突的疑难，他的理论对于解决超越法律规范的冲突方面尚有欠缺。

（二）"法益衡量"

新黑格尔主义法学派卡尔·拉伦茨（Karl Larenz）认为，可以通过"法益衡量"来解决规范冲突及原则冲突，这是一种法的续造。③ 该种以"法益衡量"的方式尤其适用于解决应然层面的法律疑难，当出现冲突规则、法律规则与原则相冲突的情形时，通过"法益衡量"是一种有效且合理的解决法律疑难的路径。从拉伦茨对疑难案件的观点来看，他是偏向于德沃金的疑难观，他所提出的法的续造是指解释的赓续，而非哈特所认为的通过法官造法解决法律疑难。

（三）功利主义的疑难观

波斯纳（Richard Allen Posner）从功利主义的视角，对德沃金试图运用整全性法律进行建构性解释的观点进行了批判，他明确指出："解释是一个含糊的，全盘的，甚至没有界限的概念，应该完全抛弃'解释'这个词，没有这个概念也许我们会更好一些。"④ 他认为："从这玄之又玄的东西中，我什么也没得到。"⑤ 由此看来，波斯纳认为法官处理法律疑难的行为是一种"造法"而非"释法"，进而认为没有解释的必要。这种观

---

① 参见陈林林《基于法律原则的裁判》，《法学研究》2006年第3期。
② 参见［美］波斯纳《法理学问题》，苏力译，中国政法大学出版社2002年版，第54页。
③ 参见［德］卡尔·拉伦茨《法学方法论》，陈爱娥译，商务出版社2003年版，第279页。
④ ［美］波斯纳：《法理学问题》，苏力译，中国政法大学出版社2001年版，第345页。
⑤ ［美］波斯纳：《超越法律》，苏力译，中国政法大学出版社2001年版，第2页。

点太过武断，即使从哈特实证主义的视角来看，语词、规则、法律、承认规则都存在空缺结构，那么如何补充适用这种空缺结构，仅仅通过法官造法显然不能完全解决个案中的法律疑难问题。实际上，在我国既存在立法解释也存在司法解释，已经将解释运用于司法实践当中。从实践来看，解释在司法审判中的作用已经是毋庸置疑。德沃金也对波斯纳法律的经济分析理论提出了不同意见，从规范性缺陷的角度，否定了波斯纳关于"普通法法官在处理疑难案件时，应立足于最大限度地增加社会财富"① 这一观点。这种单一考虑社会财富的价值判断容易使法官在个案中忽视当事人的人权。德沃金并且专门著有《达尔文的新斗牛犬》(Darwin's New Bulldog) 一文，对波斯纳提出的诸多观点进行反驳。②

同时，波斯纳对自然法的理念提出了质疑，认为：正义、公平、自由等与人们的道德信仰密切相关，美国是一个道德多元的社会，因此难以达成道德共识。③ 在一个社会中一旦难以达成道德共识，则道德就无法像法律一样在社会中起到普遍的规范作用。波斯纳从道德共识的角度切入，的确对自然法构成了较为有力的反驳。但人类社会发展至今，有的道德信仰已经是历经数个时代的验证，达到显而易见的正确，也是受到普遍遵从的，这些道德信仰在还没有法律的时候就已经在规范人们的行为。因此，波斯纳认为部分道德难以达成共识，并不能全盘否定道德的规范作用。自然法学派的德沃金认为实证主义的经典论断"法律是，而不是它应该是什么"从来就不是毋庸置疑的。实证主义法律渊源的界限是模糊且存在空白的，这些法律渊源必须被界定或者用解释来填补空白，解释是法官以道德为核心的判断。④ 这也是德沃金进一步提出法官"释法"的缘由。可见，法律与道德相互依存，法律的适用并未完全脱离

---

① Ronald M. Dworkin："Is Wealth A Value?," *The Journal of Legal Studies*, Vol. 9, No. 2, Change in the Common Law: Legal and Economic Perspectives (Mar., 1980), pp. 191 – 226.

② 参见 Ronald Dworkin："Darwin's New Bulldog," *Harvard Law Review*, Vol. 111, No. 7 (May, 1998), pp. 1718 – 1738。

③ 参见黄先雄《波斯纳眼中的法律客观性》，《中南大学学报》2003 年第 5 期，第 598 页。

④ 参见 Ronald Dworkin："The Judge's New Role: Should Personal Convictions Count?," *Journal of International Criminal Justice*, 1, 2003, (1), p. 5。

道德。

自然法学派罗尔斯曾指出：功利主义并不重视人与人之间的区别。可见，功利主义可能为了使绝大多数人的利益最大化，而忽略个体或少数人的实质正义，这是功利主义的特点，也是其最大的弊端。功利主义的核心在于"效用"，自然法的核心之一在于"权利"，哈特从外部视角，将功利主义和自然法理论加以对比，并著有专门的论述。[①]

（四）法律推理

国内的张保生教授从法律推理的角度，提出了应然层面的法律疑难，即：在法律推理中，由于法律自身的问题而产生的疑难案件。[②] 他指出："法律推理包括事实认定和法律适用两个阶段，证据推理和事实认定对法律适用起决定作用。"[③] 他同时指出：在法律疑难的案件中，由于规范与事实之间不是明确的、单一的逻辑关系，法官不能仅凭逻辑去判断，必要时还需运用价值判断。[④] 值得注意的是，我们既可以对法律规范内部的冲突进行价值判断，也可以对个案中超出法律规范的范畴进行价值判断，还可以对法律规范与非法律规范之间实然与应然的冲突进行价值判断，法律疑难是多层次的，由于规则的漏洞与空缺引起的法律适用疑难只是初级的法律疑难。

综上来看，自然法学派、分析实证法学派、功利主义法学派等都对疑难案件提出了具有各自法学流派独特视角和特点的理论。本书之所以将德沃金与哈特二人关于疑难案件理论的研究作为重点，皆因二者对于法律疑难案件的理论研究较为全面和深入，而其他法学家的部分理论虽然也涉及法律疑难的某个方面，但都各有侧重，并未如德沃金与哈特般形成了各自学派的、系统的疑难案件理论。对于德沃金自然法视角的疑难案件理论中存在的问题，可以从阿列克西、富勒、罗尔斯等各自理论

---

① 哈特对功利主义和自然法的论述可以参见 H. L. A. Hart: "Between Utility and Rights," *Columbia Law Review*, Vol. 79, No. 5 (Jun., 1979), pp. 828–846。
② 相关论述的详细内容可以参见张保生《法律推理的理论与方法》，中国政法大学出版社2000年版。
③ 张保生：《事实认定及其在法律推理中的作用》，《浙江社会科学》2019年第6期，第25—26页。
④ 相关论述可以参见张保生《法律推理的理论与方法》，中国政法大学出版社2000年版。

的侧重点中加以深化。而哈特以分析实证法为视角的疑难案件理论中存在的问题，则可以从拉兹、麦考密克、波斯纳等各自的理论侧重点中找到部分解答。

第 三 章

疑难案件的类型及成因

疑难案件是相对于简单案件而言的，在英语中通常表述为"hard case"。研究疑难案件理论应先厘清其类型及成因，再根据不同类型的疑难案件分别进行解析。如果不做区分，笼统的研究疑难案件，或仅研究某一种类型的疑难案件，将导致在研究解决疑难案件的方法论时容易产生混淆，对个案中的疑难内容不清晰。尤其是刑事疑难案件，从公安侦查、检察院起诉到法院审判阶段，从排除客观事实疑难到法律事实疑难，再到解决法律疑难，是一个递进的过程。而到了司法审判阶段，法官又需从法律疑难、法律事实疑难到客观事实疑难进行倒推。若仅侧重法律疑难而不重视事实疑难的研究，则无法完整地窥探疑难案件的全貌，将影响法官在疑难案件中事实认定及法律适用的合理性。

第一节 疑难案件的类型

厘清疑难案件的类型，有助于在司法实践中，法官能够高效地区分出个案中存在的不同疑难情形，更为精准地寻求解决该种疑难情形的司法方法，提高解决疑难案件的效率。

一 对疑难案件的界定

学界对于疑难案件概念、疑难案件范畴的界定尚未达成共识，这也是司法实践中难以解决疑难情形的原因之一。对疑难案件概念和范畴的争议，也导致司法实践中持不同观点的办案人员其采取的司法措施、办案结果有所不同，将大大降低使同类型的疑难案件获得同类型的判决的可能性。

(一) 事实疑难与法律疑难同属疑难案件的范畴

哈特、德沃金、麦考密克等法学家对于疑难案件的研究主要侧重法律疑难,可将其对疑难案件的研究概括为:在司法审判阶段,案件事实清楚的前提下,关于法律适用、解释和如何裁判的疑难。西方学者对疑难案件中法律疑难的研究,可以在司法审判阶段,有效地解决部分事实清楚的疑难案件,但并未囊括疑难案件的所有类型,尤其是事实疑难。

国内有一种观点认为,疑难案件仅仅是围绕个案的法律问题产生的困难和争议,事实疑难不在疑难案件的研究之列:"'事实疑难'并非是我们所讨论背景意义下的疑难案件,学界也几乎无人坚持此类案件为疑难案件,充其量只不过是'事实疑难'的简单案件。"[1] 笔者以为恰恰相反,排除事实疑难是解决法律疑难的基础,一个刑事案件在没有穷尽事实疑难的前提下,即使适用再合理的法律及解释也只是空中楼阁,并且难以避免司法权对事实上可能无罪的嫌疑人人权的侵害。哈特与德沃金关于疑难案件理论的争议固然是侧重于司法审判阶段,规则与原则适用的问题,但并未否定事实疑难的重要性。换个角度来讲,哈特与德沃金对疑难案件理论研究的范畴是基于既有的案件事实(包括客观事实与法律事实),但是案件事实一旦发生,便难以还原它最初的模样,只能通过事实判断无限接近事实真相。然则,事实判断不等于事实真相,事实判断难免有存疑的情形,而这种事实存疑的审判对犯罪嫌疑人来说是极大的不公。因此,事实判断本身的合理性与正确性也是值得研究的问题,不可否认,案件事实的唯一正确性是判决的合理性,甚至于判决正确性的必要前提。

事实疑难是否属于疑难案件的范畴?答案是肯定的。阿尔佛里德·比勒斯巴赫指出:"不存在自在的事实,而只有我们总是可以质疑、观察和衡量的事实,在实然与应然之间存在着辩证关系。"[2] 在刑事案件中,

---

[1] 孙海波:《"疑难案件的成因及裁判进路研究"文献综述》,北大法律信息网,http://article.chinalawinfo.com/ArticleHtml/Article_62555.shtml,最近访问日期:2019年11月21日。

[2] [德] 阿图尔·考夫曼、温弗里德·哈斯默尔:《当代法哲学和法律理论导论》,郑勇流译,法律出版社2001年版,第478页。

事实疑难贯穿从侦查、起诉到审判的全过程，司法审判已经是刑事错案形成的最后一道关口。国内目前已经翻案的冤案、错案，如赵作海案、聂树斌案等，实质上多为事实疑难的案件，该种错案形成的源头在侦查、起诉阶段，以及法官面对不同类型的事实疑难案件如何裁判的问题，而并非完全是法官在法律适用上的错误。

司法裁判必须同时借助事实判断和价值判断方可做出，事实疑难与法律疑难是疑难案件的两大类别，① 国内外目前的研究主要侧重于后者，但事实疑难的重要性也不可小觑。对犯罪嫌疑人而言，只有穷尽事实疑难的判决才是对其人权的最大尊重和保障。只有在穷尽事实疑难之后，才可以考察法律疑难，否则难以避免权力机关对犯罪嫌疑人的侵害。因此，如何杜绝事实疑难对减少错案的发生也至关重要。

(二) 何为疑难案件

有了前面的分析，不难看出对于何为疑难案件的界定如果仅限于法律疑难是不全面的，事实疑难也应概括在内。如果仅片面地强调规则在适用中存在缺陷、不确定性、模糊性，而不与特定的客观事实、法律事实相对应，规则本身的局限便没有载体。法律规则之所以出现不确定性、缺陷等，皆因在适用过程中遇到了特定的案件事实，而案件事实（包括客观事实与法律事实）同样具有不确定性、缺陷、模糊的可能，该种案件事实如何（或者应否）② 适用某特定的规则、原则甚至政策也是疑难案件的一种。然而，国内外学者对于疑难案件的研究侧重于法律疑难的方面，鲜有对事实疑难的剖析。

哈特首先提出了简单案件与疑难案件概念的划分，简单案件通常事实清楚、证据充分，且已有法条对该种事实做了明确的规定，法官可以通过"事实+规范=结论"的三段论得出判决。但他并未明确界定什么是疑难案件，而只是分析了一个案件何以会"疑难"。哈特认为：语言、规则乃至法律都存在"空缺结构"，立法者不可能事先完全预见所有可能

---

① 此处的法律疑难是与事实疑难相对的概念，特指事实清楚但法律适用和解释有异议的疑难案件。

② 并非每种案件事实都适用"法官不得拒绝裁判"原则，对于某些特定的案件事实，应否被定罪，或者从法律上应否认定嫌疑人有罪，也是事实疑难的一种。

发生的情形，而颁布能够规范社会生活方方面面的法律。法律的空缺是一种客观存在，也由于这种客观存在造成法律的内容与适用都存在程度上的不确定性，这也是实践中为何会有法律疑难案件的缘故。

富勒并不赞同哈特上述二分理论，他主要从法律概念的角度对哈特进行了反驳，认为哈特关于疑难案件的理论必须具备以下三个前提，而以下前提均不成立：第一，法律解释主要是对构成法律规则的语词进行语义、概念解释；第二，对概念文字进行语义解释，取决于该概念共识性的日常用法；第三，构成法律规则的语词概念，不受特定法律领域的影响。①

德沃金对哈特的反驳，就是从其对于法律疑难案件的分析实证主义观点展开的。德沃金认为，法律的发展不能完全适应社会的高速变迁，个案在法律适用上、裁定上的疑难是一种客观存在，但这种客观存在的问题并非不能解决。司法实践中，即使既定规则不能完全适用于个案，也可以将法律原则作为规则的补充适用，这种超出既定规则的适用，仍在法律体系内。因此，哈特所指的"语义上的疑难案件"只是在既存法律体系中要找出针对某种特定案件事实的"唯一正确答案"比较困难而已，而并非没有答案。② 德沃金认为真正的法律疑难案件是关于"法律是什么"以及"法律应当是什么"的究竟意义上的更为深沉的追问。因此，他将"疑难案件"概述为：不能依据由某法定机构事先制定的明确的法律规则提起诉讼的案件。③

杰弗里·布兰德从次优结果案件的角度指出：只要次优结果案件向既认为法官应当遵从法律，又认为法官应当避免次优结果的人展示了一个难以解决的实践困境，它们就通常是疑难的。④ 这种表述太过抽象，人们要理解疑难案件首先要理解次优结果案件，而次优结果案件其内容与

---

① 参见 Andrei Marmor：" No Easy Case，" *Canadian Journal of Law and Jurisprudence*，1990，pp. 61–72。

② 有关"语义上的疑难案件"的论述可以参见林立《法学方法论与德沃金》，中国政法大学出版社2002年版。

③ 参见 Ronald Dworkin：*Hard Cases*，in Taking Rights Seriously，Cambridge，Mass.：Harvard University Press，1977，p. 81。

④ 参见［美］杰弗里·布兰德《法治的界限：超法裁判的伦理》，娄曲亢译，中国人民大学出版社2016年版，第91页。

含义本身也存在界定的问题。

史蒂文·J.伯顿从推理的角度认为：疑难案件与司法待决案件之目的存在关联。在疑难案件中，通常会有多个与待决案件相关的目的，且这些目的之间相互竞争。其他只存在单个目的的案件，则不存在疑难问题。[1] 这种以结果为导向的视角与法社会学颇有些相似，但如果仅从目的竞争的角度阐释疑难案件还不够全面。

博登海默从方法论的角度，将疑难案件的界定与法律推理联系了起来，他认为：当对个案进行法律推理时，需要适用辩证推理的案件，就是疑难案件。反过来说，疑难案件的存在情形，也就是需要适用辩证推理的情形。[2] 该种以法律推理为视角的疑难观，仅仅适用于司法审判阶段。在刑事案件中，事实疑难与法律疑难贯穿侦查、起诉、审判三个阶段，即便是在审判阶段，其解决方式也不仅仅是法律推理的一种。因此这种以方法论来辨别疑难案件的疑难观并不全面。

阿尔尼奥将疑难案件与常规案件相对应，通过阐述常规案件的特征，并运用排除的方法，认为除了常规案件，其余的就是疑难案件。在此基础上，他认为常规案件的特征主要表现为：可以重复适用、案件事实清楚，并且事实与规范的对应关系清晰。[3] 然而，仅仅从二分的角度去阐释"疑难案件"，将疑难案件界定为"简单案件""简易案件""常规案件"相对应的一类问题案件，太过抽象，且难以概括出疑难案件的全貌。

国内也有学者从法律适用疑难的角度出发，认为疑难案件是在成文法中找不到可以适用的法律，或者不能通过一般逻辑推理解决的特别案件，需要用"解释的办法来解决"。[4] 该种疑难通常是新生事物或者复杂纠纷。

综上来看，尽管对于疑难案件概念乃至范畴的界定尚未有统一的定

---

[1] 参见[美]史蒂文·J.伯顿《法律和法律推理导论》，张志铭、解兴权译，中国政法大学出版社2000年版，第147—148页。
[2] 博登海默对疑难案件的相关论述可以参见[美]博登海默《法理学：法律哲学与法律方法》，邓正来译，中国政法大学出版社1999年版。
[3] 参见王宏选《疑难案件及其法律发现》，《法律方法》第五卷，山东人民出版社2006年版，第315页。
[4] 陈金钊、谢晖主编：《法律方法》第二卷，山东人民出版社2003年版，第386页。

论，笔者认为从"疑难案件"的内容出发，可以通过五种情形概括"疑难案件"的全貌：第一，客观事实存疑，客观事实即案件的客观真相，一旦发生就难以还原其最初的模样，难免有存疑的情形。客观事实存疑将直接导致法律事实存疑，也可能影响到法律规则的适用，是整个疑难体系最终走向的基础，司法裁判时，在遇到规则问题以及法律事实疑难时，都需要法官往客观事实疑难上进行倒推，并排查。如果只是"一刀切"的、机械的根据某种案件事实判罚，难以避免法官基于错误的案件事实给出错误的裁定。第二，法律事实存疑，包括法律真实与法律关系两种存疑情形。客观事实的难以还原，导致法律真实的认定也存在其他可能性，而存在的这种"其他可能性"将可能推演出两种完全对立的或者全有全无的结论；另外，法律关系方面，法官依据法律规范使法律关系产生、变更和消灭，当法律规范假定的情形在现实生活中出现，而这种情形本身客观上或者主观上存疑，将导致法律关系存疑。第三，法律规则、原则、政策[①]个体之间或相互之间有矛盾或缺陷，而使案件在如何裁定上存在争议。第四，案件事实与法律适用体系（包括规则、原则及政策）同时存疑，由于法律的适用本身依赖于事实的认定，案件事实与法律规范体系同时存疑的情形也难以避免。第五，裁判的合法性与合理性存疑，此种情形通常表现为超越法律规范的道德、伦理等与法律规范适用上存在冲突，进而导致合法性与合理性的冲突。上述五种情形中的疑难类型则应继续再做细致的分类。

二 疑难案件的类型及再分类

疑难案件可以分为事实疑难和法律疑难两大类别：事实疑难可细分为客观事实疑难和法律事实疑难，法律疑难又可根据形成法律疑难的不同理由进行区别。以事实疑难和法律疑难为主线，分别进行再分类，有助于辅助法官厘清疑难案件的类型，精准且快速地找到个案中存在的多种疑难情形，进而寻求解决之道。

[①] 对于哈特提出的"承认规则"，认为"原则、政策也属于承认规则的范畴"此处不做展开论述。

(一) 疑难案件的类型

对于疑难案件的类型，拉伦茨的概述较为全面，不仅包括了法律疑难，也涵盖了事实疑难的部分。拉伦茨认为疑难案件大致包括以下三种情形：一是案件事实不清，很难获知事情的真相；二是法律规范的概念、立法目的及适用情形等无法清晰地理解；三是案件缺乏可以适用的法律规范。①

麦考密克则从事实与规范的关系角度出发，将疑难案件界分为三类："相关性疑难案件""解释性疑难案件"和"分类性疑难案件"。② 麦考密克认为：当不清楚某种已经发生的事实是否就是某个法律规范中所规定的那种事实时，属于分类性疑难案件；不清楚某种规则是否适用于某些案件事实的情形，属于解释性疑难案件；相关性疑难案件则是在没有规范可适用于已经发生的案件事实时产生。③ 可见，麦考密克对于三类疑难案件的区分全部基于既成的案件事实，并且该种分类主要适用于法律的适用和解释阶段。

王宏选从规范与事实关系的角度，将疑难案件分为以下四种类型：一是法律规定不明确的疑难案件；二是法律体系有缺漏的疑难案件；三是法律规定互相冲突的疑难案件；四是"合法性"与"合理性"相冲突的疑难案件。④ 这种划分基本概括了法律疑难的类型，但忽略了事实疑难的内容。

还有学者认为，疑难案件可以分为疑案和难案，前者是需要进行法律论证的复杂案件；后者则系事实清楚，证据确凿，定性准确，在案件处理的环节上有困难，即"处理难"的案件。⑤

尽管国内外对于疑难案件的研究多侧重于法律疑难，但是疑难案件分为：案件事实上的疑难案件与法律规则上的疑难案件，已然达成了基

---

① 参见王宏选《疑难案件及其法律发现》，《法律方法》第五卷，山东人民出版社2006年版，第316页。
② [英] 尼尔·麦考密克：《法律推理与法律理论》，姜峰译，法律出版社2005年版，第125页。
③ 参见杨知文《"分类"与"解释"——两类疑难案件裁判规范证立的比较研究》，《太原理工大学学报》2010年第3期，第41页。
④ 参见王宏选《疑难案件及其法律发现》，《法律方法》第五卷，山东人民出版社2006年版，第317页。
⑤ 参见后祥《疑难案件的审理经验点滴》，《四川监察》1996年第4期，第12页。

本的共识。① 国内目前对疑难案件的分类较为全面的是将疑难案件分为三种类型：一是案件事实的疑难案件；二是案件事实与法律事实结合在一起的疑难案件；三是法律规范的疑难案件。② 本书的研究则立足于此，将前两种类型划为事实疑难的范畴，第三种类型则属于法律疑难的范畴。拟从事实疑难到法律疑难，全面地分析疑难案件。

1. 事实疑难

事实疑难泛指由于个案中存在客观事实、法律事实不清楚或相互冲突的情形，引起的案件事实应当如何认定的疑难。辛普森杀妻案当属疑难案件中，适用"疑罪从无"的典型案例，有作案动机，且案发时没有不在场的时间证人，还存在一些间接证据的犯罪嫌疑人辛普森最终被宣告无罪释放。实际上，从案件被判定无罪的疑难点来看，该疑难案件并非法律疑难，而是由于事实疑难宣告无罪的典型案例，并且法官在审判时实则运用了实质推理而非形式推理，才最终给出了无罪的判决，保障了人权。从事实疑难的角度来分析：首先，辛普森案件检方缺乏直接证据，仅提供了部分间接证据。其次，客观事实存在疑点，警方提供的血迹证据表示，他们在现场发现了两滴血是辛普森的，"但这两滴血一滴干一滴湿，这显然不符合逻辑"。另外，有证据显示无论从时间上、地域上来看，凶手都不可能是辛普森。最后，刑事勘验存在非法搜集证据的可能。种种事实疑难的叠加，最终使辛普森被无罪释放。不难看出，事实疑难在司法审判阶段也是至关重要，对事实疑难的认定往往可以推演出案件的走向。

2. 法律疑难

法律疑难泛指在司法实践中，法官对于特定的案件事实应当如何适用法律存疑的一种情形。作为疑难案件理论的研究重点，哈特与德沃金针对法律疑难展开过法理争论，中西方学者在二人争议的基础上延伸出了许多关于如何解决法律疑难的理论，其中包括拉兹的法律证立、波斯纳的超越解释、阿列克西的原则诫命等。

3. 事实与法律同时存疑

由于法律疑难的推理离不开特定的案件事实，如果案件事实本身也

---

① 参见季涛《论疑难案件的界定标准》，《浙江社会科学》2004 年第 5 期，第 54 页。
② 参见沈宗灵《法律推理与法律适用》，《法学》1988 年第 5 期，第 4 页。

存疑，则可能出现事实疑难与法律疑难并存的情形，该种情形下，法官应如何适用自由裁量权，也是研究疑难案件理论需要解决的现实问题。

从疑难案件的内容出发，将其划分为事实疑难与法律疑难，更有利于阶段性处理刑事疑难的案件。事实疑难贯穿侦查、检察起诉、司法审判三个阶段，特定阶段的事实疑难根据其程度、类型等不同有各自的处理方法，对不同种类的事实疑难的处理方法有的已经有规则或原则加以规范。例如，我国的"不起诉"范围，"合理怀疑"等相关法条规定；有的则尚无法律及原则的规范，存在自由裁量的空间；还有的案件事实疑难点就在于对是否达到了"合理怀疑"的程度的认定，在侦查、起诉阶段就应有相应的处理规范，否则难以避免超期羁押、有罪推定等一系列的问题。

（二）疑难案件之事实疑难再分类

事实疑难不仅包括客观事实的疑难，也包括法律事实的疑难。对客观事实的认定将影响到后续法律事实的认定，乃至法律规范的适用，法律事实的认定通常以客观事实为基础，如果客观事实的认定有误，后续的法律事实以及法律适用都成了无源之水。

1. 客观事实疑难案件

客观事实是一种本体意义上的范畴，指在时间和空间中存在的不以人的意志为转移的事物、现象和过程。尽管客观事实无所谓对错之分，但人在查明真相时往往因为受到客观环境的限制、人的主观能动等因素的影响，难以还原客观事实的全貌，有存疑的情形：

第一，直接反映案件真相的事实存疑的案件。例如，经过篡改、删除，不能完整还原案发经过的录音、录像等。该种直接反映案件真相的客观事实存疑，需要通过其他直接证明材料来对客观事实进行佐证。

第二，间接反映案件真相的事实存疑的案件。例如，证人证言相互矛盾，存在两个以上的同种类物证（例如案发现场有两滴分属不同嫌疑人的血迹）等。该种情形是较为常见的事实疑难，证人由于对事物的认知不同，导致通过其个人的认知表述出来的事实不尽相同。当然，也有证人故意做伪证企图帮助犯罪嫌疑人逃避责任。无论从客观还是主观上，都难以避免证人证言出现相互矛盾的可能性。

第三，法律意义上的与个案相关的事实存疑或有瑕疵的案件。例如，警察存在非法搜集证据的可能性，法官对公安机关是否存在程序不合法的行为不确定，证据搜集过程中存在程序瑕疵等。尤其是在刑事案件中，作为一种法律特定情形下的事实，一旦适用"非法证据排除"，就可能成为否定某个不利于嫌疑人的客观事实的依据。

第四，客观事实之间存在因果关系的疑难。在案件客观事实方面，主要表现为不符合客观规律的因果关系存疑，导致客观真实认定上的疑难。例如，在刑事个案中，只有部分客观事实指向犯罪嫌疑人，但该部分客观事实与常识相悖或存在其他可能性，该部分客观事实与犯罪嫌疑人所实施行为的结果之间的因果关系模糊，或者犯罪嫌疑人不存在犯罪动机、没有犯罪的主观故意，但客观事实却指向该嫌疑人的情形。

刑事案件中任何客观事实疑难点都可能成为推翻整个案件裁判结果的关键性因素，在侦查、起诉阶段，尤其应当重视客观事实的疑点，做到排除由于客观事实存疑推导出的其他可能性，否则不仅容易造成客观事实认定上的疑难，也将影响法律事实的认定。

2. 法律事实疑难案件

法理学认为：我们所说的法律事实，通常是指法律规范所规定的，能够引起法律关系产生、变更和消灭的客观情况或现象。[①] 因此，法律事实必须符合法律规范逻辑结构中假定的情形。

第一，法律真实存疑，即依据法定程序、被合法证据证明了的案件事实存疑或存在矛盾。法律真实来源于对法律事实的认定，而法律事实是以客观真实为基础的，法律真实与客观真实不能完全吻合、相悖，即是法律事实疑难的一种典型状态。法官需要基于多个法律事实，并联系客观真实，结合常识、经验进行价值判断，得出其认为的法律真实。法官对法律真实的认定通常会影响案件的走向，乃至影响裁判结果。

第二，法律关系的产生、变更和消灭存疑。如前所述，客观事实无法完全被查明，难免有存疑的情形，这就导致在以客观事实为基础的法律事实也有存疑的可能。在此基础上，刑事个案中法律关系的主体、客体和内容会随着法律事实的变化而变，法律关系的产生、变更、消灭也随之变动。行政执法关系可能由于法律事实的内容而变为刑事诉讼，刑

[①] 参见张文显主编《法理学》，高等教育出版社2007年版，第165页。

事案件中可能出现是否附带民事诉讼的问题，这都需要法官做出细致的区分。

第三，法律事实与客观事实不相符。以民事法律关系为例，我国法律规定失踪满四年的人，利害关系人可以申请认定其已经死亡。法院认定其死亡系法律事实，其人可能还健在，只是由于某些客观原因造成失踪的假象，则属于法律事实与客观事实不相符的情形。该种情形的法律事实与客观事实不符，可能造成失踪者的财产权属变更。

第四，规范事实相冲突。例如，程序正义与实质正义相冲突的案件，该种类型的疑难属于法律事实存疑的范畴，法官在审理程序上违法、实质上符合规范的案件时，哪种情形下应坚持程序正义高于实质正义，哪种情形下应以实质正义为重，都是事实疑难值得探讨的问题。

第五，是与非存疑。该种"是与非"的疑问可能体现在民事、刑事与行政诉讼等疑难案件中，也可能体现在事实疑难案件在侦查、起诉、审判各个阶段的事实认定过程中。例如，刑事案件中对嫌疑人是否犯了杀人罪的认定存在疑问，该种有罪与无罪的法律事实的"是与非"状态，也是一种法律事实疑难。

第六，客观事实与法律事实之间以及法律事实相互之间，出现因果关系冲突、多重因果关系等情形，造成法律事实认定上的疑难。例如由于多个原因引起的一个结果，如何排除其他原因，哪个原因才是直接导致结果的那一项主因，需要基于客观事实才能得出结论。一旦多个原因分别对应的客观事实出现冲突、存疑的情形，就将影响法律事实的认定。

法律事实的认定需要法官进行事实判断和价值判断，当出现因果关系冲突、客观事实之间的冲突、客观事实存疑等问题，法官如何正确、合理的认定法律事实，如何基于法律事实得出法律真实的判断，不仅需要法官的经验、常识，还需结合法理分析，才能得出相对合理的认定结果。

3. 客观事实疑难与法律事实疑难的关系

对案件法律事实的认定通常以客观事实为基础，客观事实的变化可能直接影响到法律事实的认定，对于客观事实疑难与法律事实疑难的关系，以一个美国的案例来具体分析。

罗纳德·奥普斯案：① 法医在检查罗纳德·奥普斯的尸体后，认定其死于头部枪击。然而，从他留下的遗书内容中得知，他是从楼顶跳下自杀的，经过第九层楼时，正巧被子弹打死。然而，罗纳德和开枪人都不知道八楼装有安全网，如果罗纳德只是跳楼自杀，而并未被枪击中，他是无法自杀成功的。

依据美国的法律，若有人依据自己的意愿实施自杀，并且最终死亡，即使自杀过程发生变化未能如自杀者所愿，那么依法也应该认定为自杀。② 如果本案的客观事实调查止步于此，那么根据美国法律，罗纳德案件在法律事实认定上，应当被认定为自杀。但该案的客观事实尚有新的发现。

警方随即调查了当时从九楼射出子弹的原因，原来系住在九楼的老夫妻争吵时，先生用枪恐吓其太太，并扣动了扳机。显然，当时子弹并未击中其太太，而是打中了罗纳德。

依据法律的规定，若某人意欲杀死甲，却错手杀死了乙，仍应以故意杀人罪判处。因此，由于该案有新的客观事实出现，在法律事实认定上，此案应是一起故意杀人案。③ 然而，随着警方对该案的客观事实进一步调查，又有了新的、法律事实认定上的方向。

根据开枪人的自述，他在开枪之前并未装入子弹，因此在他开枪时，理所当然地认为枪里是空弹。他只是习惯性地在争吵时用空枪恐吓其太太，并没有要杀害老伴的主观故意。其太太也帮助证明

---

① 该案例来自网络，其真实性有待考察，但鉴于该案例能够充分体现客观事实疑难与法律事实疑难的关系，故引用至本书中，通过案例更为直观地反映二者的关系，强调在个案中查明客观事实的重要性。参见搜狐网，网址：http://mt.sohu.com/20151212/n431054251.shtml，最近访问日期：2019年6月18日。

② 参见"离奇的自杀"，网址：http://www.360doc.com/content/10/0608/12/1113867_31927546.shtml，最近访问日期：2019年6月18日。

③ 如果仅从前面两段的案件描述来看，该案的事实调查如果停留在此处，则存在自杀与他杀的法律适用冲突，属于法律疑难的范畴，此处不做详细论述。

了他的自述。

对于两位老人的供述,作为本案的客观事实如果经查明属实,那么这起案件由于新的客观事实的出现,法律事实认定上,就应从原先的故意杀人转变为误杀或者过失致人死亡。

那么,基于上述已经查明的事实,本案存疑的客观事实就转变为:谁事先在空枪中装入了子弹?目的何在?后经警方查明,系老夫妻之子,明知父亲有用枪恐吓自己母亲的习惯,随即提前装入子弹,意图借父亲之手杀死自己的母亲。

依据法律的规定,尽管老夫妻之子并未自己扣动扳机,但其在明知装入子弹可能会害死自己母亲的情形下,仍故意为之。从法律事实角度来看,也应当认定其为故意杀人。随着案件的客观事实调查至此,又演变为老夫妻的儿子对罗纳德·奥普斯犯下了杀人罪。

然而随着警方对客观事实的进一步调查,案情再次峰回路转。经查明,老夫妻之子正是跳楼自杀的罗纳德·奥普斯。他在跳楼自杀时,正巧被从九楼射出的、由自己事先装入的、用于杀死他母亲的子弹打死。经过对客观事实的不断查明和更新,尽管在法律事实的认定上经历了数次转折,此案最后仍被认定为是一桩自杀案。①

通过上述案例不难看出,个案中排除客观事实疑难是排除法律事实疑难的基础,要对法律事实认定准确,前提是查清案件的客观事实。并且,个案中客观事实的变化与更新,可以影响或直接改变法律事实的认定。总的来说,客观事实疑难与法律事实疑难的关系主要体现在以下几个方面。

首先,查明客观事实是排除法律事实疑难的前提和基础,从辩证唯

---

① 参见搜狐网,网址:http://mt.sohu.com/20151212/n431054251.shtml,最近访问日期:2019年6月18日。

物论的角度来看，物质决定意识，客观事实作为一种客观存在是排除后续疑难的基础，① 查明客观事实是整个案件审理过程中至关重要的一环。

其次，法律事实是基于对个案中现有的客观事实的认定，该种认定推演出个案的法律真实、法律关系以及其他法律事实，该种认定属于价值判断，具有不确定性，可以根据客观事实的逐渐查明而改变法律事实的认定。值得注意的是，法律事实的认定如果建立在不清楚、不完整的客观事实基础之上，就难免存在错漏。以前述案例为例，如果侦查机关对后续峰回路转的客观事实没有继续侦查，没有完全查明案件的真相，那么根据一部分的客观事实来进行事实认定，将把案件事实认定引入偏离真相的轨道。而当客观事实存在冲突时，如何认定法律事实，是事实疑难需要从实然和应然两个层面同时考察的问题。

再次，从我国刑事案件的整个办案流程来看，公安到检察院是排除案件客观事实疑难的过程，法院是从排除法律疑难到法律事实疑难再到客观事实疑难的倒推，当法律适用以及法律事实出现疑难时，审判人员终要回到客观事实疑难的考察上来。如果不能以明确的、前后事件完整的客观事实为基础，那么法律疑难与法律事实疑难将成为无源之水，难免有错判的可能。

(三) 疑难案件之法律疑难再分类

国内学者张保生对疑难案件的分类主要基于法律疑难的角度，他认为"疑难案件"大致可分为四种类型：一是法律规则的语义解释存在歧义引起的法律疑难；二是法律规则的适用尽管合法，却可能直接导致不公正的法律后果的适用疑难；三是规则之间存在冲突，在选择适用上存在疑难；四是缺乏可以适用的法律规则，或者虽有既定规则，但规则存在漏洞。②

刘星亦从法律规则适用疑难的角度，将疑难案件区分为四类，即：语言解释的疑难，规则冲突的疑难，缺乏规则的疑难，对处理结果有争

---

① 此处的客观事实应做狭义理解，并非泛指宇宙中的万物存在，而是与法律、案件相关的客观存在。例如：当事人陈述、鉴定结论、书证、物证、证人证言等，特指反映案件真相的客观存在。

② 参见张保生《法律推理的理论与方法》，中国政法大学出版社2000年版，第449页。

议的疑难案件。① 该种划分下，前三种类型都属于法律规范内的法律疑难范畴，而对于"处理结果有争议的疑难案件"则既可能是法律规范内，也可能是超越法律规范的应然的法律疑难。

上述对疑难案件类型的研究实则都属于法律疑难范畴内的划分，从规则角度的划分偏向于实证主义的疑难观，从规则冲突的应然解决来看待法律疑难，则可以将法律疑难上升到应然的层面。笔者认为，法律疑难既包括规则存在瑕疵的实然层面，也应当包括法律规范相冲突，以及法律规范与非法律规范相冲突的应然层面，归纳起来，法律疑难案件应当包括以下类型：

第一，由于法律规定不明确引起的，法律事实认定以及法律解释疑难的案件。哈特认为语言具有不确定性，法律尤其是成文法其字面含义可能存有歧义、模糊等，这就需要案件审理人员根据法律解释的相关规则进行扩大或缩小解释。而对于法律解释又存在文理解释、逻辑解释、系统解释、立法者意图等多种类型，对于某个法律疑难的个案，适用什么解释方法也存在疑难的可能性。

第二，缺乏法律规定的疑难案件。法律具有滞后性，随着社会的不断发展、智能科技的日新月异，对于已经发生的案件事实，缺乏相关的法律规范是种不可避免的法律疑难情形。有的案件可以通过修订法律加以规范；有的案件由于其本身的性质既缺乏法律的规范，同时其是否构成犯罪尚存在疑问，法律适用者只能针对该种特殊的个案，通过法律原则、政策等法律规范在法律体系内寻求解决之道。同时，当个案中存在超越法律规范的问题时，也不排除将其作为裁判依据的可能性。以刑事案件为例，对于缺乏法律规定的案件事实，是否构成犯罪，是否需要通过法律对新生事物加以约束，本身就是社会发展、科技进步带来的新问题，可以从可能引起的社会结果、行为导向等因素，对是否需要通过法律进行约束进行倒推。

第三，法律解释体系有冲突的疑难案件，通常表现为：规则与规则相冲突，规则与原则相冲突，规则与政策、原则与政策存在冲突等情形。而就案件本身而言，适用哪种规则、原则或政策更为合法、合理，审判

---

① 对于法律疑难的分类可以参见刘星《法律是什么》，中国政法大学出版社1998年版。

人员必须做出抉择。

第四，合法性与合理性不相容的案件，该种法律疑难的案件比较典型。例如：法律原则与道德原则相冲突的案件，法律与社会共识、伦理不相容的案件等。从法社会学的角度来看，如果一味地强调合法性，也可能加剧社会矛盾，造成不良的社会效果。

总的来说，法律疑难通常表现为一种法律适用上的疑难，该种法律适用的疑难包括法律认定、法律解释、法律的权衡与选择适用等多个方面。

第二节　疑难案件的成因

由于目前国内外学者对于疑难案件的研究主要侧重于法律疑难，有学者分别从法律因素、社会因素、历史因素等几个方面阐释了法律疑难案件产生的原因。[1] 从宏观的角度解析了为何是疑难案件。笔者拟在划分了疑难案件类型的基础上，根据不同类型分别阐述其何以会疑难的原因。

一　事实疑难案件的成因

由于科技发展程度限制了还原事实真相的程度，人的认知存在局限，事实之间可能出现冲突，形成证据的过程掺入了法官的价值判断等诸多因素，每件刑事个案都不能完全排除存在事实疑难的可能性，并且造成个案中出现事实疑难的原因是多方面的。

（一）客观事实疑难案件的成因

刑事案件查明客观事实在侦查、起诉、审判三阶段都有举足轻重的意义，通过三个阶段的查证，使客观事实无限接近于客观真实，才能减少在司法环节对客观事实的认定错误。在查明客观事实的过程中，应始终抱着存疑的态度去验证，一旦发现事实疑点，无论案件处于哪个阶段都应当予以重视。

第一，司法案件中的客观事实属于"过去式"，具有不可完全复原的

---

[1] 参见孙海波《案件为何疑难？——疑难案件的成因再探》，《兰州学刊》2012年第11期，第179—182页。

特性。客观事实的"过去式"在于时间的流逝,以刑事案件为例,到达侦查、起诉、审判阶段的客观事实都是对已经发生的事实的追溯。客观事件一旦发生,难以不受外界环境、人的主观因素等的影响,从客观事实的侦查到形成与案件相关的客观事实的整个过程中,本身掺杂了办案人员主观与客观双重的人为因素,最终呈现出来的案件客观事实难以避免地存在错漏、存疑的可能性。而有时对于客观事实的认定,差之毫厘,谬以千里。

第二,客观事实的来源存在瑕疵可能。在法理学领域的客观事实通常是通过侦查机关查明并移交检察院,检察院可以补充侦查或直接起诉,并在起诉时举证,以及当事人陈述的方式呈现。难以避免受案件当事人,或者司法三个阶段中办案人员的主观因素影响,导致在还原客观事实的过程中存在偏差。

第三,对客观事实的认定存在偏差,人的主观认识受环境及科技发展的限制,尤其在我国的刑事个案中,经过侦查、检察起诉,一直到审判阶段,办案人员对案件客观事实的认定实际是基于前一阶段提供的信息做出价值判断,该种价值判断在侦查以及案件审理过程中往往难以完全还原客观事实最初的模样。

第四,对客观事实的形式推理具有不确定性。[①] 司法审判阶段对客观事实进行形式推理而非实质推理,已然是一种共识,可以避免司法腐败。然而,形式推理可以保障程序正义,却并不一定利于查明案件的真相。

个案中如果存在客观事实疑难,将直接影响法律事实的认定,进而影响案件裁判的走向,因此审判阶段不能完全摈弃对客观事实的形式审查和实质审查。实践中,法官应将两种审查模式相结合后,对于相互冲突的客观事实认为可能影响裁判结果的,可以要求补充侦查,尽可能地减少客观事实疑难。

(二)法律事实疑难案件的成因

对影响裁判结果的法律事实的最终认定主要在审判阶段,法律事实

---

① 尽管司法实践中对于案件事实通常进行形式推理,应避免实质推理的滥用滋生司法腐败。但是,在侦查、起诉阶段的客观事实如果只进行形式推理而否定实质推理,可能并不利于查明真相。允许侦查、起诉阶段的办案人员进行实质推理,但不能让实质推理的结论直接作为影响办案的依据,办案人员必须提供相应的事实对其实质推理的结论进行证明。

是以客观事实为基础的，如果不能在侦查、起诉阶段完全地排除客观事实疑难，则审判阶段对法律事实的认定将可能建立在错误的客观事实基础上，直接影响法官的判断。

第一，法律事实通常需要借助于查明客观事实来判断，客观事实的不确定将直接导致法律事实的不确定。例如，某人醉酒驾驶撞死了人，如果经查明该酒驾者认识被害人，且有杀人的动机，应当认定其故意杀人还是醉酒驾驶？如果酒驾者不认识被害人，经查明不存在杀人动机，又应如何认定？可见，对客观事实的认定不同，将直接影响法律事实的认定，进而影响裁判结果。

第二，影响价值判断的不确定因素较多，刑事案件中法律事实的认定受法律构成要件的影响，主观方面包括人的故意、过失、目的、动机，客观方面包括行为主体、身份、行为、结果等，需要法官从法律、常识、经验等多个方面进行综合的价值判断。

第三，法律真实与客观真实存在不统一的可能性，法律真实是建立在对客观事实的价值判断基础之上，而客观事实不能等同于客观真实，进而法律真实当然不能等同于客观真实。因此，案件事实可能存在亦真亦假的"事实真伪不明"的灰色地带，这往往造成了法律事实的疑难。

第四，尽管司法程序中通常只对案件事实进行形式审查，然而当事实之间出现冲突或者疑难时，法官可以对法律事实进行实质推理，不同法官的事实推定可能不尽相同。尤其在法律事实疑难的案件中，不同的法官可能做出不同的价值判断，难以避免地对同类型的法律事实造成不同的认定结果，也可能导致"同案不同判"。完全摒弃法官的实质推理也并不科学，可能导致刑事案件长期无法得出裁判结果，增加原被告双方的讼累。

尽管查明客观事实才是排除事实疑难的关键，但法官通过专业素养，结合自身常识、经验等，通过对社会危害性、被告的主观故意等因素进行的价值判断，进而做出的法律事实认定也至关重要，不容偏颇。

二 法律疑难案件的成因

国外对于法律疑难的研究已经相对深入，并以法学流派不同，形成了各自的观点与理论。由于英美等判例法国家与我国的陪审制度和事实审查制度并不相同，在司法审判阶段，国外的陪审团对案件事实的认定有实质性的作用。尽管法官在特殊情形下可以否定陪审团认定的事实，这实际上是对案件事实的双重审查。在此基础上，判例法国家法官的职能主要在于法律适用上，因此判例法国家对于疑难案件的研究主要侧重于法律疑难。

分析实证主义法学派的哈特最早提出了关于疑难案件与简单案件的区分，并分析了产生疑难案件的原因，哈特认为：一方面，语言、规则与法律都存在"空缺结构"，这种与生俱来的瑕疵造成了法律适用上的不确定因素；另一方面，立法者在起草法规时，不可能预见到所有将来可能发生的、需要法律约束的事物。从以上两个方面的原因来看，哈特认为法律适用的疑难不可避免，法官的裁决不可能有唯一正确的答案。

新自然法学派的德沃金从法律疑难的角度出发，认为"疑难案件"的特征主要有三点：第一，没有明确规则指示该如何判决的疑难，因为仅有的相关法规或先例模糊；第二，有理论争议的疑难，不存在直接适用的学理权威；第三，该法条还未得到确定，主管法律工作者对满足判决的要求存在着分歧。[①] 可见，德沃金的观点与哈特相反，他通过权利命题和整全法思想论证了法律具有确定性，在此基础上，德沃金将产生疑难案件的原因归因于整全法的法益衡量，以及法官如何平衡各方权利，如何适用整全法寻找唯一正确答案上。值得注意的是，哈特与德沃金都将疑难案件的研究重点放在了法律疑难之上，因此，二人对疑难案件产生的原因及其提出相关理论都是围绕法律疑难的案件而来。

阿列克西在德沃金的疑难案件理论基础上，从法律推理的角度将疑难案件理论沿着自然法的视角进行了延伸，他将产生"疑难案件"的原因归结为：法律语言的模糊、规范之间的冲突、缺乏既定法律、裁判可能背离规范的条文原意四种。[②] 通过阿列克西对疑难案件的归纳，可以总结出部分产生疑难案件的原因。

可见，哈特将法律疑难案件的原因归结为法律自身的缺陷上，而德

[①] 参见［美］德沃金《原则问题》，张国清译，江苏人民出版社2012年版，第89页。
[②] 参见［德］罗伯特·阿列克西《法律论证理论》，舒国滢译，中国法制出版社2002年版，第2页。

沃金则认为整全性的法律即便存在缺陷也可以通过原则、政策，以及将道德原则纳入法律等方式进行法律的自我完善。因此，法律疑难的根本原因在法官如何适用法律，如何找出个案的唯一正解。综合上述观点，关于法律疑难的成因大致可以归结为以下几点。

第一，由于语词、规则、法律的空缺结构，哈特认为从法律语词、法律规则到法律都存在空缺结构，这是法律与生俱来的局限性，必须通过承认规则和法官造法才可以调节这种法律的不确定性。

第二，法院在鉴别有效的法律规则时所使用的终极标准（承认规则）[①] 的不确定性。对此，哈特以法效力为例，论述了涉及效力的基础判准以及法官针对特定成文法的不确定处，所行使的创造性选择等问题。

第三，立法的滞后性，法律不能完全适应社会的发展变化，法律一经制定，难以避免地会出现落后于现实的情况。例如，许霆案与何鹏案，如果不是科技的进步，出现了可以自动提款的ATM机，如果不是发明了电脑，又出现了"黑客""木马"等破坏电脑正常运行的程序导致银行电脑恰巧出现系统故障，该种事件可能就不会发生。该种存在法律漏洞的行为是否应当定罪，在此处探讨疑难案件的成因阶段暂且按下不表。

第四，法律共识滞后于社会共识。对于某些法律疑难的案件，当社会共识与法律相冲突时，审判人员追求的是"合法性"还是"合理性"，将直接影响到判决结果。

第五，司法审判的方法论存在不确定性，就案件事实与规则的关系而言，法官适用实质推理还是形式推理并不具有整齐划一的标准。就某些案件事实而言，尤其是新生事物的出现，法院对该种新发生的罪行采取哪种法律规则作为判案依据，实则具有不确定性。

第六，个案中的法律适用存在合法性与合理性冲突的可能，该种难以调和的冲突，法官在对法律疑难的案件进行研判时，应当如何适用法律，如何选出最优答案等都应当有一定的界限，而该种界限设定在哪里也是产生法律疑难的原因之一。

第七，法律规范内部以及法律规范与非法律规范之间存在冲突，也

[①] 关于承认规则中的不确定性论述，可以参见［英］哈特《法律的概念》，许家馨、李冠宜译，法律出版社2011年版，第134—141页。

是造成法律疑难的原因之一。法律规范内部的规则、原则、政策这种制定规范,并非总是顺理成章的适用于个案,规则之间、规则与原则之间的冲突是一种客观存在。而法律规范与非法律规范之间的冲突则多表现为一种法理与道德、伦理、情理之间的冲突,这些因素对法律适用的影响也应当予以重视。

第四章

国内典型的刑事疑难案例

我国目前已经发生的典型的刑事疑难案件,根据类型的不同主要可以分为事实疑难与法律疑难两类,其中事实疑难又可区分为客观事实疑难与法律事实疑难两种情形,通过以下案例不难发现,在客观事实、法律事实以及法律适用三个层次的疑难中,尤以客观事实疑难转化为刑事错案的概率最大。

第一节 刑事事实疑难案例述评

刑事事实疑难案件根据事实的类型不同,又可以分为刑事客观事实疑难案件和法律事实疑难案件。客观事实疑难和法律事实疑难可能同时存在于个案中,也可能单独出现,国内目前已相继出现了由于客观事实疑难或法律事实疑难形成的错案。

一 客观事实疑难案例

客观事实关乎案件的走向,对后续法律事实的认定乃至法律的适用都起着决定性的作用,如果在错误的客观事实基础上认定法律事实进而适用法律,将对当事人的基本权利造成难以挽回的损害。我国目前已由事实疑难转化为刑事冤案、错案的案件见下。(以下仅根据案发时间先后顺序,列举部分典型案例,并非全部)

王本余案:1994年底,杀人后的李彦明让王本余协助处理尸体,并威胁其不准报案。12月16日晚,包头市公安局东河分局以强奸杀人嫌疑犯的名义将王本余抓捕,真凶李彦明已于当日清晨逃逸。两年后,王本余被裁定犯了强奸杀人罪判处死缓,被关押十余年。直

至真凶李彦明被抓捕，法院才改判王本余罪名不成立，释放后，获得150万国家赔偿金。①

值得注意的是，既然真凶另有其人，王本余获刑之前，该案已有的客观事实是否达到了真凶不被抓获，就不能排除王本余有罪的程度？对于客观事实的认定必须严格对应法律的规则，如果达不到法定获刑的标准，而将被告定罪，属于客观事实认定有误，进而造成法律事实认定有误。

徐辉案：1998年8月25日，珠海三灶发生一起少女被奸杀案件，徐辉被列为嫌疑人并被判死缓，被关押期间不断申诉，2014年9月9日，因证据不足，事实不清，珠海中院改判徐辉无罪。②

该案中，由于缺乏其他客观证据，而将警犬对气味的鉴别作为较为重要的，认定案件事实的证据，显然缺乏可靠性，也并不符合证据种类。另外，根据鉴定报告来看："经DNA检验，严某阴道内提取物含有两个不同个体成分，不排除有徐辉、周某的精斑"，这一结论既不具有排他性，也不具有唯一性。本案明显属于客观事实存疑的案件，侦查、起诉阶段相应的有权机关有辨别客观事实是否存疑，并进行补充侦查的责任，而审判阶段，对于客观事实存疑的案件则应适用"存疑利于被告"的原则。

赵作海案：1999年中旬，赵作海因涉嫌杀人被刑拘。被超期羁押三年半后，一审以故意杀人罪判处其死缓。直至2010年，10年前"被杀害"的赵振晌突然"活着"出现，才证实了赵作海的冤屈。2010年5月13日，赵作海获得国家赔偿共计65万元。③

---

① 《聚焦王本余错案——18年后杀人罪名终洗清》，中国法院网，最近访问日期：2019年6月18日，网址：http://www.chinacourt.org/article/detail/2015/02/id/1544667.shtml。

② 《从有罪推定到无罪释放——死缓犯徐辉的16年申诉路是如何走通的》，南方都市报，最近访问日期：2019年6月18日，网址：http://epaper.oeeee.com/epaper/N/html/2014-09/30/content_3322659.htm?div=-1。

③ 《河南农民赵作海冤案始末》，搜狐网，最近访问日期：2019年6月18日，网址：https://www.sohu.com/a/256165205_687863。

既然本案中根本不存在"被害人",那么从结果反推,根据当时侦查机关掌握的证明材料是否有必要对赵作海进行超期羁押?中级人民法院认定其故意杀人的证据是否充足?可见,在刑事案件中,侦查、起诉、审判相应机关在个案的处理中应具备"客观事实是否存疑?"的问题意识,而不是简单、机械地将事实与法律对应做出裁决。有的案件看似简单案件,但不排除有客观事实存疑的可能性,必须强调:客观事实存疑也是疑难案件的一种。刑事案件中的客观事实存疑应在侦查、起诉阶段就起到相应的作用,采取相应的存疑利于被告的措施。

除上述案件外,还有聂树斌强奸杀人案、① 佘祥林杀妻案、② 呼格吉勒图奸杀案、③ 念斌投毒案④等十余起著名的存在客观事实疑难的案件,有的因为"被害人"的"死而复生"而推翻原案,有的因为真凶的供述而纠正原先被错认的凶手。可见,客观事实疑难的案件容易转化为错案、冤案。但是,与法律事实疑难及法律疑难的案件相比,客观事实疑难的案件更存在翻案的可能性。

二 法律事实疑难案例

法律事实是经过对客观事实的甄别、验证后的事实,在形成的时间上晚于客观事实。法律事实疑难通常需要借助案件的客观事实来判断,一旦认定,通常难以翻案,但随着社会的发展、社群共同意识、法治意

---

① 聂树斌案情简介:1994年河北省石家庄市西郊孔寨村附近发生一起强奸杀人案,聂树斌成为犯罪嫌疑人,经法院审理被判处死刑。2005年经另案犯王书金供述并现场指认,自己才是聂树斌案的真凶。2016年12月2日,聂树斌被改判无罪,历时21年,国家赔偿268万元。

② 佘祥林案情简介:1994年佘祥林的妻子张在玉失踪数月后,张家人认定村里的一具腐尸就是张在玉,佘祥林遂以杀人嫌疑犯为由被抓捕。然而,2005年3月,被佘祥林"杀害"达11年之久的张在玉突然现身,同年4月,京山县法院经重新开庭审理,宣判佘祥林无罪,由京山县雁门口镇政府一次性给予家庭生活困难补助费20万元。

③ 呼格吉勒图案情简介:1996年内蒙古呼和浩特市卷烟厂发生一起强奸杀人案,仅61天后,法院在没有充足证据的情况下,判决呼格吉勒图死刑,并立即执行。2005年另一起强奸杀人案凶手赵志红,交代的第16起案件便是当年这起"4·9卷烟厂女尸案"。2014年12月,经内蒙古自治区高院再审判决呼格吉勒图无罪,国家赔偿金共计200余万元。

④ 念斌案情简介:2006年7月福建两人在家中中毒身亡,警方认为邻居念斌有重大作案嫌疑,遂将其逮捕,并提起公诉。该案历时8年,10次开庭审判,期间念斌4次被判处死刑立即执行。2014年8月22日上午9时,福建省高级法院终审宣判:念斌犯投放危险物质罪的事实不清,证据不足,念斌被判无罪,国家赔偿110余万元。

识、人权意识的转变，也并非完全不可能。皆因，当出现刑事法律疑难的认定或刑罚时，采取"从重""从轻"或者"从无"，还需结合当时的政策、人文环境、对社会的危险程度等多种因素综合考量。以下列案件为例。

  闫啸天、王亚军非法猎捕、收购珍贵、濒危野生动物案：2014年下旬，闫啸天与朋友王亚军，将邻居家门外鸟窝里的12只鸟掏出来售卖，获利1080元，分别卖给了郑州、洛阳、辉县市的买鸟人。后又掏了4只，二人被逮捕。经查明，他掏的鸟是国家二级保护动物燕隼，被判有期徒刑10年半。①

  该案的关键点是闫啸天、王亚军是否"明知"自己掏并贩卖的鸟是国家二级保护动物，这也是本案的法律事实疑难点之一，如果"明知"还故意为之，那么应当定罪无疑，如果不是"明知"则不应被定罪。尽管闫啸天曾辩解称自以为"掏的是喜鹊的窝"，但其辩解目前并未得到法庭的支持。另外，二人捕猎燕隼的数量影响到量刑，对于掏鸟数量的认定涉及是否属于"情节特别严重"，是该案法律事实疑难点之二。该案中，闫啸天、王亚军二人共捕猎燕隼两次，第一次的12只卖出了10只（有2只一跑一死），其中1只卖了150元，7只卖了800元，还有2只卖了280元，获利明显很低，是否存在不"明知"的可能性？如果不是"明知"而故意为之，对前12只应如何认定？有2只一跑一死，量刑时对掏鸟的数量认定是否应排除这2只？第二次所捕的4只则直接被警方查获，且警方存在"钓鱼执法"的可能性，后4只是否也应排除？对此客观事实，两审法院均认定，闫、王二人共捕猎国家二级保护动物燕隼和隼形目隼科动物16只，可见在数量上采取了"从重"的认定。② 实则就本案的客观事实而言，无论考察是否"明知"还是掏鸟数量都应当分为两个阶段，第一个阶段是前12只，第二个阶段是后4只。不同阶段的

---

① 详细案情参见闫啸天、王亚军案一审判决书：（2014）辉刑初字第409号。
② 参见闫啸天等非法猎捕、收购珍贵、濒危野生动物、非法猎捕珍贵、濒危野生动物、非法收购珍贵、濒危野生动物案二审判决书：（2015）新中刑一终字第128号。

"主观故意"、行为、数量都不同，如果不厘清案件中的法律事实疑难，将直接影响法官后续对案件的判罚。

> 赵春华非法持有枪支案：2016 年下旬，赵春华在路边摆了射击气球摊位，被巡查的公安当场查获"涉案枪形物"9 支。经鉴定，该 9 支"枪形物"中有 6 支系可以正常发射的气枪。法院认为："赵春华违反国家对枪支的管理制度，非法持有枪支，情节严重，其行为已构成非法持有枪支罪";[1] 因有从轻情节，判决赵春华犯非法持有枪支罪，判处有期徒刑三年六个月。[2] 后经赵春华上诉，法院最终改判其有期徒刑三年，缓刑三年。

如果仅从客观事实疑难来分析赵春华是否构成犯罪，因为该罪名为"持有"型犯罪，不考虑嫌疑人主观故意等因素，法院只需考察其所持有的气枪是否达到国家违禁枪支的标准即可。[3] 但是，该案的量刑还存在法律事实疑难，即该涉案人员赵春华持有气枪的行为是否符合"情节严重"的标准，[4] 从《最高人民法院关于审理非法制造、买卖、运输枪支、弹药、爆炸物等刑事案件具体应用法律若干问题的解释》第五条第二款第（二）项来看，经法院认定赵春华非法持有枪支六只，确系超过了"以压缩气体等为动力的其他非军用枪支五支以上"的标准。既然已经排除了

---

[1] 参见《中华人民共和国刑法》第一百二十八条第一款："违反枪支管理规定，非法持有、私藏枪支、弹药的，处三年以下有期徒刑、拘役或者管制；情节严重的，处三年以上七年以下有期徒刑。"

[2] 参见赵春华一审判决书：（2016）津 0105 刑初 442 号。

[3] 参见公安部公通字〔2010〕67 号：《公安机关涉案枪支弹药性能鉴定工作规定》，第三条第（三）款的规定："对不能发射制式弹药的非制式枪支，按照《枪支致伤力的法庭科学鉴定判据》（GA/T 718—2007）的规定，当所发射弹丸的枪口比动能大于等于 1.8 焦耳/平方厘米时，一律认定为枪支。"然而，对于 1.8 焦耳/平方厘米的标准一直饱受争议，被认为过低，不合常识。

[4] 参见《最高人民法院关于审理非法制造、买卖、运输枪支、弹药、爆炸物等刑事案件具体应用法律若干问题的解释》第五条第二款：具有下列情形之一的，属于刑法第一百二十八条第一款规定的"情节严重"：（一）非法持有、私藏军用枪支二支以上的；（二）非法持有、私藏以火药为动力发射枪弹的非军用枪支两支以上或者以压缩气体等为动力的其他非军用枪支五支以上的；（三）非法持有、私藏军用子弹一百发以上，气枪铅弹五千发以上或者其他非军用子弹一千发以上的；（四）非法持有、私藏手榴弹三枚以上的；（五）达到本条第一款规定的最低数量标准，并具有造成严重后果等其他恶劣情节的。

客观事实与法律事实的疑难,为何对于该判罚还存在较大的社会异议?皆因赵春华确系以摆摊射击进行营利活动,并不具有社会危害性,其个人也不具备鉴定枪支是否达到国家禁止的1.8焦耳的专业能力。对于持有型犯罪,嫌疑人的主观因素以及社会危害性是否应当作为法律事实疑难进行考察,并影响量刑,尚未有定论,故容易引起争议。

基于以上,无论是从美国著名的疑难案件"辛普森案"来看,还是我国目前已经出现的多起刑事错案,问题几乎都在于对事实疑难的处理。可见在司法实践中,如何规范化、标准化地处理事实疑难的问题亟待解决,学界对于如何解决法律疑难的理论尚存在争议,而关乎事实疑难的方法论及法哲学亦有深化的空间。

第二节　刑事法律疑难案例述评

法律疑难主要系指法律适用上的疑难,从法律规范内部的角度来看,法律规则存在漏洞、空缺,造成个案中缺乏法律依据的情形,是法律适用疑难最为初级的一种表现形式。我国的何鹏案与许霆案就属于法律空缺造成司法适用时缺乏依据的法律疑难典型案例。

何鹏案:2001年3月2日,何鹏拿着自己有10元余额的银行卡到农业银行ATM自动柜员机上查询,恰逢银行计算机故障,何鹏随意按键取款100元,ATM机当即如数出款,何鹏不明就里又连续按键6次,共取出现金4300元。次日上午,何鹏再次持卡分别在建设银行、中国银行、工商银行等多家不同银行的ATM机上,取款215次,共取出现金425300元,两日共取现金429700元。2002年经中级法院审理,以盗窃罪判处何鹏无期徒刑。何鹏上诉后,云南省高院裁定维持原判。但在2009年11月,何鹏案经法院再审之后,刑期由无期减为了八年零六个月。[①]

---

① 《我来说说何鹏案》,110法律咨询网,最近访问日期:2019年6月18日,网址:http://www.110.com/ziliao/article-160472.html。

本案中，有一个关键的客观事实是：次日何鹏在多家银行均成功取款，如果只是农业银行的计算机故障引起本银行的 ATM 机暂时失控，那么何鹏次日可以在其他多家银行取出现金则不符合客观规律与因果关系。毕竟，多家银行的计算机同时故障，ATM 机同时失控的可能性微乎其微。也即是说，不排除存在另一种可能性：由于何鹏持卡银行错误存入多余的现金在何鹏的卡里，才导致他在别的银行也可以取钱。而这个客观事实的疑点在何鹏的案件审理过程中并未被关注。此外，公安机关的抓捕与释放频率也是本案需要重视的一点：案发后，公安机关先以何鹏涉嫌信用卡诈骗罪将其拘留。经审查后，公安认定是银行电脑故障，何鹏没有信用卡诈骗的故意，遂将其释放。近一个月后，检察院以盗窃罪将何鹏重新批捕，半年后同意何鹏取保候审。次年 3 月，突然宣布取消取保候审，并将何鹏再次关押。可见，在刑事案件中，法律疑难不仅仅在审判阶段，而早在侦查、起诉阶段就已经存在如何处理的问题。公安、检察院的反复抓捕不仅是对被告权利的侵害，也容易影响司法的权威性。

许霆案：2006 年上旬，许霆在银行的 ATM 机取款 1000 元后，发现卡内余额只扣了 1 元，遂连续取款 5.4 万元。许霆当晚将此事告诉了同伴郭安山（另案处理）。两人随即再次前往提款，经查实，许霆先后取款 171 笔，合计 17.5 万元，携款潜逃并挥霍一空。2007 年 11 月 20 日，广州市中院审理后认为：被告许霆以非法侵占为目的，伙同同案人采用秘密手段，盗窃金融机构，数额特别巨大，行为已构成盗窃罪，判处无期徒刑。[1] 许霆不服一审判决，提出上诉。2008 年 3 月，广东省广州市中级人民法院依照《中华人民共和国刑法》第二百六十四条、[2] 第六十三条第二款、[3] 最高人民法院《关于审理

---

[1] 参见许霆案一审判决书：(2007) 穗中法刑初字第 196 号。

[2] 参见《中华人民共和国刑法》第二百六十四条："盗窃公私财物，数额较大或者多次盗窃的，处三年以下有期徒刑、拘役或者管制，并处或者单处罚金；数额巨大或者有其他严重情节的，处三年以上十年以下有期徒刑，并处罚金；数额特别巨大或者有其他特别严重情节的，处十年以上有期徒刑或者无期徒刑，并处罚金或者没收财产；有下列情形之一的，处无期徒刑或者死刑，并处没收财产：(一) 盗窃金融机构，数额特别巨大的；(二) 盗窃珍贵文物，情节严重的。"

[3] 参见《中华人民共和国刑法》第六十三条第二款：犯罪分子虽然不具有本法规定的减轻处罚情节，但是根据案件的特殊情况，经最高人民法院核准，也可以在法定刑以下判处刑罚。

盗窃案件具体应用法律若干问题的解释》第八条①等的规定判决认定许霆犯盗窃罪，判处有期徒刑五年。②

许霆案与何鹏案当属我国典型的法律疑难案件的一种，尽管二人最终都以"盗窃罪"入狱，但综观其案件行为过程与传统的盗窃罪无论从主观还是客观都有区别，以至于何鹏一开始是以涉嫌"信用卡诈骗罪"被拘留，释放后又重新以"盗窃罪"入狱。首先，传统意义上的盗窃罪成立需要嫌疑人具有盗窃的主观故意，为自己的盗窃行为做准备并积极实施。而何鹏、许霆都不具备使银行计算机系统出错的能力，二人在取款前，均不存在破坏银行计算机系统使其可以非法提款的主观故意和行为。均系取款过程中偶然遇到的 ATM 机故障，促使二人在好奇心驱使下取了不属于自己的钱，尤其何鹏事后退回了全部金额。其次，二人均系用自己的银行卡取的现金，即便系银行计算机系统故障，取出了多余的钱，但是用自己的银行卡取出的现金算不算盗窃？法律并没有相关规定。最后，银行的计算机系统出错在先，且银行没有积极地行使告知义务，没有积极地避免可能的错取，具有不可推卸的责任。从法律事实疑难的角度去分析，该行为其实并不完全符合盗窃罪的主、客观要件，但是综观刑法，如果要对其定罪，似乎又没有比盗窃罪更为合适的罪名。如果法官裁定为盗窃则要对盗窃罪进行扩大解释，对于该案件应当做利于嫌疑人的解释还是相反？如果做利于嫌疑人的解释应以什么原则为理由？如果做不利于嫌疑人的解释依据何在？这些疑问就从法律事实疑难上升到了法律疑难的层面。

对于法律疑难，往往是已经发生的案件系法律没有明确的规定，需要法官的自由裁量才能判决。当然，法律疑难的类型及原因远不仅如此。法律疑难通常以排除法律事实疑难为基础，法律疑难与事实疑难的案件不同，只能在现有的原则、政策、法律价值、法学理论、方法论等之内，

---

① 参见最高人民法院《关于审理盗窃案件具体应用法律若干问题的解释》第八条："刑法第二百六十四条规定的'盗窃金融机构'，是指盗窃金融机构的经营资金、有价证券和客户的资金等，如储户的存款、债券、其他款物，企业的结算资金、股票，不包括盗窃金融机构的办公用品、交通工具等财物的行为。"1998 年 3 月 10 日颁布，2013 年 4 月 4 日失效。

② 参见许霆案二审判决书：(2008) 穗中法刑二重字第 2 号。

将法律疑难往"恶法非法"的方向推动，确立以保障人权为先的理念，尽可能减少对嫌疑人不利的解释，方可减轻司法权对公民的侵害。

由于我国在司法实践中已经出现了由于事实认定不清、法律适用存疑等情形，导致刑事错案的产生。本书拟基于国内目前已经发生的刑事错案为案例背景，以国内外对于事实疑难以及法律疑难的研究为理论背景，分阶段、分类型地进行刑事疑难案件的法理研究。

第三节　刑事案件中的疑难之法哲学研究意义

尽管学界对于事实疑难与法律疑难同属疑难案件的范畴已经普遍达成共识，然而疑难案件中的事实疑难并未引起足够的重视。在我国，已发生多起由事实疑难转变为错案的例子。事实疑难不仅是侦查机关或者起诉机关要解决的问题，司法是能动的，法官在审理案件时，遇到事实疑难的案件，并非只能依据刻板的法律去僵硬地对照由公安、检察院移交的案件事实。实践已经证明，僵硬地将事实与法律对照得出结论，这种司法三段论式的做法，已经越来越无法满足当下推陈出新的案件事实疑难，和应然层面的法律疑难。

首先，关于刑事案件中的事实疑难，必须以查明真相为重中之重，一旦出现客观事实或者法律事实的疑难都应当首先回到事实真相的考察上。正如卡德里所言："在裁判犯罪的问题上，很难有比现代刑事审判更没有效率的方法了。即使最普通的案件，也要遵循违反直觉的证据规则，进行咄咄逼人的辩论，而不去合作发现真相。"[1] 须知，事实真相才是确保判决正确性的基础。事实的认定应当以客观为标尺，只有客观事实可以推翻另一个事实的认定，而不能通过假设、推理或其他伦理道德因素来作出"有罪推定"。

然而，对于案件事实，不仅只有实然层面的查明真相，当客观事实内部、法律事实内部以及二者相互之间存在冲突时，都容易出现对"案件事实应当如何认定"的应然层面的疑难。不仅如此，当案件事实被认

---

[1] [英]萨达卡特·卡德里：《审判为什么不公正》，杨雄译，新星出版社2014年版，第347页。

定存在疑点时，哪些情形应当适用"利益归于被告"的原则，哪些情形不得适用，哪些案件事实存疑不得被定罪，哪些情形适用"罪疑从轻""疑罪从无"等，都是案件事实疑难在应然层面需要探究的法哲学。具体来讲，在实然层面，对于事实疑难的解决应当分为两个阶段：第一，法官一旦发现存在事实疑难的案件，应当主动地与侦查机关配合查清案件事实，毕竟后续对案件事实的认定不同，将直接影响到案件的法律适用以及走向。民事案件中，平等的民事主体双方通常都对自己的主张有举证义务，如果举证不利，则可能影响到自己的诉求。而在刑事案件中，法官不能仅仅依靠当事人的举证就采信其观点，必须探寻客观真相。第二，对于部分已经穷尽侦查技术和当事人举证、陈述等方式，仍不能查清的案件事实，法官在认定时，存在"可左可右"（例如：在刑事案件中，认定偏"左"即有罪或罪重，认定偏"右"则无罪或罪轻）的情形，在没有其他案件事实证明的情况下，倾向于做出对嫌疑人有利的认定。当然，并非所有的事实疑难案件都必须"一刀切"做出利于嫌疑人的认定，还需具体问题具体分析。毕竟，在刑事案件中，对罪重的嫌疑人判刑过轻，对有罪的人判决无罪都是错案。

如果对于案件事实的认定从实然的角度不能得出确定性、正确性的答案，又必须得出一个事实认定结论时，那么可从应然层面对实然进行倒推。也即是首先通过形式推理结合实质审查仍不能解决实然层面的案件事实认定时，才可以从应然层面，通过实质推理，对实然层面的事实认定进行倒推，从而得出确定的案件事实，这也是排除法律疑难的基础。

其次，关于刑事案件中的法律疑难，在案件事实已经查清的基础上，也存在实然和应然两个层面的辨析。在实然层面，当规则、原则、政策内部之间以及外部相互之间存在冲突时，需要分为法律规范内的和法律规范外的合理性，从应然层面进行辨析。更进一步来看，终极的法律疑难终究要回到"恶法亦法"和"恶法非法"的争论上，在此基础上衍生出来的分析实证法学派和自然法学派的疑难案件理论，都是围绕和企图证立本学派关于"恶法"是不是法的信仰。不同法学派对"恶法"所持有的观点，将直接导致在司法实践中产生不同的法律适用效果，在并未分出胜负的当下，面对这个或许永远没有"正确答案"的信仰冲突，可能才是最终极的法律疑难。

总的来讲,事实疑难与法律疑难都具有各自的法哲学研究意义。解决刑事案件中的事实疑难不仅仅只是通过侦查技术和科技手段简单的查明事实,在无法查明事实或者事实之间存在冲突时,需要上升到法哲学的高度去研究"如何认定事实",以及"应当如何认定事实"的问题。从司法实践来看,为法官在事实认定上划出合理的法哲学界限,务求找到案件事实的唯一答案与正确答案确有必要。

第 五 章

案件事实中的疑难情形

尽管"以事实为根据,以法律为准绳"是我国司法制度的一项基本原则,但法官对于案件的审理不仅仅是将事实与法律的简单相加。案件事实并非一成不变地对真相进行完美重现,只有当法律事实与客观事实基本一致时,法官才能将事实与法律进行匹配,做出判决。可见,法律事实与客观事实相一致的程度将直接影响到判决结果。然而,实践中二者之间以及其本身都存在冲突的可能,对案件事实认知的疑难属于实然层面的初级的事实疑难,当面对案件事实的冲突时应当如何认定,该种追问亦可上升到应然的层面,而应然层面的事实认定与法律疑难一样,也需要相关的法学理论作为基础。

第一节 案件事实认知上的疑难

法律事实的认定需要以客观事实为基础,同时参考程序正义等因素,部分法律事实的疑难直接来源于客观事实的疑难。对案件客观事实的认知局限是事实疑难的初级阶段,受到环境、侦查技术、人类认知局限等因素的影响,且法官在案件中探明的客观事实都是过去式,难免有漏洞、存疑之处。

一 认知客观事实的局限性因素

客观事实不会自动呈现,需要人去发现并正确地认知。法官对案件客观事实的认知局限,主要表现为以下几个方面。

第一,所认知的客观事实是全部,或只是局部存疑。人的认知受到时间、空间的限制，我们对已经发生的事实进行客观的认知时，不能确保已经认知了事件的全部。如同我们站在地球则永远无法看到月球的背面，并不代表月球没有背面，我们受自身所处空间的限制而造成认知上的局限，该种事物看不见的"背面"则可能成为案件中存疑的客观事实。

第二，所认知的客观事实的状态是否已经改变存疑，即：被认知的客观事实是否就是真相存疑。根据海森堡不确定性原理来看，事物总是变化的，微观世界与宏观世界有巨大差别，只是有的变化过于微观，以至于人们难以察觉。海森堡认为："在因果律的陈述中，即'若确切地知道现在，就能预见未来'，所错误的并不是结论，而是前提。我们不能知道现在的所有细节，是一种原则性的事情。"同理，我们不能知道客观事实的所有细节，也是一种原则性的事情。

第三，从人类感知与客观存在之间的关系来看，某种意义上来讲，存在就是被感知，无法被人类感知的事物，也就无法证明其存在。然而，我们不能确定感知到的客观事实是否就是对的，没有感知到的客观事实就是不存在的。

第四，认识的"二值命题"，没有任何一种方法可以确保能够绝对正确地认识事物，对客观事实的认知除了上面已经谈到的局部和全面的问题外，还有正确与错误的问题。此外，对客观事实的认知只能是相对正确，而非绝对正确。

第五，经验因素，由于每个人的知识储备、对事物的认识程度，以及观察的深度不同，因此对客观事实进行认知时，不同的人可能产生不同的答案，这种由不同的经验产生的对客观事实的不同认知，也是一种客观事实疑难。

第六，认识主体——人的视角因素。即使以具有确定性的、可衡量的方式去认知，根据人的"视觉特性"，情绪、欲望、感情，以及对事物或多或少的主观臆断，都影响着我们认知事实的视角。[①] 当然，由于个人的政治立场、信仰不同，也会影响法官对客观事实的判断。

---

① 关于"人的知觉"的详细论述可以参见 George Pitcher: *A Theory of Perception*, Princeton: Princeton University Press, 2015。

基于上述不难看出，单纯的客观事实总是受到局限性因素的影响，案件存在事实疑难在所难免。不能因为客观事实总是存疑的，就影响案件的审理和裁判，法官需要在已经认知的客观事实基础上，根据法定程序，认定出可以作为判案依据的法律事实。

二 认知法律事实的局限性因素

法律事实通常滞后于客观事实，是根据法定程序对客观事实进行辨别、去伪存真后的认定性结论。由于法律事实的滞后性，其真伪只是法律上的真伪，而不是客观上的真伪。法律事实的真伪与客观事实的真伪重合度越高，认定的正确度则越高，形成错案的概率就越小。

(一) 如何认知法律事实

法官根据案件已知的客观事实，在经过质证、查证、辨别之后，可以认定出能够影响案件裁判结果的法律事实。对于法律事实的认定可依据以下步骤展开。

第一，考察客观事实的内容是否具有证明能力，客观事实是否具有客观实在性，客观事实与客观事实之间是否具有关联性。该种辨析可以对客观事实的可用性、相关性进行有效的鉴别。

第二，将客观事实作为证明材料，考察其是否可以作为定案的依据，是否符合据此定案的法定条件。该种辨析既可以考察客观事实的真实性与合法性，也可以考察客观事实的相关性。

第三，根据客观事实，考察其对案件事实的证明价值和证明作用。该种辨析是做出法律事实认定的基础，对客观事实证明价值与作用的衡量，将影响法律事实认定的走向。

第四，考察客观事实的来源是否符合法定程序，尤其在刑事案件中，应考察是否存在"非法证据排除"的可能性，以及是否有必要排除能够证明客观事实的"非法证据"。

第五，基于上述四个方面考察的基础上，将采纳的客观事实与法律规则进行比对，据此做出法律事实认定。值得注意的是，在将客观事实与法律相衔接的过程中，可能会出现法律规则的瑕疵（空白、漏洞）等问题，在法律事实认定的阶段出现规则瑕疵的问题，也是一种法律适用上的疑难，留待法律疑难的阶段进行阐述。也即是说，当法律事实因为客观事实存疑或冲突，出现认定上的疑难时，属于事实疑难；当客观事实清楚，认定法律事实时，因为法律规则存在漏洞、空白等瑕疵，而形成法律事实认定上的疑难，则属于法律疑难的范畴。

(二) 影响法律事实认定的因素

第一，案件中的客观事实存疑将直接影响法律事实的认定。法律事实是在认知客观事实的基础上进行辨别、认定的，法律事实的认定结论具有滞后于客观事实的特点，并且当法律事实的认定出现疑点时，往往需要回到客观事实中去比对和考察。因此，如果案件的客观事实存疑，将直接影响到法律事实的认定，进而影响到法律事实认定结论的正确与否。

第二，违反程序正义的客观事实依法不予采纳时，将影响个案中法律事实的认定。值得注意的是，当个案中客观事实的来源违反法定程序，法官不应绝对地做出不予采纳的决定。尤其在刑事案件中，当违反法定程序得来的客观事实能够真实反映案件真相，并且该真相一旦被认定为法律事实将对被告人有利，如果不予采纳被告人可能受到刑罚，出于保护人权的角度可以采纳为法律事实，进而得出对被告人有利的结论。

第三，法官的立场不同、视角不同、观点不同，也将在一定程度上影响法律事实的认定。当然该种立场、观点的不同必须基于客观事实，而不是其他道德、伦理的因素，然而现实中其他因素对法官认定事实的影响力却是客观存在的。对赫拉克勒斯来说，整全性和公平将以各种方式约束正义和明智性。① 从这个角度来看，某些事实疑难的情形中，对于法律事实的认定，我们仍需要赫拉克勒斯式的理性、智慧的法官，才能确保认定案件事实的正确性和客观性。

第四，社群共识、道德、伦理与法律事实存在冲突，在司法实践中可能会影响法律事实的认定，但与法律疑难不同，这种主观因素可以作用于法律疑难，但不能作为认定法律事实的依据，否则案件的走向将受到社群共识，甚至"媒体审判"的影响，而失去其中立性。值得注意的是，本书虽然列出了客观事实与法律事实内部以及相互之间的冲突，提

---

① [美] 德沃金：《法律帝国》，许杨勇译，上海三联书店2016年版，第266页。

出可以从应然层面寻求解决之道。该种应然层面的解决是在穷尽了客观事实和法律事实的法定方法之后，以存在事实冲突为前提，才可以适用。在现实中，法律事实的认定只能基于客观事实，应排除主观臆断和受道德、伦理影响的可能性。只有客观事实可以推翻另一个客观事实，而不是直接用伦理或道德去影响法律事实的认定或推翻客观事实。因为我们假定法律在立法阶段已经充分地考虑了实施后的社会效果，而当个案的事实认定与伦理道德相冲突时，仍然坚持严格依照法律规定的方式处理，而不受伦理、道德的影响，既确保法律的权威，也维护立法时已经充分考虑到社会效果而做出的价值取舍。尤其在事实认定的环节，这种社会效果如果一旦在实施过程中受到伦理、道德等主观因素改变，很可能使法律的功能偏离原来的轨道，带来新的不确定性及恶果。

综上来看，客观事实与法律事实都在认知上有存疑的可能，这也是案件事实初级的实然层面的疑难，该种初级疑难表现为：即便认知存疑，仍可以通过技术的发展、程序正义、证据规则等来得出确定性的结论，这正如德沃金等疑难案件研究者认为的，仅属于需要查明的事实。除了该种认知上的案件事实疑难外，案件事实还存在一种应然层面的疑难，即当客观事实之间、法律事实之间，以及客观事实与法律事实相互之间存在冲突时，应当如何认定、如何对待及处理的问题。证据规则并不能完全解决这种应然层面的疑难，这也是案件事实疑难值得进行法理研究的精髓所在。

第二节　案件事实中的冲突

如果说对案件事实的认知疑难是实然上的疑难，那么如何辨别、认定案件事实中的冲突则兼具实然与应然的疑难。客观事实之间、法律事实之间、客观事实与法律事实之间都可能存在冲突，该种冲突都会出现应当如何认定的问题，如果没有合理、合法的方式解决，就容易演变为事实认定上的错案。同时，客观事实之间的冲突，以及客观事实与法律事实之间的冲突如果不加以重视，在此基础上进行审判，很难避免从事实疑难的案件转变为法律适用上的错案，在刑事案件中更存在"疑罪从无"和"罪疑从轻"的问题。我国司法实践中已出现多起由此而来的错案，对于当事人以及司法公信力、国家赔偿等都是双输的局面。由此可见，对于案件事实应然层面的疑难尤其值得进行法理学的研究。

一 客观事实之间的冲突

首先应当明晰，此处所指的客观事实并非泛指宇宙万物中的一切客观存在。从法理学的角度，对于客观事实应做狭义的理解，即指在特定案件中的能够反映案件客观经过，尚未经过法律认定①的存在及事实。法理学中的客观事实包括但不限于：录音、录像、证人证言、物证、书证、鉴定结论等。值得注意的是，客观事实不等于真相，也存在真伪之分。在个案中，伪造的事实也是客观事实，这就需要法官在审理过程去辨认、排除，去伪存真。在此基础上，客观事实之间的冲突主要体现为以下几种。

第一，两个证人的证言相互冲突，该种情形在司法实践中时有发生，审判人员如果可以通过其他客观事实佐证，采信其中一人的证言尚不存在疑难。然而，若没有其他客观事实加以佐证，对于两个证人的不同证言应当采信谁的？依据何在？抑或两人的证言都不予采纳？该种客观事实的冲突往往容易演变为法律事实的冲突，根据个案的不同，处理方式也不尽相同。在美国，当证人的口头证言与关键事实问题相冲突，法官可以对证人之间的证言进行甄别，并通过司法事实的自由裁量权选择相信其中一位证人的证言。② 可见无论是英美法还是判例法国家，当案件存在事实冲突时，都会出现应当如何认定的问题，而美国将部分冲突事实划归为法官的自由裁量范畴。

第二，同种类型的物证所指向的事实不同。以辛普森案为例，案发现场有两滴血，一滴是辛普森本人的，一滴是其他人的，那么两滴血同时存在于案发现场，则不能只认定辛普森是嫌疑人，另一滴血的主人也有嫌疑。可见，当刑事案件中的嫌疑人非此即彼时，从客观事实上往往难以判定谁才是真凶。

---

① 案件中的客观事实一经质证、认定，被采纳便属于法律事实的范畴。
② 参见 Nicola Gennaioli and Andrei Shleifer, "Judicial Fact Discretion," *The Journal of Legal Studies*, Vol. 37, No. 1, January 2008, pp. 1 – 2。

第三，有瑕疵的录音、录像与其他证据相冲突。录音、录像经过人为删减、剪接等情形属于有瑕疵的范畴。例如：在刑事案件中，该种瑕疵的录音、录像显示的犯罪嫌疑人与其他物证、书证、鉴定结论等指向的犯罪嫌疑人不是同一人。在民事案件中，表现为该种瑕疵的录音、录像所反映的事实与客观真实之间存在矛盾。在行政案件中，通常表现为执法记录仪的丢失，执法人员口述与目击证人口述的案件经过不一致等。

第四，鉴定结论与客观真实相冲突。未经质证的鉴定结论在个案中应属于客观事实的范畴，对于鉴定结论本身的不确定性，甚至是与真相相悖，是司法实践中可能存在的冲突之一。哈特曾经就刑罚是否应当放弃考察行为人精神病的因素表明自己的观点，对于：只要符合法定事由，无论行为人是否是精神病都应当被实施强制措施的提案（Mental Health Act of 1959）表示否定。他认为：这种过于严苛的刑罚考察，将导致惩罚的威慑功能彻底丧失。[1] 可见，实证主义的哈特认可精神病人可以免予刑罚，这符合刑法的道德。那么，无论在国内还是国外，对精神病人鉴定的正确性与客观性都尤为重要，应当避免在司法流程中被滥用或者出现人为错误的鉴定。尤其是刑事案件中的精神病鉴定，嫌疑人可能本没有精神病，如果由于某些人为因素被鉴定为精神病就可以逃脱刑事责任。这种由权威机构出具的鉴定结论是否应当直接作为判案的依据，还是应当经过质证，甚至经过法官的实质审查和实质推理，才可以作为判案依据？笔者倾向于后者。也即是说，在未经质证阶段的鉴定结论还属于未被确定采信的客观事实，而非法律事实。

第五，书证与客观真相之间存在冲突。例如，从被害人留下的遗书看是自杀，但客观真相其实是他杀。然而，经过刑事侦查到司法审判时，从现有的客观事实来看，只能证明嫌疑人有可能是凶手，但并非绝对，从被害人的遗书来看也存在系自杀的可能性。这种客观事实之间相互冲突的情形，在此基础上进行的法律事实的认定不同，将导致不同的判决结果。此时法官应当如何处理，嫌疑人的人权或被害人的公平孰轻孰重，

---

[1] 参见 Review by Anthony Kenny：*The morality of the criminal law by H. L. A. Hart*，New Blackfriars，Vol. 48，No. 559，December 1966，p. 162。

采取哪种原则判罚才合法、合理，对这种客观事实的冲突应当如何处理，可以上升到法哲学的范畴。

当然，现实中的案件纷繁复杂，此处仅列举较为典型的几种情形，客观事实之间的冲突绝不仅为上述列举的五种。而客观事实是案件审理的关键，客观事实不清将直接影响后续法律事实的认定，对于客观事实的冲突应采取什么原则处理才满足合法乃至合理性的要求，是亟待解决的事实疑难。

二 法律事实之间的冲突

法律事实的冲突绝大部分来源于客观事实冲突，到了法律事实认定的环节，一旦出现疑问，往往需要倒退回到客观事实的认定上，当客观真实在认定上出现矛盾，那么法律事实疑难将在所难免。在个案中尚未经过质证的证明材料其性质应属客观事实，只有经过法庭质证的证明材料（包括鉴定结论、书证、物证等）才能称其为证据，才属于法律事实的范畴。

第一，经过质证的法律事实之间相互矛盾。例如，经过质证的鉴定结论与书证的证明内容相冲突，会出现应当如何认定的问题。法律事实证明的内容相互冲突，并且对相冲突法律事实的认定结果将直接影响到判决结果，法官能否不仅仅适用形式推理，而进行实质推理，能否最终做出不利于嫌疑人的判决，这些都是事实疑难的法哲学需要研究的问题。

第二，程序正义与实体正义相冲突。一个案件的程序与实体是否正义都属于法律事实的范畴，当程序与实体相冲突时，法理学告诉我们程序正义大于实体正义，这是从保护嫌疑人人权的角度出发，在个案中至少要保障程序正义，违法或刑讯逼供搜集的材料不能作为对嫌疑人做出不利判决的证据。然而，程序正义通常是拟定的正义，不同法域、文化下的"程序正义"可能存在不同的价值选择。实体所指向的法律事实并不都是伪的，当程序与实体相冲突时，如果实体指向的事实为真，也会出现应当如何认定的问题。

第三，由客观事实推导而来的法律真实之间存在冲突。例如，刑事案件中对于既遂与未遂、正当防卫与防卫过当等法律事实的认定,[①]需要通过考察案件的客观事实来进行。然而,经查明的客观事实本身具有真伪之分,可以推导出两种完全不同的直接影响判决结果的法律事实,此时法官还需结合客观事实来判断,如果只做形式审查未必能完全推导出可以做出判决的合理性的结论。刑事案件一旦判决就可能涉及公民的人身自由等受宪法保护的权利,除了结合案件的客观事实或者要求公安机关、检察院进行补充侦查,对于个别特殊的疑难案件是否还可适当地采用实质推理,也是司法实践中面对事实疑难在应然层面需要思考的问题。

值得注意的是,实质推理在审理事实过程中应当受到限制,以避免司法腐败的可能。因此,司法审判中对于法律事实的审查通常适用形式推理,尤其在民事案件中,可以做出不利于任何一方的判决。然而,由于刑法危及人身权利的特殊性,实质推理作为例外,哪些情形可以适用实质推理,适用实质推理时应遵循什么原则,都是关于事实疑难的法哲学需要解决的问题。

三 客观事实与法律事实相互冲突

客观事实与法律事实之间的冲突多表现为客观真相与法律真实之间的不一致。为了维护程序正义以及司法的权威,一经认定的法律真实往往作为判案依据,除非有新的证据出现,能够推翻已经被认定的法律事实,否则法律事实一经认定便具有程序正义。因此,对于法律事实的认定应尤为慎重,如果法律事实的认定出错,将直接影响到后续法律疑难的处理,进而直接影响到判决结果的走向。如果是不利于嫌疑人的法律事实认定出错,将直接侵害当事人的人权。

第一,客观真实与经过法定程序认定的法律真实不一致或相矛盾。

---

① 最高人民检察院于2018年12月19日发布的"第十二批指导性案例"专门阐释了正当防卫的界限和标准,分别是:"陈某正当防卫案、朱凤山故意伤害(防卫过当)案、于海明正当防卫案、侯雨秋正当防卫案。"这也在一定程度上反映了司法实践中,对案件事实的认定存在疑难情形,部分案件事实如果没有明确的认定标准,则容易出现"应当如何认定"的疑问。值得注意的是,指导性案例所提供的特定事实认定界限与标准并非一成不变,不同的刑事案件,其客观事实和法律事实往往千差万别,应当具体问题具体分析。在刑事个案中认定案件事实时,应以个案事实中的因果关系为先,在此基础上参考指导性案例提供的事实认定标准。

客观真实是对于个案搜集的多种客观事实或者相互矛盾的客观事实进行的价值判断，法律真实是对多个法律事实或者相互冲突的法律事实进行的价值判断，法律事实来源于对客观事实的认定。客观事实本身有真伪之分，对客观事实去伪存真后，得出的法律事实是经过人为认定的事实，来自法官对于客观事实的实质审查与形式推理。① 客观事实之间，以及法律事实之间都可能存在冲突，这种冲突如果无法通过事实认定来解决，就只能借助于价值判断，推导出近似的客观真实，或者法律真实。客观真实与法律真实共同无限趋近于真相，但是这种对真相的追求是主观的，也存在背离真相的可能性。

客观事实、客观事实冲突以及客观真实，法律事实、法律事实冲突与法律真实都有各自的含义，它们相互之间，以及它们与真相之间的关系如图 5—1 所示。②

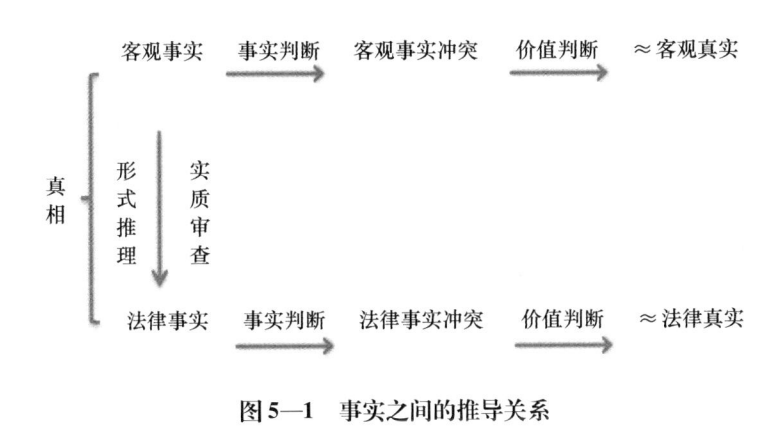

图 5—1　事实之间的推导关系

实践中客观真实与法律真实两种价值判断的产物，也可能存在不一致的情形，该种情形下应如何处理？例如：民事案件中关于夫妻债务虚假和违法的认定，某女甲离婚一年后"被负债"50 万元，债主丙拿着甲

---

① 尽管在司法审判中不提倡对案件事实进行实质推理，但在刑事案件中进行实质审查确有必要。刑事案件不似民事案件中"谁主张，谁举证"的举证原则，尽管事实真相总是难以完全被掌握，但刑事案件中的侦查、起诉、审判机关都应竭力在最大限度地还原事实真相的基础上，做出事实认定结论，才能尽可能地避免事实认定错误。如果仅做形式审查，难免存在疏漏。

② 图 5—1 中"→"表示推理过程。

婚姻存续期间其丈夫乙的借款合同向该离婚女子甲追讨债务，该借款合同实则是其前夫乙与债主丙一起虚构造假的，目的是让该女子甲出钱。①该案中的客观真实是前夫乙与债主丙合谋造假婚内借款合同，法律真实是债主丙出具的婚内借款合同，证明婚姻存续期间前夫乙向丙借款未还。该案中，客观真实与法律真实不一致，法官应如何裁判则存在事实疑难。

第二，经过质证的鉴定结论（法律事实）与客观真相之间存在冲突，因为客观真相本身具有不可还原性，鉴定结论一旦经过质证，法官如果决定采信，那么即是法律真实。即便与客观真相不一致，也只能按照已经认定的法律真实进行裁判，除非有其他新的证据能够推翻该被认定的法律真实。由此看来，即便法官认定的法律真实为假，如果没有相应的客观事实证据出现，便难以推翻，将被作为已经认定的案件事实，在此基础上适用法律进行裁判。我国多数的刑事错案实际上就出错在客观事实与法律事实相冲突时，法官对法律事实认定的环节。该种错误的认定如果做出不利于嫌疑人的判决，那么对嫌疑人的人身侵害将是不可逆转的。

第三，非法证据排除中的客观事实与法律事实相冲突。在刑事案件中，公安非法搜集证据的行为本身是一种客观事实，经过嫌疑人举证被法官当庭认定采信之后才是法律事实。该种法律事实属于程序不当的范畴，根据程序正义的原则，其证明的内容不应被采纳。然而，现实中也存在公安机关非经法定程序搜集来的证明材料能够佐证案件真相的情形，此时该种能证明案件真相的客观真实是否应当被认定为法律事实予以采纳？从程序正义的角度肯定是不允许的。当该种客观事实与法律事实相冲突时，法官的裁定应当有相关原则进行规范，避免同案不同判的现象。

值得注意的是，我国司法审判从"纠问式"逐渐转变为"抗辩式"以来，法院的审判逐渐中立，当案件的客观事实与法律事实出现冲突时，法官通常采取程序正义优于实体正义，形式合法优于实质合法，以法律事实作为裁判依据。

基于上述，个案中的客观事实不等于客观真相，客观事实具有真伪

---

① 对于该种案例，我国《婚姻法》及相关司法解释做出了相关规定，此处不对法律进行评述，仅用于分析客观真实与法律真实的不一致。

之分，对客观事实经过质证、由法官认定得来的法律事实也存在真伪之分，皆因人的主观能动性不可能完全地反映客观存在，要想通过人为搜集的证据全面地还原案件的客观真相恐怕只有神灵能办到。即便科技日益发展，除了拍下案发经过的未经删改的录音、录像外，普通人的主观认识始终受到客观环境的限制和影响，对客观事实的去伪存真从而认定个案的法律事实的过程不可能实现百分百的正确无误。

在民事案件中，只要保障程序正义，对现有的客观事实进行形式推理，即便在此基础上认定的法律事实为假，只要确保了程序正义，仍能为双方当事人所接受，这是司法实践中已达成的共识。然而，对于刑事案件，特别是存在客观事实疑难，进而存在法律事实疑难的刑案，法官对客观事实进行形式推理，如果做出有利于嫌疑人的判决则罢，若做出不利于嫌疑人的判决，则可能直接侵害当事人的人权。并且，在刑事案件中更为特殊的是，如果一味地偏向嫌疑人，当存在事实疑难时，做出对嫌疑人有利的判决，则对于被害者及其家属也可能造成不公，毕竟一旦涉及刑事案件，被害人受到的也是人身伤害，被害人的人身权利又该如何保障？这些疑问已经不是通过法律明文规定可以解决的问题，不可否认，部分客观事实、法律事实的疑难情形需要上升到原则乃至法哲学的高度来寻求合理的解决。

目前国内外对于法律疑难案件的法哲学研究已经相对深入，对于事实疑难的法哲学研究，尤其是在国内还处于起步阶段。如何使法律事实与客观事实最大程度的相一致？当法律事实与客观事实不一致时，或者当客观事实之间有冲突，抑或法律事实之间不一致时，应当如何处理才是对嫌疑人人权最大的保障？这些疑问当归于事实疑难的法哲学研究范畴。

第 六 章

解决应然层面事实疑难的理论进路

西方有法谚:"法官不能拒绝裁判",该原则尤其体现在民事案件中,然而对于刑事案件,除了受法律规则或原则规范的:"不予立案""存疑不起诉""予以撤销""疑罪从无"等情形外,该"不得拒绝裁判"的原则在刑事领域(尤其是公诉案件中)依然适用。无论民事、刑事还是行政诉讼案件,个案中的客观事实之间、法律事实之间以及客观事实与法律事实之间存在冲突是司法实践中难以避免的现象。对此,法官通常不能拒绝裁判,然而如果对事实冲突难以认定或认定有误,都将直接影响到法官后续的法律适用与裁判。对于事实冲突,与其从如何避免冲突的角度去研究,不如厘清各种冲突的形式,通过发现一些原则或法治秩序内的合理方法,为法官在认定存在事实疑难的案件事实之前划定一个界限,并从应当如何解决冲突的角度入手,更为符合当下司法的需要。

在美国,大多数情况下,法官在对事实的认定上有过于广泛的自由裁量权,这种自由裁量权很少被干预,从某种程度上来讲,对案件事实认定的自由裁量几乎没有界限。[1] 值得注意的是,本书探讨事实疑难的应然层面仅仅以存在事实冲突为前提,而非道德、伦理等其他因素与事实之间的冲突。无论是客观事实还是法律事实的认定都应当是客观的,不应受道德、伦理的影响,这也是事实疑难与法律疑难在应然层面的区别。在此基础上,笔者认为,解决客观事实、法律事实等的冲突,当没有相应证据规则、原则或政策可以适用时,大致可以从以下五个方面寻求突

---

[1] 参见 Nicola Gennaioli and Andrei Shleifer: "Judicial Fact Discretion," *The Journal of Legal Studies*, Vol. 37, No. 1, January 2008, p. 2。

破，这种在应然层面辅助认定事实的方式，既可以为解决事实疑难提供合理方法，也为法官对应然的事实认定划出了一定的路径界限。

第一节 形式推理与实质审查

在处理应然层面的事实疑难情形时，应当以形式推理为主，并结合法庭的实质审查，尽可能地排除事实疑难。在此基础上，将实质推理的方法作为一种例外谨慎适用。休谟认为："一切推理可以分为两类，一类是证明的推理，亦即关于观念之间的关系的推理；另一类是或然的推理，亦即关于事实与实际存在的推理。"根据休谟的阐述，前者属于形式推理，[①] 后者属于实质推理。[②] 目前学者对于实质法律推理在司法过程中适用的研究，主要体现在法律疑难的案件中。博登海默认为当出现下列情形时可以适用实质推理：第一，当法律规范适用于个案显失公平；第二，当法律规范在个案的适用中相互冲突；第三，当没有规范性原则可以适用。[③] 有学者在此基础上补充认为，可以适用实质推理的情形涵盖所有法律疑难的情形，包括：法律规范的内容有歧义，法律条款包含了多种可能的处理规定等。[④] 不难看出，以上两种关于实质法律推理适用范畴的归纳，主要都适用于法律疑难的案件。实践中，之所以要将实质法律推理的适用限定在法律疑难的范畴，皆因实质法律推理中含有法官经验的因素，而法官的经验属于主观因素，本身具有不确定性以及真伪之分。如果不加限制地运用实质法律推理，也难免会出现错漏，而司法的严谨性要求并强调要以形式推理为主导。但是根据休谟对实质推理的定义来看，事实冲突显然也符合实质推理的要素。尽管有学者认为，对于事实的认定如果运用实质推理将不可避免地产生司法腐败的

---

① 形式推理主要包括演绎推理、归纳推理和类比推理三种，这三种类型也是形式逻辑中的三种基本形式。

② 实质推理又称辩证推理，是指在两个相互矛盾的，或各有一定道理的陈述中，选择其一的推理。

③ 相关论述的详细内容可以参见博登海默《法理学：法律哲学与法律方法》，邓正来译，中国政法大学出版社1999年版。

④ 参见黄伟力《论法律实质推理》，《政治与法律》2000年第5期，第16—18页。

可能性，不能将案件事实的认定寄托于实质推理。然而，正如日本的法学家加藤一郎所认为的："法学乃是以控制人的行为、预先规范人的生活的法为根据的，裁判中加入实质的判断，是无论如何也难以避免的自然之理。"①

在简单案件中，法官可以将事实和法律相对应，得出判决结论。而在疑难案件中，作为运用法律推理的前提，事实和法律都值得推敲。事实推定在我国实际的审判过程中运用较多，占有重要的地位，是法律规定法官有权依据已知的案件事实，以及经验法则，进行逻辑上的演绎，从而得出待证事实真伪的结论。实际上肯定了审判者在诉讼中的主观能动性，尤其是在疑难案件中法官的自由裁量需要通过事实推定以及法律推定来进行。事实推定本质上属于推论的范畴，是诉讼中惯用的以确定案件事实的一种方式。法官可以根据前提事实，运用逻辑、法则及经验来推出结论事实。如果没有可以否定推定事实的其他推论，就可以对推导出来的结论事实予以肯定。查明客观事实，从而推定出符合客观事实的法律事实，是还原案件客观真相的一种方式，也是实现法律事实与客观事实相一致的重要途径。

在运用事实推定时，法律通常并未明文规定（若有规定，则不得运用推定）法官应当根据已知的事实做出何种认定，尤其是存在事实冲突的案件，需要由法官根据一般知识和实践经验来决定。笔者认为刑事案件不同于民事案件，法官对平等民事主体之间，只要依据程序正义，做出的对其中一方不利的裁定都容易被接受，也符合司法正义。然而，刑事案件关乎公民最基本的人身自由财产权利，对于刑事案件中存在的事实冲突，至少应当从正反两个方面对法官的自由裁量进行约束：首先，通过法律明确规定，应当做出有利于被告事实认定的情形，只要符合该种情形就不允许法官通过自由裁量、实质推理做出不利于被告的裁定。例如，我国刑法对于侦查机关"不予立案"、检察院"不予起诉"、法院审查是否符合"合理怀疑""疑罪从无"等情形做了相应的规范，该种情形属于法定不能运用实质推理做出不利于被告人的认定，案件审理过程

---

① ［日］加藤一郎：《民法的解释与利益衡量》，载梁慧星主编《民商法论丛》第 2 卷，法律出版社 1999 年版。

中只要符合该法定情形的都必须按照法律规定来处理。在此基础上，法理学的研究重点应是分析个案中哪些事实存疑情形符合该种规定，哪些事实冲突、存疑的情形不能划为法定利于被告的范畴，以此作为法官裁定的依据，在事实疑难中尽可能减少法官的自由裁量。其次，在严格执行法律规范的前提下，对于没有法律可以适用的事实冲突，应当借鉴"禁止反言"[①]"禁止双重危险"[②]等原则，保障嫌疑人的人权免受法官主观推定的不利后果。当排除了严格依据法律或原则解决事实冲突的可能性后，则划为可以适用实质推理做出不利于被告认定的范畴，当然在该范畴内也非必然做出不利于被告的认定，是否做出不利于被告的认定还需具体问题具体分析。总结起来，法官对事实冲突的认定应以形式推理和实质审查为主，将实质推理作为一种穷尽其他方法之后的例外，但并不完全否认对事实的实质推理。

客观事实的认定直接影响到后续法律事实的认定以及法律推定的适用，为避免错误的案件事实给后续的审理造成基础上的错误，法官对存在事实冲突的疑难案件认定案件事实时，应慎之又慎。值得注意的是，刑事案件不同于民事和其他类型的案件，在我国对于刑事案件的事实从侦查到起诉，最后到法院审理三个阶段都在进行事实审查，然而侦查、起诉阶段不能做"有罪推定"的实质推理，办案人员能做的只是尽可能地还原客观真相。到了法院审判阶段，对于事实的认定出现冲突和疑难时，只有穷尽了补充侦查以及其他法定的规则与办法，法官才可以将实质推理作为例外在个案中适用。因为"推理的不完全、不确定，或不一致是证据的普遍规律"，[③]推理本身也具有不确定性。侦查和起诉阶段必须严格按照程序正义来执行，否则如果在侦查和起诉阶段就允许进行实质推理，将严重影响到案件事实的客观性和真实性。

---

① "禁止反言"原则在英国是一项重要的证据排除规则，相关内容可参见胡萌《英国证据法中禁止反言的起源与主要形态》，《证据科学》2014 年第 5 期。
② Barry Siegal: "Double Jeopardy and Due Process," *The Journal of Criminal Law*, Criminology, and Police Science, Vol. 59, No. 2 (Jun., 1968), pp. 247 – 254.
③ Joel Yellin: "Evidence, Proof and Probability. by Richard Eggleston," *Journal of Economic Literature*, Vol. 17, No. 2, Jun., 1979, p. 583.

第二节　因果关系梳理

原因和结果是揭示客观世界中普遍联系着的事物，具有先后相继、彼此制约的范畴。原因是指引起一定现象的客观存在，结果是指由于原因的作用，缘之串联而引起的客观存在。原因在前，结果在后，是因果联系的特点之一。然而，在法理学中，对于案件事实因果联系的认定，并非简单的线性推理，从单一原因到单一的结果。个案中，尤其是事实疑难的案件，有可能存在多种原因引起的一个结果，或多种原因引起的两个以上的结果。

首先，现实的复杂导致个案中事实的因果关系并不单一，无论在民事、刑事还是行政诉讼案件中，都可能出现：一因一果、一因多果、多因一果、多因多果等情形。以刑事案件为例，包括假定的因果关系，[①] 重叠的因果关系，[②] 择一的因果关系，介入其他不可抗力因素的因果关系等。一旦案件中出现因果关系的疑难，会产生法官对于案件事实应当如何认定的问题。在刑事案件中，法官需要先梳理清楚个案中的情形属于哪种因果关系的类型，以危害行为与危害结果之间引起与被引起为主线进行辨别，进而做出认定。

其次，区分法律中的因果关系与哲学中的因果关系，将法律中的"因"区分为：引发的原因与纯粹的条件（一般性规律）。哈特和霍诺尔从法律适用的特定场景角度认为：即便事物之间存在规律性的因果关系，在法律个案中，还需要探寻法律上的特殊原因。以某人醉酒驾驶致人死亡为例，该行为中规律性的因果关系是：该行为人开着车出现在撞死人的地点。然而，该行为在法律上的因果关系是需要认定某人的醉酒驾驶与撞死人这一后果之间的联系。因而哈特和霍诺尔认为需要区分法律上的因果关系与一般性规律，即：将在正常情况下都有可能发生某种后果

[①] 即虽然某一行为导致结果发生，但即使没有该行为，危害后果仍会发生。
[②] 即两个以上行为若单独行使都不能导致结果发生，在行为人没有意思联络的情况下，两个行为发生竞合，产生了危害后果。

的通则作为纯粹的条件，而将异常情况作为原因。① 在该种区分的基础上，面对案件事实疑难时，尤其是法律事实认定存在冲突时，法官也可将引发案件的因果关系与引发案件的纯粹条件进行区分，在此基础上进行梳理。该种区分运用在刑事案件中时，法官通过因果关系的梳理可以厘清嫌疑人的犯罪事实，而当该种事实存在疑难或事实冲突时，将个案中"纯粹的条件"作为辅助分析（例如：嫌疑人是否具备纯粹条件，如果不具备则无法犯案），更有利于辨明案件事实的真相。哈特和霍诺尔对于因果关系的部分观点在西方学界引起了不小的争议，例如，有学者提出异议认为：因果关系问题应始终以简单的形式提出，不应混淆"近因"或"直接"原因的复杂性，政策问题应与因果关系问题保持适当的距离。②

对案件事实的认定是整个法律论证的基础，而因果关系是事实认定的核心。在司法审判过程中，不仅需要厘清事实与结果之间的某种关系，必要时还需要厘清是否具备"纯粹的条件"，③ 并将事实与法律相结合，得出逻辑关系确信的判决结论。对于个案中的因果关系梳理，如果只局限于某个事实节点的因果联系，不能得出合法、合理的结论时，就应扩大因果关系的面继续考察。除了从微观的角度着手，分析单个事实节点的前因，也要从宏观整体的角度入手，分析事实与事实之间的前因后果，才能准确地把握事实疑难的走向。

第三节 程序正义辅以实质正义

程序正义在司法实践中并非是绝对的，关于程序正义与实质正义的权衡，存在著名的争论，更加说明对于二者的权衡是必要的：当一个恐怖分子在市中心安装了炸弹，企图炸死城市中成千上万的人。警察抓到

---

① 哈特和霍诺尔在关于因果关系问题的论述还涉及"事实"和"政策"之间的问题，详细内容可以参见 H. L. A. Hart & Tony Honoré：*Causation in the Law*，Oxford：Clarendon Press，Second Edition，1985。

② 参见 D. D. Raphael Reviewed："Reviewed Work（s）：Causation in the Law by H. L. A. Hart and A. M. Honoré，" *Philosophy*，Vol. 37，No. 139（Jan.，1962），p. 84。

③ 法官在事实疑难的个案中对纯粹条件的分析类似一种实质推理。

这个恐怖分子嫌疑人时，是否可以用拷打的方式逼他如实供述出炸弹的确切位置？警察是否可以用拷打恐怖分子女儿的方法逼其坦白炸弹安装在哪里？答案存在争议。进一步分析，警察如果用犯罪嫌疑人的亲属对其进行威胁取得了供述，按照法律规定属于程序违法，嫌疑人的供述在庭审时不应被采纳，因为通常程序大于实体，如果警察为了破案都如法炮制地采取非法手段，普通公民的权利也可能受到威胁，所以在大多数案件中，即使牺牲掉个案的实质正义，也要保障程序正义。我国的刑事诉讼法就采取了实证主义的倾向，对警察的取证方式严重违法的予以排除，对警察的取证方式有瑕疵的可以补全。

西方法谚有云："Justice must not only be done, but must be seen to be done."（正义不仅应得到实现，而且要以人们看得见的方式加以实现。）司法过程中的程序正义即为"看得见的正义"，对此学界已经达成共识。所谓"看得见的正义"，实质上就是指裁判过程相对的公平，法律程序相对的正义。正义只能是相对的实现，司法审判中也许有"唯一正确答案"，但却没有绝对的正义。当个案出现事实疑难时，尤其是客观事实与法律事实相冲突难以抉择时，坚持程序正义，必要时候程序大于实体，也可以得出相对公正的裁判结果。正如美国前联邦最高法院大法官杰克逊所言："程序的公正、合理是自由的内在本质"，人们宁可选择通过公正的程序，实施一项暴厉的实体法，也不愿通过不公正的程序实施一项较为宽容的实体法。[①] 可见程序正义对司法的重要，是实体法具有权威性的保障，也是法律受到人们发自内心遵从的前提。

然而程序正义并不是绝对的，即使在美国的最高法院，对于实质正义和程序正义也经历过权衡和对二者不同侧重的时期。[②] 当案件不存在事实疑难时，毫无疑问的应当坚持程序正义大于实质正义。当案件存在事实疑难（包括事实冲突）时，可以分为以下两种情形区别对待：对嫌疑人不利的事实认定如果违背了程序正义（例如刑讯逼供、违法取证），则

---

① 相关论述可以参见 Christopher Osakwe: *The Bill of Rights For the Criminal Defendent in American Law*, Human Rights in Criminal Procedure, Hague: Nartinus Nijhoff Publishers, 1982。

② 例如：沃伦法院时期强调保障程序正义和公民的个人权利，伦奎斯特法院时期则进行反方向的平衡。

不应被采纳；涉及案件事实认定、决定案件走向或"合理怀疑"（实质上可能对嫌疑人有利）的证据被违法消除或违法取证，如果违背了程序正义（例如刑事案件中的关键物证被刻意销毁），法官则可以进行实质推理，且该种实质推理在事实认定"可左可右""全有或全无"时，多做出对嫌疑人有利的推定，即在特定情形下，允许对嫌疑人有利的实质正义高于程序正义。

第四节　社会影响及社会危害性

消除社会影响及减少社会危害性是从法律的目的角度来看，对于存在事实冲突的案件，如果没有相关法律及原则进行规范处理，需要法官进行自由裁量时，法律的目的才可以作为一种衡量因素。例如，刑法惩罚的目的包括消除不良的社会影响，减少社会危害。当刑事个案中出现事实疑难，尤其是两种事实之间存在冲突，如果偏向其中一种的认定，将得出两种完全不同的结论，而这两种结论一种对嫌疑人有利，一种不仅对嫌疑人不利还有可能会加重处罚。当存在事实冲突的个案中（达到"合理怀疑"程度的事实疑难除外）没有规则、原则可以帮助法官对该种事实疑难做出对被告人有利或者不利的认定，则法官可以先将可能做出的两种认定对嫌疑人的影响进行区分，在此基础上考察做出两种认定对社会可能造成的影响，以及是否存在社会危害性。尤其在刑事案件中，如果做出对嫌疑人有利的认定对社会危害性不大，法官在别无他法的情形下，或可做出偏向嫌疑人一方的事实认定。民事案件则不存在此种偏向的必要，因为案件双方均是平等的民事主体。而刑事案件中除了被告人与被害人，还有国家司法机关依法定的职责起诉和审判（在法定提起公诉的刑事案件中，即使被害人与被告人和解，被害人决定不起诉，也不能免除嫌疑人的刑事责任）。

值得注意的是，法官对于社会影响的考察绝非社会舆论，一些刑事个案难免受社会关注程度较高，社会舆论影响较大。但无论是在事实清楚的案件，还是存在事实冲突的个案中，社会舆论影响都不得作为法官判案的依据，更不能作为法官对事实认定的偏向性依据。在此基础上，此处所指的社会影响是从宏观的角度来看，法官对于事实认定得出的两种结论，将造成什么样的后续社会后果，是否存在违背道德原则的情形？例如当存在"亲亲相隐"或其他符合社会道德原则、不具有社会危害性的社群共识等，对其在刑法上是否违法或是否受到惩罚等事实冲突的认定上，可以采取有利于嫌疑人的认定。

值得注意的是，无论是在事实清楚还是存在事实冲突的案件中，对嫌疑人有利或者不利并非法官裁判的参考标准，尤其是刑事案件的事实清楚、证据充分时，法官不需要对是否做出对嫌疑人有利或不利的认定进行考察，只需依据客观事实和法律事实进行符合法定程序的裁定即可。当事实不清楚或存在冲突，根据现有的法律、原则及政策都不能合法、合理地做出认定结论时，法官才可以参考社会影响因素做出事实认定，包括但不限于：道德原则、社会共识、公序良俗、宗教信仰、区域自治的共识、"民间法"等。在刑事事实疑难案件中，法官参考社会影响因素时还需分辨出对嫌疑人有利或者不利的因素，通常不能做出对嫌疑人不利的实质推断。

第五节　价值衡量与利益平衡

休谟在《人性论》一书中提出了西方近代哲学史上难以破解的"休谟问题"：即从"是"能否推出"应该"？也即由事实"命题"能否推导出"价值"命题？尽管休谟的问题尚未破解，将价值衡量运用于司法实践中，却已是不争的事实。此处所研究的价值衡量与"休谟问题"并不矛盾，尽管"事实"不能直接推导出"价值"，但是"价值"可以作用于"事实"。此处研究的将价值衡量与利益平衡适用于事实疑难的方法，是试图在事实疑难的案件中将价值进行先验的衡量，然后反向适用于事实疑难。尽管目前我国的司法实践中，通常以追求形式合理性为目标，但形式的合理并不排斥实质的合理。尤其是在对个案中的事实疑难应当如何认定，没有相应的法律规则能够适用的情形下。

正如庞德所言："价值问题虽然是一个困难的问题，但却是法律科学所不能回避的。法律科学与自然科学不同，自从韦伯主张科学中的价值中立的立场以来，不断有人继续坚持这种观点，但我们不难发现最草率的或最反复无常的关系调整或行为安排，在其背后总有对各种相互冲突和互相重叠的利益进行评价的某种准则。"① 我们自身本就生活在一个先验的世界里，法理学研究中的价值衡量贯穿于司法的各个阶段以及各种方法论之中，只不过各个阶段以及各个方法论中适用的价值衡量的方式、角度不同；然而，从司法的规范性、中立性来看，价值衡量只有当司法审判的规则、原则都用尽或确认无法适用之后，仍不能合理、合法地解决司法疑难问题时，才可以选用。

司法实践中，法官作为衡量主体，对个案中存在的客观事实、法律事实，以及客观事实与法律事实之间的冲突，具有在法治秩序内认识并衡量"价值"的能力。虽然事实疑难的案件通常没有明确的法律规则帮助法官确认应如何做出认定，某些客观事实或者法律事实存在冲突的案件，对其的认定偏左可能判罚就轻，认定偏右可能判罚就重，而现有的证据并不能明确显示左边多一点还是右边多一些。此时，在事实疑难的个案中引入价值衡量的方法，目的是克服法律的局限性，为个案中后续法律规则的适用提供一个合法、合理认定后的案件事实。

值得注意的是，本书此处所说的利益平衡包括个人利益、公共利益和社会利益，② 但为了平衡上述利益而进行价值衡量时，不包括效率的衡量，因为如果在司法实践中加入效率的衡量，将严重影响到当事人权利的实现。以刑事案件为例，在刑事附带民事的案件中，如果存在客观真实与法律真实的冲突，并且由于该种冲突，法官对嫌疑人"罪与非罪""重罪与轻罪"的法律事实无法通过客观事实、法律规则、原则等加以认定，排除了"合理怀疑"的因素，则可以通过价值衡量的方式作出利于嫌疑人的平衡或认定，同时给予被害人最大限度的赔偿或补偿。

综上来看，面对客观事实、法律事实以及客观与法律事实之间的冲突，以上原则可能需要同时运用于个案的处理中，也可能只运用其中一个。无论如何，价值衡量与利益平衡的方式都应排在所有方法的最后。是当个案中，其他规则、原则、方法都无法解决，或者无法得出合理的

---

① ［美］罗斯科·庞德：《通过法律的社会控制法律的任务》，沈宗灵等译，商务印书馆1984年版。

② 参见 Roscoe Pound："A Survey of Social Interests," *Harvard Law Review*, Vol. 57, No. 1, 1943。

认定时，才可以适用价值衡量。如果没有穷尽其他规则或方式，都不应适用价值衡量和利益平衡，才是对法律的尊重，才能真正确保"法律面前人人平等"。除了刑案中的"不予立案""不予起诉""排除合理怀疑"等范畴外，其他民事、刑事、行政诉讼案件中的事实冲突，如果没有法律规则和原则要求法官需做出何种认定，对案件事实又存在"可左可右"的认定时，法官或可从以上五个方面寻找解决事实冲突的理论进路。对于事实冲突，完全的"一刀切"不允许法官进行实质推理或者不允许采取何种要素作为判罚，在实践中未必就能完全做到。与其如此，不如更加清晰地划出法官不得适用实质推理的范围，或法官可以做出利于嫌疑人事实认定的情形，尚可做到有据可依，也存在减少司法腐败的间接意义。同时，对于事实冲突有法可依或有原则可依时，法官必须遵循，不得跳出法律和原则对事实认定采取其他因素进行认定，否则案件事实这一判决基础将不再受到普遍接受和认同，不再具有稳定性。

第七章

刑事案件中事实疑难的法理

经过上述对案件事实疑难及理论进路的分析，有助于当案件事实认定出现应然层面的疑难，而没有其他途径可以解决时，协助法官做出合理的事实认定。但在刑事案件中，事实疑难的法理还需要具体落实到司法各阶段的分类适用与面对事实疑难如何处理，以及存疑利于被告原则等几个方面来研究。事实疑难可能存在于民法、行政法、刑法等各种部门法相关的案件中，本书之所以选择刑法这一部门法进行专门的研究，皆因刑法素来有"小宪法"之称，关涉公民的人身、自由、财产等最基本的权利，就"以人为本"的核心原则来讲，排除刑事案件中的事实疑难，或者对刑事案件中的事实疑难采取最为合理的原则判罚，是保障每个公民权利的关键。

第一节 事实疑难的阶段性分类及法理解析

分阶段的研究刑事疑难案件中的事实疑难，并对刑事案件中阶段性的事实疑难进行法理分析，不仅利于实践中精确、快速的定位刑事个案事实疑难所处司法环节，通过法理分析还将为解决该司法环节中的事实疑难提供合理性的路径。

一 事实疑难在侦查、起诉、审判三阶段的类型及内容

事实疑难贯穿侦查、起诉、审判的全过程，各个阶段的事实疑难其性质、类型不尽相同，应当分阶段区别对待。侦查阶段由公安机关负责查明案件的客观事实，主要体现为客观事实疑难；起诉阶段，主要由检

察院复核客观事实，并考察法律事实的形式要件；法院审判阶段，由法官考察法律事实的形式与实质要件，进而在无限接近案件客观事实的前提下，排除法律疑难，得出合理的判决。三个阶段的事实疑难类型各不相同，下面主要以各个阶段不同机关的审查职责对事实疑难的类型进行划分。

（一）侦查阶段的客观事实疑难

在侦查阶段，获取完整、清晰的录音、录像，重现案发现场，无疑是避免客观事实疑难最有效的方式。本书所讨论的侦查阶段的客观事实疑难是在没有录音、录像的情形下，或者有录音、录像，但录音在指证嫌疑人的关键节点模糊不清，录像并未拍下行凶过程或者在指证嫌疑人的行为、面相辨识不清等不同情形下的客观事实疑难。客观事实主要反映案件的客观真实，在侦查阶段，当现有的证明材料在不同程度上不足以反映案件的客观真实，即属于客观事实疑难的情形，主要体现在以下几个方面。

首先，与案件相关的直接证明材料存疑：无录音、录像（包括录音、视频损毁、丢失，执法机关应当录音、录像却未做记录等情形），经过剪接、删改的录音、视频。录音、录像是还原客观事实真相最直接的证明材料，对减少客观事实疑难有至关重要的作用。在科技日新月异的今天，录音、录像的取证已经不再困难。然而，我国《刑事诉讼法》第一百二十三条仅规定了对可能判处无期徒刑、死刑的案件或者其他重大疑难犯罪案件，应当进行录音或录像。[①] 除此之外的其他刑事案件未做强制录音、录像的规定。而司法实践中，一般的刑事案件也可能转化为重大案件，只对可能判处无期、死刑及重大犯罪案件要求录音、录像，显然已经无法满足当下犯罪形式以及犯罪主体的多样化趋势。对此，公安部新近出台的《公安机关现场执法视音频记录工作规定》又做了相应补充，明确规定了：出警，盘问、检查，现场处置、当场处罚，办理行政及刑事案件过程，行政强制执行，突发事件、群体事件等六类情形，必须进

[①] 参见《中华人民共和国刑事诉讼法》第一百二十三条："侦查人员在讯问犯罪嫌疑人的时候，可以对讯问过程进行录音或者录像；对于可能判处无期徒刑、死刑的案件或者其他重大犯罪案件，应当对讯问过程进行录音或者录像。"2018年10月26日实施。

行现场执法的视音频记录。①

其次,其他客观事实疑难的情形有:第一,犯罪嫌疑人的供述存疑,包括:(1)案件其他事实不清,嫌疑人不认罪、保持沉默;(2)案件其他事实清楚,但是犯罪嫌疑人有证据证明自己在推测的犯罪时间点并不在现场;(3)自认其罪的嫌疑人与证明材料指向的犯罪嫌疑人不符(替人顶罪)等。第二,缺乏人证,或者两名人证的证词不一致。第三,嫌疑人身份存疑,经过面部识别和 DNA 比对仍无法确定嫌疑人的真实身份。第四,司法鉴定结论为"不确定",主要分为以下三种:一是可能性结论,是指根据鉴定人的知识和经验对鉴定结果做出一种可能性的推测;二是排除性结论,指通过鉴定排除部分鉴定对象或部分可能性,同时又不能认定某一特定对象或得出确定性结论的情形;三是概率性结论,在不能做出绝对肯定或者绝对否定的判断时,可通过建立数学模型、计算、统计归纳等方式,得出一个用概率表述的结论。② 在司法实践中,不确定性鉴定结论是一种客观存在,属于常见的一种客观事实疑难。第五,缺乏关键物证,例如作案凶器。

(二)起诉阶段的案件事实疑难

案件事实的范围很广,公、检、法三个阶段都有其职责特有的需要侧重考察的案件事实内容,③ 起诉阶段考察的案件事实疑难包括客观事实和法律事实的疑难。这里之所以将检察起诉阶段的事实疑难类型笼统地概括为案件事实疑难,皆因检察院特殊的中转作用,意在强调起诉阶段,排除客观事实疑难与法律事实疑难并重。在我国,检察院的角色类似美国的"起诉陪审团",美国的"起诉陪审团"在案件事实方面的职责,主要是根据检察官的指控、当事人的陈述、证人的证词,以及其掌握的其他证据,决定是否对犯罪嫌疑人进行起诉。④ 而我国检察院在案件事实方

---

① 参见公安部《公安机关现场执法视音频记录工作规定》第四条,2016 年 7 月 1 日起施行。

② 参见齐晓凡《司法鉴定中的不确定性鉴定结论研究——以笔记鉴定为考察视角》,《湖南公安高等专科学校学报》2006 年第 5 期,第 55 页。

③ 参见方金刚《案件事实认定论》,博士学位论文,中国政法大学,2004 年 4 月,第 7 页。

④ 参见贺建勇、朱炜《对美国陪审团制度的考察与评析》,《江西公安专科学校学报》2010 年第 2 期,第 40 页。

面的职责主要是考察两个方面：一是公安机关的侦查或者经过补充侦查后，证明材料是否确实、充分，该方面如果存疑则属于客观事实疑难；二是犯罪嫌疑人的行为依法是否已经构成犯罪，该方面如果存疑则属于法律事实疑难。

起诉阶段的事实疑难类型之所以是案件事实疑难，因其不同于侦查阶段侧重查明客观事实，也不同于审判阶段侧重于考察法律事实兼顾客观事实。而是在考察客观事实的基础上，兼顾考察法律事实，是从排除客观事实疑难到排除法律疑难的顺推。具体来讲，起诉阶段首先要考察经过侦查阶段查明的案件客观事实、证明材料是否存疑，是否需要补充侦查；其次考察案件形式上的法律事实是否存疑，包括：嫌疑人是否有罪，是否有新罪，是否有漏罪，此罪与彼罪等。如果客观事实存疑的程度足以影响定罪、量刑，则不得起诉；如果起诉阶段形式上的法律事实存疑，一般不影响起诉。

（三）司法审判阶段的法律事实疑难

司法审判阶段是在已有的客观事实基础上，同时考察是否存在事实疑难与法律疑难的情形，[1] 此处仅研究司法审判阶段事实疑难的部分。司法审判阶段的事实疑难包括法律事实疑难和客观事实疑难，是从排除法律事实疑难到排除客观事实疑难的倒推。法官在审理案件时需要同时考察证据的合法性及合理性，[2] 包括法律事实的形式与实质；以及证据的证明力，[3] 即客观事实的法律属性。通过考察法律事实与客观事实无限接近案件的客观真相，从而适用最为合理的法律，做出判决。

根据我国《刑事诉讼法》第五十条规定，可用于证明案件事实的材料，都是证据，因此司法审判阶段可能存在客观事实疑难的情形主要有以下八种：物证；书证；证人证言；被害人陈述；犯罪嫌疑人、被告人

---

[1] 法律事实疑难不等于法律疑难，属于事实疑难的范畴。尼尔·麦考密克、德沃金、哈特等研究的疑难案件理论仅在法律疑难的层面，即法律面对不同的案件事实如何适用和解释的问题。

[2] 证据的合法性是指事实材料成为诉讼中的证据所必备的条件，某证据材料是否具有证明能力必须取决于法律的规定。参见李莉《论刑事证据的证明能力对证明力的影响》，《中外法学》1999年第4期，第39页。

[3] 证据的证明力指证据事实对案件事实是否有证明作用和作用的程度，又称为证据价值，在我国反映为证据的客观性与关联性。参见李莉《论刑事证据的证明能力对证明力的影响》，《中外法学》1999年第4期，第39页。

供述和辩解；鉴定意见；勘验、检查、辨认、侦查实验等笔录；视听资料、电子数据。① 以上八种可以证明案件事实的证明材料既反映案件的客观事实，② 又同时具有法律属性。③ 上述八种证明材料可能同时存疑，也可能部分存疑，该种存疑的情形都属于客观事实疑难的范畴，司法审判正是在已有的客观事实基础上先进行事实判断，进而进行价值判断。

哪种事实存疑达到不能认定嫌疑人有罪的程度，以及哪种客观事实存疑但法律事实清楚可以认定为有罪，正是事实疑难最值得研究和探讨的问题。我国尚未出台专门的刑事诉讼证据规则，现有法律和司法解释中有关刑事诉讼证据规则的条文，散见于刑事诉讼法证据专章、最高法院《关于执行刑诉法若干问题的解释》，六部委《关于刑事诉讼法实施中若干问题的规定》的部分规定及其他涉及证据的条文。④ 上述规定及条文的内容有的仅做了原则性的规定，有的则不涉及审判环节，对于刑事疑难案件适用"罪疑从无""疑罪从轻"的原则缺乏可操作性。

二 侦查、起诉、审判三阶段中事实疑难的法理分析

首先，避免客观事实疑难重点在侦查阶段，该阶段主要考察犯罪嫌疑人罪疑的情形，⑤ 由公安机关搜集嫌疑人有罪或者无罪的所有客观事实，办案人员侧重于事实判断而非价值判断。因此，侦查阶段是杜绝刑事错案的至关重要的环节，如果事实判断有误，后续的起诉、审判便成了无源之水。对于客观事实疑难最好的应对无疑是尽可能保证录音、录像的清晰、完整，还原案发的经过，对于录音、录像的搜集和保护在侦

---

① 参见《中华人民共和国刑事诉讼法》第五十条："可以用于证明案件事实的材料，都是证据。证据包括：（一）物证；（二）书证；（三）证人证言；（四）被害人陈述；（五）犯罪嫌疑人、被告人供述和辩解；（六）鉴定意见；（七）勘验、检查、辨认、侦查实验等笔录；（八）视听资料、电子数据。" 2018年10月26日实施。

② 严格来说，未经质证的客观事实只是证明材料，还不是证据。只有经过法官对于真实性、合法性、关联性进行质证的证明材料，才能称其为证据。

③ 参见刘仲秋、熊志海《证据中的事实信息》，《西南师范大学学报》2005年第5期，第90页。

④ 六部委包括：最高人民法院、最高人民检察院、公安部、国家安全部、司法部、全国人大法工委。

⑤ 侦查阶段罪疑的情形主要为：犯罪嫌疑人是否有罪存疑。此阶段不应预设嫌疑人有罪，而应同时搜集嫌疑人有罪或者无罪的客观事实。

查阶段尤为重要。

当下，录音、录像的留证、取证已经不再困难，应逐渐将录音、录像资料与起诉、送审紧密结合起来。根据《公安机关现场执法视音频记录工作规定》第十九条：对应当进行现场记录的执法活动未予记录，影响案件处理或者造成其他不良影响的；剪接、删改、损毁、丢失现场执法视、音频资料的情形，应当追究相关单位和人员的责任。[①] 从法理的角度来讲，对于规定应有录音、录像的执法活动，公安机关却提供不出的情形，因被告不同，处理原则可以分为四种：第一，以公安机关为被告的案件中，举证责任在公安机关。[②] 执法过程明令要求有录音、录像资料，如果公安机关提供不出，或者视频、音频资料非人为（有证据证明非办案人员主观故意）被损毁，皆应由公安机关及相关办事人员承担不利后果。第二，以普通公民为被告的刑事案件中，程序规定公安机关应当录音、录像，但关键证据（例如，嫌疑人认罪的审讯过程、执法过程的视频、音频）缺失，无论办案人员是否存在主观故意的情形，在侦查阶段不得认定嫌疑人有罪。第三，程序规定应由公安机关提供视频、音频资料时，提供的资料经过删改和剪辑，或人为损毁，存在主观故意的情形，应当追究相关办事人员的法律责任。第四，非程序规定由公安机关或其他行政机关提供视频、音频资料（例如，小区录像、道路监控录像），如果视频、音频缺失，则参考是否存在其他客观事实疑难的情形（如前所述：缺乏人证、司法鉴定结论为不确定、嫌疑人身份不确定等），如果多种事实疑难同时存疑，搜集的证明材料无法明确指向犯罪嫌疑人，则无法判断嫌疑人有罪。

其次，起诉阶段的案件事实疑难，我国的检察院刑事诉讼规则从两个维度进行了约束。第一个维度，根据《人民检察院刑事诉讼规则》第六十三条的规定，[③] 人民检察院侦查终结或者提起公诉的案件，证据应当

[①] 参见公安部《公安机关现场执法视音频记录工作规定》第十九条第（一）、（二）款，2016年7月1日起施行。

[②] 参见杨玉梅、孟丽萍《试论公安机关在行政诉讼中的举证责任》，《公安部管理干部学院山西分院学报》1999年第1期，第20页。

[③] 参见最高人民检察院《人民检察院刑事诉讼规则》第六十三条："证据确实、充分，应当符合以下条件：（一）定罪量刑的事实都有证据证明；（二）据以定案的证据均经法定程序查证属实；（三）综合全案证据，对所认定事实已排除合理怀疑。"2013年1月1日起施行。

确实、充分：第一，要求定罪量刑的事实都有证据证明，在公安机关侦查阶段的客观事实疑难，到了检察起诉阶段同样客观存在，根据客观事实疑难的程度不同，检察院需要做出补充侦查或者"不起诉决定"。[1] 值得注意的是，"不起诉决定"是检察院根据客观事实做出的价值判断，分为：证据不足不起诉，无犯罪事实不起诉两种情形，后者查无犯罪事实应当做出无罪释放的决定才是对嫌疑人名誉的保护，[2] 同时可以避免超期羁押对人权的侵害。第二，据以定案的证据均需经法定程序查证属实，此处的重点应当有二，一是据以定案的证据是否系经法定程序搜集的，二是经过法定程序搜集的证据是否已经查证属实。不可忽略法定程序的重要，对于违反法定程序（包括刑讯逼供）搜集的证据，应当采取"非法证据排除"规则。第三，要求综合全案证据，对所认定事实已排除合理怀疑，虽然法规并未对达到"合理怀疑"的具体内容进行界定，这里的排除合理怀疑应是指排除客观事实疑难。第二个维度，从《人民检察院刑事诉讼规则》第二百九十条的内容来看：对达不到"合理怀疑"程度的客观事实如何界定做出了参考，其中规定可以确定犯罪事实已经查清的情形有以下四种：第一，个案中仅有单一罪行时，与定罪量刑相关的事实已经查清，不影响定罪量刑的事实无法查清的。第二，个案中有数个罪行时，部分罪行已经查清并符合起诉条件，其他罪行无法查清的。第三，无法查清作案工具、赃物的去向，但有其他证据足以对被告人定罪量刑的。第四，言词证据的内容与主要情节相符，有个别情节存在出入，但不影响定罪的。此处规定的可以确定犯罪事实已经查清的情形，包含了部分客观事实存疑的情形，可以理解为法律事实已经查清，部分不影响定罪量刑的客观事实未查清时，可以确定为犯罪事实已经查清，符合提起公诉的条件。

再次，司法审判阶段主要考察法律事实疑难兼顾客观事实疑难，最后考察法律疑难。法律事实疑难不同于法律疑难，前者属于事实疑难的

---

[1] 《人民检察院刑事诉讼规则》第四百零一条："人民检察院对于公安机关移送审查起诉的案件，发现犯罪嫌疑人没有犯罪事实，或者符合刑事诉讼法第十六条规定的情形之一的，经检察长或者检察委员会决定，应当作出不起诉决定。"

[2] 检察院是否有裁定"无罪释放"的权力？哪些客观事实存疑可以认定为无犯罪事实？仍是值得研究的问题。

范畴,后者主要考察法律的解释与适用。在美国,法官和审判陪审团有严格的分工,①"审判陪审团"一般由随机抽取的12名普通公民组成,主要负责对案件事实加以裁定,法官则负责具体的法律适用。② 在我国,案件事实与法律适用都由法官一人审理。因此,美国乃至西方具备完善的陪审团制度的国家,通常将疑难案件理论的研究侧重于法律疑难;然则,在我国,人民陪审员对个案的形式作用大于实质作用,检察院的审查也难以完全避免事实存疑的情形,案件事实与法律适用最终都由法官裁判,排除事实疑难与排除法律疑难在我国的司法审判阶段都同样重要。

在司法审判阶段,事实疑难与法律疑难有可能同时存在,此时法官应首先通过真实性、合法性、关联性的考察排除事实疑难,从实质上的法律事实疑难(法律事实上是否有罪)到客观事实疑难(客观事实是否清楚有罪)进行倒推。值得注意的是,司法审判阶段考察的法律事实疑难既包括形式(是否有新罪、是否有漏罪、此罪与彼罪等)也考察实质(法律事实上是否有罪),有别于检察起诉阶段着重考察形式上的法律事实疑难。法律疑难只有在排除了事实疑难的基础上加以考察,才能有效地避免客观事实上的错案发生。从刑事疑难案件的解决原则来看,实质上的法律事实疑难属于疑罪的范畴,以及达到"合理怀疑"程度的客观事实疑难亦属于疑罪的范畴,应当适用"疑罪从无"。未达到"合理怀疑"程度的客观事实疑难,应当适用"罪疑从轻"。

三 法律实质推理作为例外在刑事事实疑难案件中的运用

沈宗灵在谈到实质推理时,认为:实质推理主要适用于法律疑难案件,或法律与案件事实结合在一起的疑难案件,单纯的案件事实疑难不能适用法律推理。③ 如此可以有效避免执法、司法权的滥用,毕竟如果可以对案件事实进行推理,由于人的主观价值判断各不相同,可能得出不同的结论,存在错误认定甚至司法腐败的风险。然而,刑事案件在司法

---

① 美国的陪审团分为起诉陪审团和审判陪审团。起诉陪审团主要负责案件的起诉,审判陪审团一般由随机抽取的12位普通公民组成,主要负责案件事实的裁定。
② 参见贺建勇、朱炜《对美国陪审团制度的考察与评析》,《江西公安专科学校学报》2010年第2期,第40页。
③ 参见沈宗灵《法律推理与法律适用》,《法学》1988年第5期,第4—5页。

审判过程中对案件事实的实质推理可能无法避免，辛普森案就是因案件事实存疑，通过对现有证据进行实质推理，法官对案件事实的程序正义与实质正义，以及案件事实的"合理怀疑"做出价值衡量，最终达到了无罪的司法效果的典型案例。

对于存在事实疑难的案件，在司法审判阶段，应当将实质审查与形式推理相结合，必要时将实质推理作为例外。为了防止司法腐败，法官在对刑事疑难案件进行案件事实的实质推理时，应注意两个方面：首先，刑事案件在侦查、起诉阶段应禁止使用实质推理，也即是说：只有当法官在认定案件事实时，根据司法技术认为确有必要时，才可以运用实质推理做出对被告有利的认定。禁止在侦查阶段和起诉阶段运用实质推理，可以有效地避免公安和检察院在侦查、起诉过程中，通过实质推理预设立场，做出不利于嫌疑人的、不客观的有罪推定。其次，禁止在司法审判阶段，通过实质推理，做出对嫌疑人不利的"有罪推定"，以此来确保最大限度地保护嫌疑人的人权。虽然禁止"有罪推定"也存在错放的可能，会危及受害人的利益，但在事实疑难的案件中运用实质推理本身只是例外，只在确有必要，确实存在"合理怀疑"时方可运用，这也是对受害人利益的保护。实质推理好似一把双刃剑，用得好，可以有效地避免执法、司法权对人权的侵害，减少由事实疑难引发的错案，一旦滥用对人权的伤害也是极大。

有学者指出："法定证据的所有方面都存在概率的问题。"[①] 未来人工智能进入司法领域，除了对简单案件、常规案件的处理外，是否应当引入对案件事实疑难的概率性分析？值得探讨。尤其在我国，事实与法律都由法官进行审理，而判例法国家则大多由陪审团审理事实，法官在确定的案件事实基础上再进行法律适用的研判。如果对人工智能运用得当，借助人工智能的概率分析与人的双重判断，相信将极大提高法官对案件事实疑难的合理认定。值得注意的是，如果就案件事实疑难部分采用人工智能的概率性分析，在判决结果中应注明该概率性分析采用的要素、范围等，必须确保概率性分析的前置条件无错误及疏漏，否则根据错误

---

① Joel Yellin: "Evidence, Proof and Probability. by Richard Eggleston," *Journal of Economic Literature*, Vol. 17, No. 2, Jun., 1979, p. 583.

的前置条件得出的概率分析不得作为案件审理的依据。

第二节 事实疑难中"罪疑"与"疑罪"之法理界分

我国《刑事诉讼法》中明确规定：在进行刑事诉讼时，公安、检察院、法院应当分工负责、互相配合、互相制约，以保证准确有效的执行法律。由此看来，可能形成刑事错案的环节不仅仅是法院，实际上，法院已经是刑事错案形成的最后一道关口。而刑事错案的形成主要是由于没有解决好实务中刑事案件存疑的问题。那么，将公安机关的侦查，到检察院的审查起诉，再到法院的审判，这三个环节中的刑事案件存疑情形进行梳理、区分，探讨如何在司法的上游避免错案的发生，是一个值得研究的问题。本书的关注点主要是将刑事存疑案件在上述三个环节中的"罪疑"与"疑罪"情形进行界分，并通过法理分析两种情形的不同处理原则。

一 "罪疑"与"疑罪"的界分

学界对于"罪疑"与"疑罪"实则已有相应的实证划分，[1] 但主要是针对司法审判阶段的区分，其划分有一定的道理。[2] 但关于二者的界分不仅仅适用于司法审判阶段，如能在侦查、起诉阶段，相应的公安、检察机关就能够对"罪疑"和"疑罪"进行区别对待，将有助于在司法的上游便妥善处理刑事存疑案件，更好地保障人权，减少刑事错案的发生。一些刑事存疑案件不用拖延到司法审判阶段，在侦查、起诉阶段便可以得到妥善解决，既可以节省当事人的时间、节约诉讼成本，更可以避免不必要的羁押，避免公权力对个人自由的恣意侵害。

（一）对于"罪疑"与"疑罪"现有的界定

何为"疑罪"？实务界与理论界的观点并不统一，归纳起来主要有以下几种观点：第一，事实不清，证据不足的"疑罪"：（1）指犯罪的主要

---

[1] 参见金钟《论疑罪》，《江苏社会科学》2013年第3期，第119—124页。
[2] 笔者认为不能简单地将"罪疑"归于"疑罪"的一种，而应将二者单独区分开来。

事实已经查清，但由于办案期限的制约等其他客观因素，使案件事实还存在一些"疑点"，一时难以完全查实，又必须终结案件程序的情形；[1]（2）指罪与非罪的界限不清或证据不足、事实不清的情形，以及此罪与彼罪界限难以划分清楚的情形；[2]（3）指事实无法查清或者无法完全查清的犯罪案件情形。第二，是否有罪存疑：（1）指司法机关对被告人是否犯罪、罪行轻重难以确证的状态；[3]（2）指对被告人定罪的证据不够确实充分，但被告人有重大犯罪嫌疑的案件；[4]（3）指有罪证据和无罪证据相当而又不能相互否定，或者无法相互应证的刑事存疑案件。[5] 第三，是否定罪存疑：（1）指对被告人的诉讼主张虽有证据予以支持，却达不到证明程度所要求的标准，对被告人是否构成犯罪处于一种既不能证实也不能证伪的状态；[6]（2）指刑事案件在事实认定上存在疑问，无法排除"合理怀疑"而无法定罪的状态。[7] 第四，重罪与轻罪、此罪与彼罪存疑：（1）指司法机关对被告人是否确实有罪或罪行轻重难以确证的情形；[8]（2）指在刑事诉讼活动中，对犯罪嫌疑人或者刑事被告人所实施的危害行为是否构成犯罪以及罪行轻重存在疑惑，难以做出确定性判断的刑事存疑案件；[9]（3）指因证据不足或适用法律上存在疑难而导致对被告人的罪与非罪、重罪与轻罪难以认定，以致久拖不决的情形。[10]

"罪疑"与"疑罪"有何区别？"罪疑（sin suspect）"与"疑罪（doubt case）"分别属于刑事存疑案件的两种不同情形，目前关于刑事存疑案件的界分主要体现在司法审判阶段的实证研究，将"罪疑"归于"疑罪"的一种，认为："疑罪"包含了"事疑"与"罪疑"两种情形，

---

[1] 参见刘芳《刑法适用疑难问题及定罪量刑标准通解》，法律出版社2004年版，第30页。
[2] 参见蔺剑、孙利勃《疑罪从无研究》，《中国刑事法杂志》1998年第1期，第50页。
[3] 参见向朝阳、龙波《对疑罪之司法抉择的学理及应用研究》，《中国刑事法杂志》1999年第3期，第47页。
[4] 参见胡云腾、段启俊《疑罪问题研究》，《中国法学》2006年第3期，第152页。
[5] 参见宁汉林、魏克家《中国刑法简史》，中国检察出版社1997年版，第270—271页。
[6] 参见张建伟《"疑罪"的含义与处理原则》，《检察日报》1997年3月31日。
[7] 参见胡云腾、段启俊《疑罪问题研究》，《中国法学》2006年第3期，第152页。
[8] 参见朱营周《从"疑罪从无"谈测谎技术在侦查中的应用》，《中州学报》2003年第4期。
[9] 参见胡云腾、段启俊《疑罪问题研究》，《中国法学》2006年第3期，第152页。
[10] 参见蔺剑、孙利勃《疑罪从无研究》，《中国刑事法杂志》1998年第1期，第50页。

其中"罪疑"又包含：(1) 此罪与彼罪疑；(2) 一罪与数罪疑；(3) 犯罪之形态疑；(4) 犯罪之形式疑等。[1] 从法理上对二者并未进行明确界分，笔者认为："疑罪"的关注点是案件（case）本身，涉及个案，具有特殊性，每一件刑事存疑案件的"疑罪"情形都是独特的，解决好"疑罪"关乎个案正义；"罪疑"的关注点是罪（crime），与每一个不同的犯罪嫌疑人的人身自由、隐私等人权相关，涉及所有刑事案件的犯罪嫌疑人，具有普遍性。"罪疑"顾名思义：是否有罪存在疑问的一种状态，这种疑问可以贯穿侦查、起诉、审判的所有阶段，重视"罪疑"关乎每个公民的个人人权。因此，笔者认为当前对二者的界分方式不利于凸显"罪疑"以及人权的重要性，不利于分阶段妥善处理刑事存疑案件，最大化地保障人权。

为什么不能简单地将"罪疑"划为"疑罪"的一部分？二者是两种不同性质的存疑情形，若简单将"罪疑"归入"疑罪"的范畴，将不利于体现犯罪嫌疑人从侦查阶段开始，是否有罪就处于存疑状态这一点的重要性，可能导致公安机关在侦办案件时，延续"有罪推定"的老路，增大造成冤假错案的可能性。因此，这里试图立足于刑事案件的程序性（侦查、起诉、审判）阶段，将不同阶段中的"罪疑"与"疑罪"进行界分，期望借此明晰刑事存疑案件不同阶段、不同存疑情形的处理方式。

（二）存疑案件中"罪疑"与"疑罪"的阶段性界分

合理界分刑事存疑案件中的"罪疑"与"疑罪"，将有利于在解决刑事案件从侦查、起诉、审判三阶段的存疑情形时，相应的公安、检察、法院部门根据不同情形做出不同的处理决定，同时也为明确划分刑事错案的追责主体提供了依据，还可以避免公权力对公民的人身自由权利造成不必要的侵害，应当予以重视。本书试图对刑事案件不同阶段何为"罪疑"以及何为"疑罪"进行界分，并运用法理辨析司法实践中不同阶段的刑事存疑案件，在不同的存疑情形下应当"从轻"或是"从无"的困惑。

首先，从公安机关立案侦查阶段来看。侦查阶段"罪疑"的关注点（focus）应当仅在：是否有罪存疑上，而不应作延伸理解，对于犯罪嫌疑

---

[1] 参见金钟《论疑罪》，《江苏社会科学》2013年第3期，第120页。

人可能是什么罪，重罪还是轻罪，一罪还是数罪等都应该留给检察院在审查起诉时去判断。公安机关要做的只是运用刑侦技能和技术，尽可能多地搜集物证、书证、人证等与案件相关的证明材料。① 因此，公安机关在办理案件时，既然对犯罪嫌疑人是否有罪存在疑问，那么就不应当事先就做了"有罪推定"而去寻找、叠加针对犯罪嫌疑人有罪的证明材料，侦查过程中对于可能证明犯罪嫌疑人无罪的证明材料也应当关注并搜集。而侦查阶段的"疑罪"是以"罪疑"为前提的，在是否有罪存疑的基础之上，有可能出现"疑罪"的情形。此时的"疑罪"也应当做狭义的理解，即与案件相关的直接证明材料不足，缺乏物证，犯罪嫌疑人有证据证明在推测的犯罪时间点自己并不在现场等疑罪情形。总的来说，侦查阶段的"疑罪"情形都是在"罪疑"的前提下，围绕着是否有罪这个问题而展开的。

有了上面的界分，再从法理的角度来看，侦查阶段与"罪疑"相关的制度是：（1）保释制度，因为犯罪嫌疑人此时是否有罪尚且存疑，加之出于对保障人权的考虑，嫌疑人在侦查阶段有权申请保释，避免被羁押而限制人身自由；（2）不得刑讯逼供，由于在侦查阶段，犯罪嫌疑人始终处于"罪疑"的状态，即嫌疑人是否有罪在侦查阶段始终存疑，公安机关在审讯嫌疑人时自然不能动用武力。与"疑罪"相关的制度则是：（1）犯罪嫌疑人的保持沉默权，② 尽管嫌疑人可能存在"疑罪"的情形，但出于保障人权的考虑，嫌疑人有权保持沉默；（2）证据规则，为了避免刑事错案的逮捕、羁押等限制人身自由的公权力对公民个人人权的侵害，在侦查阶段，缺乏哪些、哪种证据属于"疑罪"的范畴，公安机关根据"疑罪"的不同情形应当怎么处理，有必要通过立法进一步厘清；（3）公安机关疑案撤销权，③ 目前我国的《刑事诉讼法》第十六条已经

---

① 只是与案件相关，而非与犯罪嫌疑人相关的证明材料，因为犯罪嫌疑人是否有罪此刻尚且存疑，侦查阶段对犯罪嫌疑人不能做有罪推定。

② 之所以将沉默权归入"疑罪"的范畴，是因为沉默权主要是从不得强迫自证其罪的角度出发，犯罪嫌疑人此时在是否有罪问题上虽然也存在争议，但更大的出发点是从保障人权的角度考量。运用沉默权时，主要侧重于"疑罪"的情形。

③ 公安机关的疑案撤销权必须配合相应完善的程序性立法，并且由法律明文规定"疑罪"中的具体哪些情形下，公安机关可以实行疑案撤销权。如何规范该权力的行使，并且避免因为行使该权力而放纵罪犯也是一个值得研究的问题。

明确规定了六种应当撤销案件的情形,① 但并未就可以适用疑案撤销权的"疑罪"的情形做出具体规定,而实践中确实存在许多缺乏直接证据的"疑罪"案件,哪些"疑罪"情形可以由公安机关直接适用疑案撤销权,② 哪些必须报送检察院审查决定是否起诉,实则可以通过立法做更细致的划分。

单纯依靠公安机关去辨析罪与非罪、此罪与彼罪,未免有些强人所难。正如林钰雄在《刑事诉讼法》一书中谈到的:"诚如德国鸿儒萨维尼(V. Savigny)在探讨引入检察官制时所言:'警察官署……的行为自始蕴藏侵害民权的危险,而经验告诉我们,警察人员经常不利于关系人,犯下此类侵害民权的错误'。"③ 毕竟,公安机关所擅长的是侦查而非辨析案件本身,如果把辨别罪与非罪、此罪与彼罪、一罪与数罪的职责强加于公安机关,在侦查阶段可能会为了破案而得出不利于犯罪嫌疑人的结论。因此,无论刑事案件出现"罪疑"还是"疑罪"的情形,公安机关都不用对此得出结论,只需尽可能地查找与案情相关的证明材料,一并交由检察院这个法律专职机关来判断即可。

其次,从检察院审查起诉阶段来看。目前,在审查起诉阶段,通常要达到两个条件检察院才可以提起诉讼:"一是公诉的合法性,即公诉的提起是否有正当理据,包括两项内容:(1)公诉是否符合法定的证据标准;(2)案件是否具有诉讼条件。如犯罪追诉时效是否届满、对于同一犯罪是否已有合法的生效判决、告诉才处理的犯罪是否经过告诉权人的告诉,等等。二是公诉的适当性,指检察官根据案件情况认为以起诉为宜的,才能起诉,不是必须追究的案件,不应当起诉。"④ 检察院在审查

---

① 《刑事诉讼法》第十六条规定,有下列情形之一的,不追究刑事责任,已经追究的,应当撤销案件,或者不起诉,或者终止审理,或者宣告无罪:(一)情节显著轻微、危害不大,不认为是犯罪的;(二)犯罪已过追诉时效期限的;(三)经特赦令免除刑罚的;(四)依照刑法告诉才处理的犯罪,没有告诉或者撤回告诉的;(五)犯罪嫌疑人、报告人死亡的;(六)其他法律规定免予追究刑事责任的。2018年10月26日实施。

② 笔者认为公安机关的疑案撤销权应接受检察院的书面监督,由两个机关同时批准,否则有造成"权力寻租"的风险。

③ 林钰雄:《刑事诉讼法》(上册),中国人民大学出版社2005年版,第102页。

④ 孙长永:《提起公诉的证据标准及其司法审查比较研究》,《中国法学》2001年第4期,第120页。

起诉期间,也应当延续"罪疑"的前提,也即:是否有罪存疑的主线,在此基础之上再考察是否有"疑罪"的情形。此时,"罪疑"的内容比侦查阶段更为宽泛一些,包括:(1)是否有罪存疑;(2)是否有新罪存疑;(3)是否有漏罪存疑;(4)此罪与彼罪存疑等。此阶段,"疑罪"的内容则包括:(1)证明材料不足,案件存疑;(2)事实不清,案件存疑等。

在此基础上,从法理的角度来看,检察起诉阶段与"罪疑"相关的制度是:(1)羁押犯罪嫌疑人的程序性审查,因为嫌疑人是否有罪在此阶段尚且存疑,那么要羁押犯罪嫌疑人必须经过相应严格的程序性审查,认为确有必要[1]才能羁押;(2)检察院提审制度,由于嫌疑人是否有罪尚且存疑,根据公安搜集到的与案件相关的证明材料,检察院再次对嫌疑人进行提审,以此作为是否决定起诉的重要判断依据之一确有必要,也是避免给嫌疑人造成不必要的讼累的制度。当然,检察院通过提审也可以排除一些"疑罪"情形,使检察官达到内心确信,这里之所以将该制度归入与"罪疑"相关的制度,实则是想强调,检察起诉阶段依然是以"罪疑"为主,该阶段所有的制度都是为了考察、辨析嫌疑人是否有罪。与"疑罪"相关的制度是:(1)补充侦查制度,当案件的证明材料不足、事实不清时,以检察院为主的补充侦查是减少"疑罪"情形的一个十分重要的环节。(2)存疑不起诉制度,又称证据不足的不起诉。是检察机关对于经过补充侦查的案件,仍然认为证据不足,不符合起诉条件的,做出的不起诉决定。当然,不起诉决定并非绝对,可以根据案件事实的更新而取消。检察院对存疑不起诉案件保留公诉权的行为做出了相应的补充规定。[2](3)内心确信,[3]检察官对于个案已经达到了内心确信,又明知案件仍存在疑点时,可以起诉抑或是不起诉,值得专章讨论,笔者认为:疑点不同于"合理怀疑",存在该种情形是可以起诉的,至于存在

---

[1] 此处的"确有必要"必须进行细化,哪种"疑罪"情形不得羁押有必要通过立法书面厘清,务必将权力的蛋糕切到最小。

[2] 参见《人民检察院刑事诉讼规则》第四百零五条:"人民检察院根据刑事诉讼法第171条第四款规定决定不起诉的,在发现新的证据,符合起诉条件的,可以提起公诉。"

[3] 内心确信之所以列入"疑罪"的范畴,是因为"罪疑"不需要考虑内心确信,是否有罪自始至终都是存疑的;而"疑罪"情形中,主要是根据已掌握的证据和犯罪事实来判断是否有罪,是否能起诉,达到内心确信的程度。

的疑点可以交由法官去判断是否可以对嫌疑人定罪。

通过以上的分析不难看出，无论是公安侦查阶段，还是检察起诉阶段，都是以"罪疑"为基础，通过搜集到的证明材料考察犯罪嫌疑人是否有罪为主线。该种阶段存在的"疑罪"情形，也是考量"罪疑"的依据。此时，是以"罪疑"为主导，以"疑罪"为辅，二者并行的考察，即从嫌疑人是否有罪存疑到是否有足够的证明材料足以证实案件经过及嫌疑人的罪行的顺推。

最后，从法院审判阶段来看。"罪疑"仅包括：是否有罪存疑。"疑罪"的内容则包括：（1）证据不足，案件存疑；（2）事实不清，案件存疑；（3）存在合理怀疑，案件存疑等。法院审判阶段与前面侦查、起诉两个阶段不同，改变了以"罪疑"为主，"疑罪"为辅的思路，而是从"疑罪"到"罪疑"的倒推。具体来说，在审判阶段，基于公安、检察院侦查到的案件证明材料，法官首先要考察是否存在"疑罪"情形：即案件证明材料是否能够相互印证，通过案件证明材料考察犯罪嫌疑人（被告人）的犯罪事实是否清楚，并达到足以定罪的程度，要用以对被告人定罪的证明材料是否确实充分，不存在合理怀疑，是否能使法官达到内心确信等。此时，如果案件存在上述"疑罪"情形，再回到"罪疑"（是否有罪存疑）的问题上来考察，如果"存在合理怀疑"到了无法定罪的程度，那么就应当采取"疑罪从无"的原则；如果法官判断有罪的可能性非常大，且有能够相互应证的证据，但同时也存在其他可能性（可能存在无罪的可能性，但法官内心确信无罪的概率相当小），那么就可以适用"罪疑从轻"。

在此基础之上，从法理的角度来看，法院审判阶段是从"疑罪"到"罪疑"的倒推。与"疑罪"相关的制度是：（1）"疑罪从轻"，这是目前我国处理刑事案件"存疑"情形的一种普遍做法，即对于存在"合理怀疑"、事实不清、证据不足的刑事案件，法官大多采取从轻处罚，而非不处罚的办法。（2）"疑罪从无"，笔者认为，"疑罪"的情形只有达到了"罪疑"的程度时，才能考察"从无"还是"从轻"的问题。进一步来讲，"疑罪"情形只有达到了合理怀疑的程度，并且法官根据法律事实对是否有罪无法内心确信时，才可以适用"疑罪从无"。与"罪疑"相关的制度是："罪疑从轻"，如果出现的"疑罪"情形达不到合理怀疑，法律事实已经查清，只是案件客观事实还存在疑点，或者有其他可能性，法官根据法律事实内心确信嫌疑人有罪，那么只能适用"罪疑从轻"。尤其是杀人等重罪，此时受害人的家属也理应受到法律的人文关怀，一些重犯如果利用法律技巧脱罪也存在危害公共安全的危险。

通过上述关于审判阶段存疑情形的分析不难看出，我国目前在处理刑事案件"疑罪"情形时，大多采取了"疑罪从轻"的办法，这是为了不放走可能的"罪犯"，而采取的一种折中办法，既不对罪犯处以极刑，也不将其放走，而是从轻处罚。然而，"疑罪从轻"的处理办法，如果事后查明确系刑事错案，势必会给被告人带来不可弥补的后果。毕竟，刑事案件中的疑点并非都是通过法律技巧造成的，也可能是因为罪犯确实另有其人。一味地采取"疑罪从轻"确实是没有放走一个"坏人"，但却往往有可能冤枉真正的好人。随着法治的进步，"疑罪从无"的观点逐渐被司法系统所接受，目前也相继出现了将"疑罪从轻"改判为"疑罪从无"的案例。但是，笔者认为，"疑罪从无"也并非绝对，如果在审判阶段，一味地将所有"疑罪"情形全部从无，也势必会有错放真凶，危害社会安全的危险。根据不同的"疑罪"情形，分别采用"疑罪从无""罪疑从轻"的原则，才更为合理。

综上来看，"罪疑"与"疑罪"实则是分别关于刑事存疑案件的两条线，归纳起来，二者的区别主要有以下几点：（1）"罪疑"的关注点是：是否有罪（guilt or not guilt），对犯罪嫌疑人是否有罪在侦查、起诉、审判三个阶段始终存在疑问；"疑罪"的关注点是：是否定罪（be convicted），由于证据不足，事实不清，存在合理怀疑等原因，是否应该（或是否能够）对可能有罪的罪犯（事实上可能确实有罪）在法律上定罪的情形。（2）两种情形下的证据性质不同，"罪疑"情形下的证据性质属于与案件相关的证明材料，由公安机关负责搜集、检察院补充侦查，主要体现在侦查、审查起诉阶段；而"疑罪"情形下的证据性质属于定罪证据，之所以构成"疑罪"，是由于缺乏足以定罪或缺乏使法官达到内心确信的证据，主要体现在审判阶段，经过法庭质证后的证明材料（materials）才能称其为证据（evidence）。（3）二者考察的对象不同，"罪疑"要考察的是事情的本来面目，是客观真实，追求的是无限接近事情的真相，最好能够还原事情的真实经过；"疑罪"考察的是法律真实，主要考察案件现有的证据是否足以使犯罪嫌疑人被定罪。（4）二者指向的证明材料类型不同，"罪疑"指向的证明材料是录像、录音等，能够直接复述案件事实真相的直接证据；"疑罪"指向的证明材料是人证、凶器等，只能证明案件主要事实的某一情节、片段的间接证据。（5）二者的侧重阶段不同，在公安侦查、检察院审查起诉阶段，主要是以"罪疑"为主线，"疑罪"为辅；到了法院审判阶段，则是从"疑罪"到"罪疑"的倒推，在"疑罪"情形下，去考察是否有罪的问题。

二 区分"罪疑"与"疑罪"的法理意义

在刑事案件中严格区分"罪疑"与"疑罪"两种存疑情形，是试图从司法的上游去解决刑事存疑案件，避免刑事错案给公民个人造成不可挽回的损失的问题。"罪疑"的状态贯穿了刑事案件整个侦查、起诉、审判阶段，法院审判实则已经是形成刑事错案的最后一个阶段，要解决源头的问题，必须强调"罪疑"在司法每个阶段的重要性，强调"罪疑"状态下的犯罪嫌疑人的人权保障，才能避免公权力对人权造成无法预料的侵害，保障犯罪嫌疑人的人性尊严、人格权以及公正审判权实则也是保障每个公民的该等权利。因此从法理的角度来看，区分"罪疑"与"疑罪"至少有以下正向意义。

（一）明确错案追责制度的责任主体

通过"罪疑"与"疑罪"的界分可以明晰：刑事案件存疑不仅仅出现在法院审判阶段，而法院审判阶段实则已经是形成错案的最后阶段。要防止错案，必须从司法的上游着手，解决源头的问题。因此，除了对法院判决的错案追责外，必须同时建立起对公安、检察院的"错案追责制度"，从形成错案的每一个环节着手，防止刑事错案的发生。

具体来说，如果在公安侦查阶段搜集证据时（如：叠加对犯罪嫌疑人的不利证据，事后发现罪犯实则另有其人）出问题，问责主体是公安机关；如果在检察院审查起诉阶段，起诉的罪名出问题（如：①应该起诉 A 罪，却以 B 罪起诉；②起诉时证据不足，又没有进行补充侦查等）问责主体是检察院等；如果在法院审判阶段出现问题（①应该判轻罪时，错判成了重罪；②存在合理怀疑仍被定罪，事后发现真凶另有其人等），追责主体是法院主审法官。[1]

(二) 为疑难情形的"从轻""从无"提供依据

明确界分"罪疑"与"疑罪",为"罪疑从轻""疑罪从无"的原则提供了理论基础,有利于在司法实践中区别对待"罪疑从轻""疑罪从无"的问题。"罪疑从轻""疑罪从轻""疑罪从无"是三种关于刑事存疑案件的处理原则,"疑罪从轻"原则通常被认为是刑事诉讼法的一项基本原则,[2] 目前域内的司法系统普遍的做法是采用"疑罪从轻",随着法治思想的不断发展,亦逐渐认识到了"疑罪从无"对保障人权的重要性,开始有了从"疑罪从轻"到"疑罪从无"的认识上、实践上的转变。但是,笔者认为,在未明确界分"罪疑"与"疑罪"的时候,一味采取"疑罪从轻"或是"疑罪从无"确有值得商榷之处,应当将"罪疑"与"疑罪"情形进行区别对待。

在公安侦查阶段,是以是否有罪存疑("罪疑")为主,考察是否存在"疑罪"的情形亦是为了考察嫌疑人事实上是否有罪。"罪疑"关乎案件客观事实,"疑罪"关乎法律事实,侦查阶段排除存疑情形的步骤为:第一步,考察案件证明材料是否能显示嫌疑人没有犯罪事实,如果根据已有的证明材料(如:抢劫案的录像等)显示嫌疑人没有犯罪事实,那么适用"罪疑从撤",由公安机关撤案。第二步,如果经过第一步的考察不能排除嫌疑人无犯罪事实的可能性,那么继续考察是否存在"疑罪"的情形,如:嫌疑人犯罪的法律事实存在遗漏,经过反复侦查仍有疑点,应当报送检察院决定是否起诉。

在检察院审查起诉阶段,仍以考察是否有罪("罪疑")为主,兼顾考察"疑罪"的情形。该阶段排除存疑情形的步骤为:第一步,根据公安机关提交的证明材料考察嫌疑人的"罪疑"情形:(1)是否有罪;(2)是否有新罪;(3)是否有漏罪;(4)此罪与彼罪等,并采取相应的措施。第二

---

[1] 建议将法院的追责主体具体落实到法官个人上,而非"审判委员会",集体负责很可能造成集体都不负责,并不利于对规避刑事错案构成制度威慑。

[2] 对于"疑罪从轻"的原则已有多位学者进行论述,如[德]汉斯·海因里希·耶赛克、托马斯·魏根特《德国刑法教科书》,徐久生译,中国法制出版社2001年版,第178—186页;林山田《刑事程序法》,台北:台湾五南图书出版股份有限公司2004年版,第93—95页。笔者认为,该原则确有合理之处,但应当将"罪疑"与"疑罪"情形区分对待。

步，在第一步基础上再继续考察是否存在"疑罪"的情形，如：证明材料是否不足，事实是否不清。如果以上全无问题，则起诉送审。

司法审判阶段，"疑罪"为何从无，"罪疑"为何从轻？通过对"疑罪"与"罪疑"的界分，在对刑事存疑案件进行司法审判时要选择的仅仅是"疑罪从无"还是"罪疑从轻"的问题。司法审判阶段是从"疑罪"到"罪疑"的倒推，也即从"法律上是否有罪"（表象）到"是否真的有罪"（真相）的推理，大体分为两个步骤：第一，从侦查、检察起诉阶段搜集到的大量的案件材料中考察与案件相关的法律事实是否能够相互印证，是否存在法律事实不清的"疑罪"情形。第二，以经过考察的法律事实为基础，进一步推出案件客观真实，考察嫌疑人是否事实上真的有罪。"疑罪"与"罪疑"是分别关乎法律事实和案件客观事实的两种存疑情形，如果在司法审判中的第一个步骤：法律上是否有罪存疑，即案件的法律事实不清楚。例如：存在"合理怀疑"，则无法再继续第二步（是否真的有罪——"罪疑"）的推理，那么此时当然应当采取"疑罪从无"；如果法律事实清楚，仅仅是案件部分客观事实不清，即第一个步骤考察完毕从法律事实上看有罪，进行到第二个步骤时，存在无法通过法律事实还原完全真实的案件客观真实的"罪疑"情形。例如：存在达不到"合理怀疑"程度的疑点，或存在其他可能性但可能性极小，那么出于对公共利益的考虑，采取"罪疑从轻"无疑是更为妥当的做法。

（三）划出"案件材料"与"证据"的时间界限

通过阶段性区分"罪疑"与"疑罪"，划出了"案件材料"与"证据"的时间界限。因为刑事案件在侦查、起诉阶段都属于是否有罪存疑（"罪疑"）为主导的阶段，那么无论是公安、检察院搜集到的与案件相关的材料其属性都只是"案件证明材料"，而不是定罪证据。是否定罪、是否有罪是法院要考察的问题，未经法庭质证的证明材料都不能称其为证据。因此，公安机关不能在侦办案件时就对犯罪嫌疑人做了"有罪推定"而去搜集、叠加与犯罪嫌疑人相关的证明材料（只能搜集与案件相关的证明材料）。

法院也只有根据经过法庭质证后，能够相互印证的证据，来考察是否存在"疑罪"的情形，并借此判断是否能够对嫌疑人定罪的问题，而不是面对所有的案件证明材料来判断。

（四）凸显"犯罪嫌疑人"与"罪犯"之区别

通过阶段性区分"罪疑"与"疑罪"，可以明晰犯罪嫌疑人在侦查、审查起诉直至法院宣判之前的身份，由于在上述三个阶段，嫌疑人都处于是否有罪存疑，即"罪疑"的状态。因此，在上述三个阶段，其性质都只是犯罪嫌疑人、被告人，而不是罪犯。在上述三个阶段中，未被定罪的状态下，犯罪嫌疑人的人权应当与普通人一样受到尊重和保护。

（五）为"非法证据排除制度"提供基础

谈及"非法证据排除规则"的价值，大体包括：保护犯罪嫌疑人的人权、维护司法的尊严、对警察非法取证行为的"吓阻"等。从"罪疑"的角度来看，"非法证据排除规则"恰恰是强调"罪疑"区别于"疑罪"的价值体现，在法庭将嫌疑人定罪之前的侦查、起诉、审判阶段，犯罪嫌疑人始终处于"罪疑"的状态，该种是否有罪存疑的状态，肯定了犯罪嫌疑人与无罪的普通人别无二致的同等人权，这种人权具有排他性，不应当受到公权力的挤压。

尽管对于该制度也有反对的声音，认为："排除侵害其他共同被告权利而取得之证据固可以产生吓阻作用，但将主张排除法则之人作如是扩张，可能会危害有效追诉罪犯及实体真实发现之公共利益，其正当性允有不足。"[1] 笔者认为，公共利益正是由每一个个体利益组成的，相较于处于弱势的个体而言，暴露于公权力之下，却无制度可依仗，无权利可自保才是对公共利益最大的危害。强调"罪疑"的重要性，在"罪疑"的基础上延伸出类似"非法证据排除规则"等强势保护公民个人人权的制度，才是保护公共利益的有效途径。

基于上述分析不难看出，刑事案件在侦查、起诉、审判阶段存疑本身具有不可避免性，皆因我们所面临的刑事案件都是已经发生的事实，即使面对充足的书证、物证、人证，依旧无法还原事情的本来面目。因此，在司法的每个阶段得出的结论只能是基于法律事实来判断。然则，完全基于法律事实得出结论，并不一定可以得出完全正确，完全符合事实全部真相的结论，这也是无法避免刑事错案的主要原因。即便如此，

---

[1] 林辉煌：《论证据排除——美国法之理论与实务》，北京大学出版社2006年版，第101页。

这也并非司法人员可以判错案的道德理由，应当说，没有任何理由可以无端剥夺一个人的人权。既无法还原案件事实真相，又不能基于法律事实就错判冤枉一个好人，这似乎是个无法解决的悖论。佘祥林案、赵作海案等都通过沉重代价证明了根据法律事实判案的不确定性。"罪疑"与"疑罪"的法理界分正是希望为这一问题提出解决思路，当刑事存疑案件，既有法律事实，又有存疑情形时，怎么尽可能避免错案对犯罪嫌疑人的人权侵害？刑事存疑案件中，哪种情形"从无"，哪种情形"从轻"更为妥当？正如前面阐述的，笔者认为，"疑罪从无"并不是绝对的，如果达不到合理怀疑，只是存在疑点，法官根据法律事实内心确信嫌疑人有罪，那么只能适用"罪疑从轻"，此时受害人的家属也理应受到法律的人文关怀。如果一味地将所有"疑罪"全部从无，也势必会有错放真凶，危害社会安全的风险。

严格区分"罪疑"与"疑罪"，可能在司法实践中产生一种质疑：过分强调"罪疑"这种从侦查、起诉到审判是否有罪都存疑的状态，是否会给犯罪嫌疑人过大的保护，造成难以取证、给罪犯以从轻的处罚，甚至错放一些危险犯的风险？实践中，确实不排除这种可能性。但是，公安、检察院除了逮捕嫌疑犯，起诉嫌疑犯之外，同时还有避免抓错好人、错放坏人的职能，加之作为权力机关享有越发先进的侦查工具，和不断进步的侦查科技及技能。如果这些都还不足以确保百分之百查明事情的真相，那么通过挤压一个犯罪嫌疑人的人权也未必能有更好的结果。况且，这个犯罪嫌疑人也可能确实是无辜的好人。一个好人无端地被当作罪犯，就得受到非常的待遇，必定是宪法、法律、常理所不允许的。只有强调"罪疑"与"疑罪"的并行，赋予犯罪嫌疑人在被宣判之前与普通人别无二致的权利，才是对人权最大的保障。

第三节　刑事事实疑难之"利益归于被告"

疑难案件是我国司法实践中难以回避的问题，包括事实疑难与法律疑难两种类型，前者系指案件的客观事实与法律事实存疑，后者指面对特定案件事实如何适用规则、原则，或者对同一问题规则与原则相冲突时的法律适用等。然而，一个刑事存疑案件中，如果不能首先排除事实疑难，法官对法律疑难的规则、原则适用得越合理，越可能侵害嫌疑人的人权，并让人难以反驳。实际上，法官在案件审理过程中遇到法律事实疑难以及法律疑难时，难免要返回考察客观事实，此时若客观事实经不起推敲，将使整个案件审理陷入停滞。现实中的疑难案件，事实疑难与法律疑难可能单独存疑，也可能同时存疑。本书通过将客观事实疑难与法律事实疑难的类型进一步细化，研究事实疑难不同情形下适用"存疑有利于被告"原则时的范围及限制。

一 刑法"存疑有利于被告"原则的争议

学界对于刑法"存疑有利于被告"的原则褒贬不一，有观点认为为了防止侦查错误对嫌疑人的侵害，从保护嫌疑人人权的角度出发，对刑事疑难案件适用"疑罪从无"原则（审判阶段），进而适用"一切疑点利益归于被告"的原则（侦查、起诉、审判三个阶段）也未尝不可。[1] 另一种观点则认为该原则背离了司法中立的价值选择，[2] 并将增加司法腐败的可能性。不加限制地适用该原则，给予法官的自由裁量权过大，将难以避免法官人为影响个案的公正，甚至损害受害人的权利。公安、检察院、法院办案人员在面对刑事存疑案件时，为避免承担错案责任，可能直接选择不捕、不诉、"罪疑从轻"、"疑罪从无"，且可能为少数办案人员徇私枉法提供借口。

上述两种观点虽互为矛盾，却皆有可取之处。实际上，"存疑有利于被告"的原则即便是在保障人权的前提下，也不是绝对适用的。在侦查、起诉阶段，刑事存疑案件必须达到"合理怀疑程度"，并满足法律规定的"不捕""不诉"条件才可以适用"存疑利于被告"原则。在审判阶段，对于该原则的适用还应根据存疑情形的不同，分为"罪疑从轻""疑罪从无"两个等级，[3] 不能一概而论。应将该原则的适用根据客观事实疑难、

---

[1] 参见宋晓秋《析论"疑罪从无"与"一切疑点利益归于被告"》，《法制博览》2012 年第 11 期，第 236 页。

[2] 参见张兆松《"刑事存疑时有利于被告原则"质疑》，《人民检察》2005 年第 11 期，第 51 页。

[3] 关于"罪疑"与"疑罪"的区别，及其分别适用"从轻"或"从无"的法理分析，可参见张晓冉《"罪疑"与"疑罪"之法理界分》，《中山大学法律评论》第 14 卷第 1 辑，广西师范大学出版社 2016 年版，第 208—211 页。

法律事实疑难、法律疑难进行区分并细化。本书着重研究事实疑难的利益归属问题,如何在保障嫌疑人人权的同时,限制公安机关、检察院办理事实存疑案件时"不捕""不诉"的范围,对法官的自由裁量权进行约束,避免过犹不及的适用"存疑有利于被告"原则。毕竟,法律的天平偏向任何一边都将有失公允。

结合目前我国的司法实践来看,从"侦查中心主义"到"审判中心主义"的法治转变,实则是强调排除事实疑难对司法审判的重要性,要做到"整个诉讼制度的建构和诉讼活动的展开围绕审判进行"。[①] 这将促使侦查、起诉、审判三个阶段紧密联结,要求办案程序更加规范,经得起对事实的合理推理以及法律的检验。主张"庭审实质化""防止审判流于形式"实则也是强调庭审时排除事实疑难并合理适用"存疑利于被告"原则的必要性,毕竟从公安机关到检察院工作的重中之重就是查明案件事实。

二 客观事实疑难之"利益归于被告"的范围与限制

客观事实泛指不以人的意志为转移的事物、现象、过程。客观事实疑难即指能直接[②]反映这种事物、现象、过程的证明材料[③]存疑,在利益归属上并非都能直接适用"存疑利于被告"原则。客观事实存疑主要包括以下几种情形。

第一,反映案件真相的直接证明材料缺失。直接证明材料通常表现为书证、言辞材料、视听资料等,尤其以视听资料为主。例如,故意杀人犯罪现场的小区监控拍下了特定时间段进出凶案现场的仅为嫌疑人一人,但未拍下嫌疑人的作案过程,也没有其他目击证人目睹该嫌疑人行凶,凶器上无嫌疑人指纹,且嫌疑人拒不认罪,是否可以仅凭该段录像推断嫌疑人就是凶手?(案例1)显然不能,该种情形既不能推断嫌疑人就是凶手,也不能以此作为适用"存疑利于被告"的疑点,还应考察其

---

① 张建伟:《审判中心主义的实质内涵与实现途径》,《中外法学》2015年第4期,第861页。

② "直接"二字非常重要,如果根据"间接"反映客观事实的证明材料断案,就会存在人的主观推论,只要有推论,就无法保证百分百还原案件真相,即存疑。

③ "证明材料"不等于"证据",未经过法庭质证的只能是证明材料,而非证据。

他客观事实是否也同时存疑。

第二，具有其他可能性。对于"其他可能性"应从正反两个方面来考察：首先，如果存在其他可能性，还得考察是否达到"合理怀疑"的程度，如果达到"合理怀疑"才能适用"存疑利于被告"。就上述案例1具有的其他可能性来看：除了被监控拍到的嫌疑人外，真凶也可能是该小区的某一住户（具有杀人动机），利用毗邻之便，通过不被监控拍到的途径（翻墙）进入凶案现场作案。该种存在多个嫌疑人，又无法通过其他客观事实锁定嫌疑人的情形，应认定为存在"合理怀疑"。其次，若排除了其他可能性，比如案发时上下左右的房屋都无人，凶手无法翻墙而入，不存在其他嫌疑人，则暂时不能适用"存疑利于被告"原则，除非有其他新的存疑情形出现。

第三，间接证明材料存疑。例如，缺乏物证，勘验、辨认、侦查实验等笔录存在瑕疵等。由于间接证明材料的特性即不能单独证明，需与其他证明材料结合才能证明案件主要事实。① 结合案例1的情形，如果直接证明材料缺失、不能排除其他可能性，同时还缺乏直指嫌疑人的物证（如：未找到凶器），经法官考察是否达到了"合理怀疑"的程度，才能进一步考察是否适用"存疑利于被告"原则。

第四，法律规定应由执法方提供的客观事实程序性证明材料，执法方提供不出的存疑。例如，公安询问笔录缺失、询问时的录像缺失或不完整（考察是否存在刑讯逼供），或者法律规定应有执法记录仪记录的执法行为，因记录仪损毁（无论执法机关是否故意，但嫌疑人刻意损毁或不可抗力的情形除外）② 无法提供视、音频记录等。之所以将应由执法方提供的客观事实证明材料缺失单列为一项事实疑难，因其持有的一方为公权力者，即执法者，与公民主体关系并不对等，有销毁询问笔录、执法记录仪等的职务便利。如果应由执法方提供的程序性证明材料，执法方提供不出时，不仅应承担对自己主张不利的后果（玩忽职守，构成刑事案件的应追究责任人刑事责任），还应适用"存疑利于被告"的原则才

---

① 卞建林、谭世贵主编：《证据法学》第三版，中国政法大学出版社2014年版，第349页。
② 此处的不可抗力特指自然灾害（不包括人为火灾）、战争等不以人的意志为转移的情况。

更为公平。并且,排除了嫌疑人刻意毁损和不可抗力的因素,该种由执法机关人员承担对自己主张不利的后果应当具有强制性,不应作为法官自由裁量的范畴。

第五,鉴定意见为不确定。以精神病鉴定①为例,众所周知,精神病人杀人的刑罚与正常人不同,当对故意杀人罪的嫌疑人是否有精神病做出"不确定"的鉴定意见,这种客观事实上的疑难通常采取利于被告的原则。然而,关于精神病的司法鉴定要求高度的专业,实际操作中,评定往往不透明,并且我国部分地区还制定了地方标准,②某种程度上进一步增加了精神病鉴定意见的不确定性。由于缺乏统一标准,精神病鉴定存在司法腐败的可能性较大,理应建立起对鉴定意见提请指定有资质的机构复查、对鉴定人的资质及能力提出质疑等机制。此外,个案中的笔迹鉴定、死者系自杀或他杀的鉴定,鉴定意见与其他证明材料所证事实相矛盾等都存在不确定的可能,不能将鉴定意见为"不确定"的存疑利益统归于被告,还应结合案件其他客观事实,乃至法官的自由心证辅助认定。

第六,两个以上的证人证言相互矛盾。证人证言并不都是直接证据,还需考察证人是否目睹现场,目睹了全过程还是一部分,证人的视力、智力、年龄等诸多因素。当两个以上的证人证言相互矛盾时,还需结合其他证明材料考察。然而,现实中的案例纷繁复杂,若一个刑事案件只有证人证言,无任何其他证明材料,且证人证言之间又相互矛盾,如何考察证人证言的真实性?是否应采取"存疑利于被告"的原则?此时证人证言的真实性变得尤为重要。笔者认为此时应将证人证言的可信度作为案件的客观事实去考察。例如,证人的宗教信仰、品格证据等,如果持相互矛盾证言的其中一个证人的品格存在瑕疵,则可以不采信其证言。而另一位不存在瑕疵的证人证言不一定是利于被告的指证,所以当两个证人证言相互矛盾,不能直接作为适用"存疑利于被告"的依据,还需

---

① 国内目前对于在刑事诉讼中,当事人能否自行委托进行精神病鉴定,以及如何对待当事人自行委托的精神病鉴定意见存在争议,相关研究可以参见叶青、盛雷鸣《刑事诉讼中精神疾病自行鉴定问题研究——以张扣扣案的鉴定争议为线索》,《中国司法鉴定》2019年第4期。
② 例如,北京市的《司法精神病学法律能力鉴定指导标准》。

分别考察证人的可信度,并结合其他客观事实加以佐证。

第七,客观事实存在合理怀疑。在司法审判阶段,存在"其他可能性"不等于达到了"合理怀疑"的标准,只有达到了"合理怀疑"的程度才符合"疑罪"(法律上是否有罪)的要求,可以适用"疑罪从无";而"其他可能性"未与"合理怀疑"重合的部分,即达不到"合理怀疑"程度的"其他可能性"只能再参考直接或间接证明材料是否存疑,选择是否适用"存疑利于被告"的原则,进而考量"罪疑从轻"或者"疑罪从无"的适用。例如,故意杀人犯罪的凶案现场有两滴血,分别属于两个不同的人,经查明,该两人互不相识或根本不可能是共同犯罪,谁才是真凶?此时,如果只对其中一人提起公诉显然不合理。嫌疑人非此即彼的存疑,是否属于"合理怀疑"的范畴?还需法官结合其他案件事实综合考察判断。

我国《人民检察院刑事诉讼规则》第三百九十条对达不到"合理怀疑"程度的客观事实如何界定列举了两种情形:一是无法查清作案工具、赃物去向,但有其他证据足以对被告人定罪量刑的;二是证人证言、犯罪嫌疑人供述和辩解、被害人陈述的内容中主要情节一致,只有个别情节不一致且不影响定罪的,[①] 检察院可以提起公诉。我国《刑事诉讼法》第五十五条第二款规定:"证据确实、充分,应当符合以下条件:(一)定罪量刑的事实都有证据证明;(二)据以定案的证据均经法定程序查证属实;(三)综合全案证据,对所认定事实已排除合理怀疑。"[②] 不难看出,在我国查明客观事实虽然主要是公安、检察机关的责任,但在法院审判阶段,考察客观事实是否存在"合理怀疑"是必不可少的环节,也是适用"存疑利于被告"原则的基础。

综上来看,刑事案件存在客观事实疑难的情形多种多样,可能多种客观事实同时存疑,也可能单独存疑。在司法审判阶段对客观事实存疑案件是否适用"存疑利于被告"原则的判断步骤应当有五点:第一,判

---

① 参见现行《人民检察院刑事诉讼规则》第三百九十条第二款第(三)、第(四)点:"可以确认犯罪事实已经查清"的规定,2013年1月1日实施。

② 全国人民代表大会颁布:《中华人民共和国刑事诉讼法》第五十五条第二款,2018年10月26日实施。

断存疑的客观事实是否能直接反映案件真相;第二,判断是否存在其他可能性;第三,判断所有或单个疑点是否已经达到"合理怀疑"的程度;第四,是否适用"存疑利于被告"的原则(若不适用,则在第四步终止);第五,适用"疑罪从无"抑或"罪疑从轻"。

三 法律事实疑难之"利益归于被告"的范围与限制

英美法系的学者拉兹将法院定性为"适用规范的机构",[①] 然而在大陆法系的法院,法官不仅仅只是适用法律的"机器",还同时担负着查明案件法律事实的责任。当然,在英美法系国家中,该种查明事实的责任虽然主要在陪审团,但司法机构也并未完全取缔法官对案件事实的判断作用。在审判阶段,查明客观事实是认定法律事实的基础,法律事实疑难根据其内容又可分为形式上的法律事实疑难和实质上的法律事实疑难两种。

(一)实质上的法律事实疑难

实质上的法律事实疑难是关于罪行本身的纵向考量,对犯罪构成要件的深度挖掘,通过考察行为、主观故意、因果关系等的存疑情形,判断是否能酌情适用"存疑有利于被告"的原则,主要有以下几种。

1. 嫌疑人是否存在主观故意

设想这样一种情况:甲欲谋杀乙,采取故意酗酒后撞死乙的方式,并伪装成酒后交通肇事致人死亡的假象。根据现场的监控录像来看甲确系酒后交通肇事,此时没有证据证明甲是否存在主观故意去杀害乙,真相除了甲自己以外,旁人不得而知。(案例2)而根据我国刑法第二百三十二条规定:故意杀人的,处死刑、无期徒刑或者十年以上有期徒刑。[②] 刑法第一百三十三条的规定,犯交通肇事罪的,处3年以下有期徒刑或者拘役;交通运输肇事后逃逸或者有其他特别恶劣情节的,处3年以上7年以下有期徒刑。[③] 即使对甲认定为情节特别恶劣的交通肇事,最多判7

[①] Joseph Raz, *Practical Reason and Norms*, Oxford University Press, 1999, pp. 132 - 134.

[②] 参见全国人大常委会颁布《中华人民共和国刑法》第二百三十二条,2017年11月4日实施。

[③] 同上。

年以下的有期徒刑，远不及故意杀人罪的刑罚重。然而，如果甲隐瞒自己杀人的主观故意，且无法证实甲存在主观故意撞死乙，恐怕只能适用"存疑利于被告"的原则，采取较轻的刑罚。

2. 因果关系的否定存疑

美国实证主义法学家哈特认为对嫌疑人追究法律责任的依据主要有三个标准，其中之一就是因果关系。同时也提出了疑问：当认定一个人需要对于损害承担责任时，必须证明他的行为直接造成了这一结果吗？或者只要证明他通过行为对造成这种损害提供机会？[①] 试想这样一种双方互为民事主体的因果关系情形：丈夫甲某日对妻子乙提出离婚，妻子乙一气之下在甲面前服毒自杀身亡。（案例3）本案中，甲提出离婚系原因，乙自杀是结果，原因与结果匹配，是否就必须追究甲的责任？需知，乙是成年人，应对自己的行为负责，选择自杀是一个完全民事行为能力人个人的选择，而通常的夫妻离婚都不会自杀，甲对乙的自杀不具有可预见性，不应追究甲的法律责任。

因果关系中还有一种行政人员与公民之间的刑案情形，[②] 例如因为行政人员甲最初不法的行政行为或者利用职务之便严重侵害乙的权利，导致乙的反抗，杀死了甲。此时实际有两个因果关系：第一，行政人员的不法行政行为或利用职务之便对乙的伤害导致了乙的反击；第二，乙实施了杀害该名行政人员行为，造成其死亡。这种借助公权力侵害私权利在先造成的刑事案件，与公民平等主体之间的故意杀害不同。由于行政人员甲与公民乙之间并非平等主体，甲利用了职务之便或假借行政之手对乙实施了特别严重的不可逆转的侵害，[③] 那么能否在刑法中否定因果关系，或者能否或多或少地采取对被告更为有利的判案标准？如果可以，势必会降低行政人员对公权力极度滥用的可能性，并防止因此造成的恶

---

① 哈特的疑问也是司法实践中对因果关系进行认定时可能出现的一种疑难情形，该种因果关系疑难通常需要结合更多的客观事实辅助认定。参见［美］哈特、［美］霍诺尔《法律中的因果关系》第二版，张绍谦、孙战国译，中国政法大学出版社2005年版，第11—13页。

② 哈特在《法律中的因果关系》一书中用两章专门分析了刑法中的因果关系问题，却忽略了这种行政人员与民事主体之间不对等关系下产生的刑事案件中的因果关系问题。

③ 如果该行政人员没有利用职务之便或假借行政之手，只是个人与个人之间的伤害不属于该种范畴。

性事件。当然，上述案例还得考察行政人员是否滥用公权力对被告造成了极大的不公与伤害，使其到了"走投无路"的地步。①

3. 不作为与疏忽之间的鉴别存疑

结合案例3继续分析，假设妻子乙在甲面前服毒自杀，根据医学常识，该种毒药毒发身亡需要30分钟，而甲在有效的抢救时间内没有及时施救，眼看着乙死去后才拨打"120"求救，并报警。甲对妻子乙有救助义务，且甲的不作为造成了乙的最终死亡，但如果对于甲的不作为没有任何证明材料指证，则只能认定为"疏忽"，而非"不作为"，不得判定甲有罪。该种情形也反映了查明客观事实对实质上法律事实认定的重要性。

4. 认定既遂与未遂存疑

实践中，对既遂、未遂的认定争议较多的以盗窃罪最为典型。例如，甲到某工厂实施盗窃，盗取现金两万元，另有两台总价值一万元的台式电脑。被保安发现后，追赶过程中，由于负担过重，甲将台式电脑丢弃在途中。根据我国司法解释的规定，盗窃金额达三万元至十万元以上属于"数额巨大"，一千元以上至三万元以下属于"数额较大"，② 对于甲将电脑丢弃在路边的行为应认定为既遂还是未遂？是否可以将价值一万元的电脑认定为未遂，不与两万元现金叠加计算，仅采取"数额较大"较轻的量刑？笔者认为根据"存疑利于被告的原则"，采取"从轻"是合理的。关于刑事案件的既遂、未遂疑难还有间接故意犯、不作为犯、结果加重犯等的区别，③ 是否适用"存疑利于被告"的原则还需视个案的具体情形而定。

5. 正当防卫与防卫过当的判定存疑

目前国内的通说认为，"造成重大损害"与"明显超过必要限度"作

---

① 该种不对等主体之间的多重因果关系存疑是否适用"利于被告"的原则，仅作为一种探讨，既不肯定也不否定。

② 最高人民法院、最高人民检察院：《关于办理盗窃刑事案件适用法律若干问题的解释》第一条，2013年4月4日起施行。

③ 间接故意犯、结果加重犯、不作为犯等，都因客观事实的不同而存在法律事实认定上的差别，因此对刑事案件客观事实的细化及查明才尤为重要。对上述不同情形的既遂、未遂分析，可参见陈洪兵、周春荣《犯罪既未遂疑难问题探讨》，《山西省政法管理干部学院学报》2007年第1期，第26—29页。

为两个必要条件，必须同时成立才构成防卫过当。实践中，不法侵害是否对嫌疑人"造成重大损害"以及嫌疑人的防卫是否"明显超过必要限度"的认定，还需结合客观事实来考察，如果案发现场没有录音、录像，全凭嫌疑人的陈述来判定，就有存疑的空间。例如，乙欠甲巨额债务不还，甲将乙囚禁逼迫其还钱，乙在囚禁过程中挣脱束缚，并将甲杀死。（案例4）根据乙的案情陈述，甲在囚禁过程中强奸、虐打乙，乙为了逃跑顺手抓起一块砖头拍死了甲。对于乙的一面之词，是否被强奸、是否被甲虐打（或者乙自己造成的伤口）没有录音、录像等直接证据证实该种"重大损害"，是否应对乙采取"存疑利于被告"的原则？如果不存在乙欠下甲巨额债务这个瑕疵前提，或可选择判乙"防卫过当"或者"正当防卫"；在案例4中，乙欠下甲巨额债务，且没有直接证据证实乙的行为没有"超过必要限度"，存在乙为了逃避巨额债务故意杀死甲的可能性，则只能选择判"防卫过当"或"过失致人死亡"。当然，现实中疑难的情形可能比案例4更加复杂，必须结合实际情况考察，不能一概而论地判定"疑罪从无"抑或"罪疑从轻"。

6. 自首情节的认定存疑

根据我国刑法第六十七条的规定，认定自首必须同时具备两项基本要件：一是自动投案；二是如实供述自己的罪行。① 司法实践中对是否"如实供述自己的罪行"比较容易判断，对于"自动投案"的界定，我国最高人民法院先后发布了《关于处理自首和立功具体应用法律若干问题的解释》《关于处理自首和立功若干具体问题的意见》可归纳出12种应当认定为"自动投案"的情形。② 值得注意的是，既然最高人民法院在列举属于自首的情形时，采取了"应当"的肯定性字眼，这就是法律赋予嫌疑人的权利。那么如果"应当"认定为自首而没有认定的，也应属于错案的范畴，该种错案侵犯的是嫌疑人的合法权利，即使是"罪大恶极"的嫌疑人的合法权利也理应受到尊重。

---

① 参见全国人大常委会《中华人民共和国刑法》第六十七条，2017年11月4日实施。
② 具体内容可以参见最高人民法院《关于处理自首和立功具体应用法律若干问题的解释》第一条第（一）款，1998年5月9日生效；以及最高人民法院《关于处理自首和立功若干具体问题的意见》第一条的相关规定，法发〔2010〕60号。

7. 嫌疑人系主犯或从犯存疑

在共同犯罪案件中，区分主犯与从犯是认定各个共犯人刑事责任的前提。实践中，在主犯没有到场的情况下，对于没有证据证明是主犯的嫌疑人是否应认定为从犯？由于被告人没有自证其罪的义务，如果控方无法证明被告是主犯，根据"存疑利于被告"的原则，理应采取"从轻"认定为从犯。[①]

基于上述可见，遇到实质上的法律事实疑难通常需要倒退回去考察客观事实疑难。例如，案例2如果不能通过考察客观事实查明嫌疑人是否具有撞死人的主观故意，则实质上的法律事实疑难就无法排除，只能采取"存疑利于被告"的原则，对其认定较轻的罪行。

（二）形式上的法律事实疑难

形式上的法律事实疑难通常是在部分犯罪事实清楚的基础上，关于不同罪行的判定、量刑等存疑的情形，是罪与罪之间的横向的考察，主要有：是否有新罪，是否有漏罪，此罪与彼罪，一罪与数罪等。[②] 实践中，当此罪与彼罪兼有时往往从重处罚，存在数罪时采取数罪并罚加重刑期。

形式上的法律事实疑难一般只需做形式审查，通常不适用"存疑有利于被告"的原则，有时还可能对被告加重处罚，如数罪并罚。我国《人民检察院刑事诉讼规则》第三百九十条列举了两种可以认定为排除了"合理怀疑"的情形，实际上是客观事实疑难与形式上的法律事实疑难的叠加：一是属于单一罪行的案件，查清的事实足以定罪量刑或者与定罪量刑有关的事实已经查清，不影响定罪量刑的事实无法查清的；二是属于数个罪行的案件，部分罪行已经查清并符合起诉条件，其他罪行无法查清的。[③]

值得注意的是，形式上的法律事实疑难通常是由客观事实疑难产生

[①] 关于主犯与从犯疑难情形的认定可参考"朱志武、金朝华贩卖毒品、容留他人吸毒案"一审判决：（2016）浙01刑初50号。

[②] 参见张晓冉《刑事案件中的事实疑难：类型及适用》，《学术前沿》2016年第21期，第93—95页。

[③] 参见现行《人民检察院刑事诉讼规则》第三百九十条第二款第（一）、第（二）点："可以确认犯罪事实已经查清"的规定，2013年1月1日实施。

的，因此排除客观事实疑难是避免形式上的法律事实疑难的前提，假设以下情形：一对长相、身高一模一样的双胞胎兄弟，同一天在不同地区，一个犯下故意杀人罪，一个犯下抢劫罪。虽然二人犯罪的经过都被监控录像拍下，但二人均拒不认罪，保持沉默，无法侦查出在单个案发地点实施犯罪的究竟是双胞胎中的谁这一客观事实。（案例5）由于这一客观事实存疑，造成了形式上的法律事实疑难：两种罪行的刑罚不同，应该对谁判故意杀人罪，对谁判抢劫罪呢？应该对保持沉默的二人都判杀人罪，作为他们拒不认罪的惩罚吗？这显然不符合法律的规定，嫌疑人有保持沉默的权利，对权利进行惩罚既不符合法理也不符合逻辑。① 那么，对二人都采取较轻的刑罚，按照抢劫罪来量刑可否？然而，采取较轻的量刑对故意杀人案的受害者又显失公允。

案例5是否应当采取"存疑利于被告"原则可以上升到法理学来分析，由此可见，"存疑利于被告"的原则在刑事存疑案件中并不是绝对适用的，在形式上的法律疑难情形下往往不适用。另需注意的是，案例5与案例2虽然都对嫌疑人判处哪一种刑罚存在疑问，但二者又有实质上的不同，这也是形式上的法律事实疑难与实质上的法律事实疑难的区别所在。案例2的疑点是嫌疑人的主观故意，是对单个罪行的构成要件的考察；案例5的疑点是谁犯了哪一种罪，对罪行本身的成立并不存在疑问。

综上所述，"存疑利于被告"的原则不是刑事疑难案件的万能药，通过上述分析不难看出，就罪行本身的纵向考察，存在客观事实疑难、实质上的法律事实疑难时，多数采取利于被告的原则，当然并非绝对。然而，如果仅就罪与罪之间的横向考察，存在形式上的法律事实疑难时，往往不适用利于被告的原则。刑罚的目的是功利主义的威慑和改造，还是报复主义成比例的惩罚，罪刑相当、罚当其罪？当面临疑难案件时，恐怕两种主义都无法得到完美的答案。② 如果不对存疑事实的类型加以区

---

① 我国长期以来推行的"坦白从宽，抗拒从严"实则与保障嫌疑人人权的法治理念相悖。嫌疑人在未被司法审判定罪之前，其人权与普通公民无异，有保持沉默的权利，即使通过沉默来"抗拒"也不会从严才是司法对人权起码的尊重。

② 关于功利主义和报复主义的刑罚目的学说，可参见［美］丹尼斯·帕特森《布莱克维尔·法哲学和法律理论指南》，汪庆华等译，上海人民出版社2012年版，第82—88页。

分，一概而论地采取某种主义都将是片面且容易被推翻的。客观事实本身具有复杂性、真相不确定性的特质，并且经过上述分析不难看出，当实质上和形式上的法律事实出现疑难时，往往需要返回考察案件的客观事实，这都促使我们必须认真对待事实疑难，将其进行细化，当案件事实存疑时区别适用"存疑利于被告"的原则。

有存疑情形的刑事错案，不仅包括对无罪的嫌疑人判决有罪，罪轻的嫌疑人判决过重；也包括对有罪的嫌疑人无罪释放，罪重的嫌疑人判刑过轻。前者出错会侵害嫌疑人的合法权益，这与法治保障人权的理念是相悖的，应尽可能地避免；后者出错不仅会侵害受害者及其家属的利益，还会削弱刑法的惩戒功能，亦不容忽视。[①] 公安机关、检察院、法院在办理存在事实疑难的刑事案件时，如果适用"存疑有利于被告"的原则，应当在不捕、不起诉、"疑罪从轻""罪疑从无"的裁判文书中，列明所依据的客观事实疑难、法律事实疑难，抑或二者兼存疑的情形，并说明理由，便于日后对刑事错案的复查。并将该原则的适用与被告是否积极对被害人做出赔偿、是否已得到被害人的谅解联系起来。尤其是实质上和形式上的法律事实存疑时，应避免过度地适用"存疑利于被告"的原则而侵害被害人的利益。同时，应将错案责任落实到办案人员个人，而非审判委员会，[②] 或可对保障嫌疑人与受害人双方的人权起到一定的促进作用，并减少司法腐败的可能性。

[①] 参见张晓冉《"存疑利于被告"原则在刑事事实疑难案件中的适用》，《北京警察学院学报》2018 年第 4 期，第 17 页。

[②] 应杜绝集体负责，导致"集体免责"的可能性。

第 八 章

刑事事实疑难案件之证据形成

司法实践中，案件事实并不总是清晰、明确的，人的认知局限、事实之间存在冲突以及定案证据的形成过程，都可能导致刑事案件事实出现如何认定的疑难。[1] 对刑事案件的疑难事实应当如何证明，基于可证明的事实应当如何形成定案证据，或者应当做出"有罪"还是"无罪"的判决结论，主要根据控辩双方对事实的证明，以及法官对事实的排查、核实，有时也离不开法官基于法理的价值判断和推导。

第一节 案件事实的证明

在刑事事实疑难案件中，证明案件事实是影响案件判定的关键性因素。与民事诉讼中的"当事人平等原则""辩论原则""处分原则"[2] 不同，在刑事事实疑难的案件中，上述原则尤为不适用。相反，刑事案件中的双方当事人地位往往不平等，控辩双方在庭审阶段以举证、证明，最大限度地向法官呈现事实真相为主。同时，刑事诉讼中不适用"约束性辩论原则"，[3] 法院对于没有在当事人的辩论中出现的事实，以及控辩

---

[1] 参见张晓冉《案件事实为何疑难？——认知局限、事实冲突和证据形成》，《北京警察学院学报》2019 年第 3 期。

[2] 此处引入民事诉讼的基本原则系为了突出刑事诉讼的特殊性，关于民事诉讼特有的"当事人平等""辩论"和"处分"三项基本原则的内容，可以参见张卫平《民事诉讼法》第四版，法律出版社 2016 年版，第 42—49 页。

[3] "约束性辩论原则"的基本含义为：第一，直接决定法律效果发生或消灭的必要事实必须在当事人的辩论中出现，没有在当事人的辩论中出现的事实不能作为法院裁判的依据；第二，当事人一方提出的事实，对方当事人无争议的，法院应将其作为裁判的依据；第三，法院对案件证据的调查只限于当事人双方在辩论中所提出来的证据。参见张卫平《民事诉讼法》第四版，法律出版社 2016 年版，第 44 页。

双方没有在辩论中提出的证据，可以基于查明案件真相的目的提出补充侦查的要求。可见，刑事诉讼中尤其注重案件事实的真实性，这也是为了最大限度地保障犯罪嫌疑人的人权，避免其被虚假事实或存疑的事实剥夺人身自由。

值得注意的是，刑事个案中的案件事实不等于证据，案件事实只是证据的内容，而证据是案件事实的表现形式。[①] 案件事实通过证明，经法官认可后，则可以转化为证据。经过前述对案件事实类型的划分不难看出，证据这个载体主要包含客观事实与法律事实两大部分。从司法程序来看，未经证明、认定的案件事实在性质上只是证明材料，到了司法审判阶段的证明材料也可以称其为审判证据，只有经过质证并经法官认可予以采信的案件事实才是定案证据。基于以上，在刑事事实疑难案件中，如何证明案件事实则尤为关键。

关于"证明"一词的概念，学界的观点并不统一。从事实角度来看，认为：证实未知或有争议的事实存在与否，即认可或证明。[②] 从审判证据的角度来看，认为证明是：法官或陪审团从证据中得出的，对某一事实予以肯定或否定的信念。[③] 证明实则是一个动态的步骤，是一个连续的过程，上述两种从不同角度对于证明的界定，恰巧总结出了部分司法审判过程中证明的两个关键步骤，但笔者以为还不是全部。也有学者指出，证明的模式分为两种：客观证明与情理推断。[④] 该种对证明模式的分类也可以归纳出证明的步骤。

从法理的角度来看，证明并得出定案证据的动态步骤如图8—1所示。

从图8—1不难看出，当刑事案件中出现事实疑难，其定案证据的形成至少应当包括以下四点：第一，以客观事实为基础，依据法律事实，

---

① 参见熊志海、张步文《论刑事证据与案件事实之关系》，《法学研究》2004年第4期，第55页。

② 参见《牛津法律大辞典》（中文版），光明日报出版社1988年版，第728页。

③ 参见陈光中、陈海光、魏晓娜《刑事证据制度与认识论》，《中国法学》2001年第1期，第38页。原引自《布莱克法学大辞典》，1968年（英文版），第1380页。

④ 参见周洪波《比较法视野中的刑事证明方法与程序》，《法学家》2010年第5期，第31—34页。

图中文字：
- 要素：以客观事实为基础，法律事实为依据
- 1.考察审判证据的真实性、相关性
- 方式：非法证据排除、参考证据规则分析证据证明力的权重
- 2.考察审判证据的合法性、证明力
- 3.排除审判证据中的事实疑难
- 方式：返回考察客观事实→推理、诉诸解决应然层面事实疑难的法理
- 4.形成定案证据
- 方式：依据证明标准对案件事实认定结论进行排除、选择、归纳

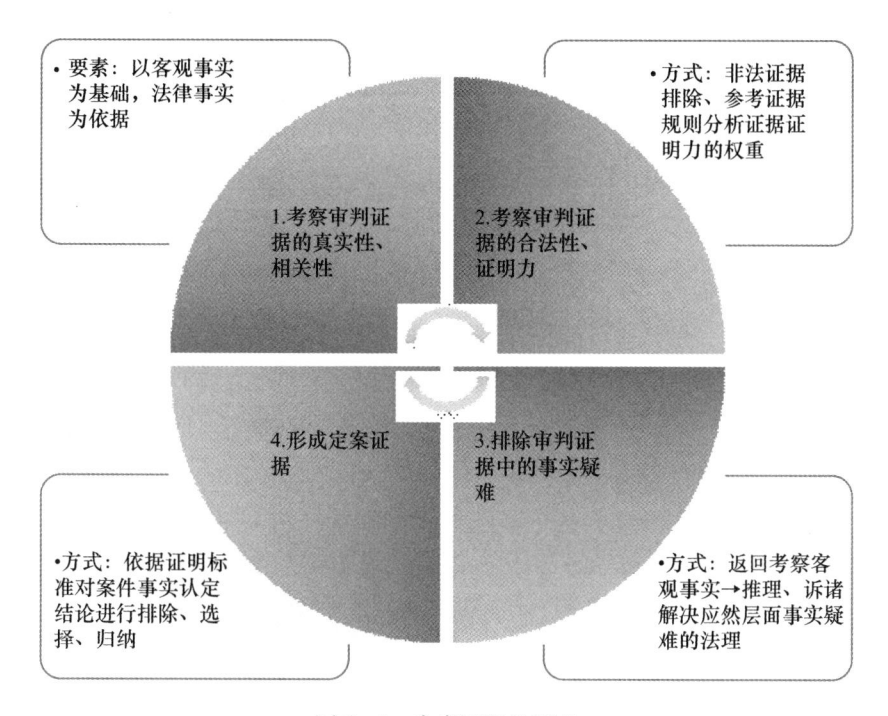

图8—1　定案证据的形成

考察审判证据的真实性、相关性。在该步骤中，对审判证据真实性的考察，除了客观事实、法律事实本身的真实性考量外，还需要排查影响真实性的因素，尤其需要注意对证人证言的可采性进行辨别，[1] 以及证据是否被人为篡改，录音、录像是否被人为剪接等。第二，对审判证据进行合法性、证明力的质证。该步骤中着重考察审判证据的得来有无违反法定程序，是否具有法定需要排除考察的内容等。对于证明力的考察应当依据证据规则，借助"自由心证"原则，分析相关证据证明力的权重。第三，对经过质证后，仍存在法律事实疑难的部分审判证据，应返回客观事实中去考察。对于补充考察客观事实后，仍然无法排除的或存在事实冲突的疑难，借助推理以及本书提出的解决应然层面事实疑难的法理，

---

[1] 在《麦考密克论证据》一书中对证人能力规则、证人特权规则以及询问证人规则进行了详细论述。参见 John W. Strong 主编《麦考密克论证据》，汤维建等译，中国政法大学出版社2003年版。

得出案件事实具有客观性、排他性、合理性①的认定结论。第四，将案件事实的认定结论结合证明标准来考察，进行排除、选择、归纳，并与法律相对应，最终得出定案证据。

正如陈光中所指出的那样：诉讼价值既相互一致，有时也相互冲突，以法律真实代替客观真实是不正确的，简单地否定法律真实也是不现实的，理性的做法是实现客观真实与法律真实相结合。② 基于此，对案件客观事实的证明也是法官对法律真实的验证，进而对法律事实的认定过程。

第二节　形成定案证据之争议

哈特认为：人类的行为、欲望、喜好和厌恶都有一种确定性，这与给予经验证据的这些主体的确定性不同：它是一种确定性或知识，证据的概念与之无关。③ 关于定案证据的证明标准，有学者已经对刑事案件审判阶段是否定罪的证明标准划出了层次。④ 该种划分很有意义，有助于在将证据与法律相对应时，法官考察是否适用"存疑利于被告"的刑法原则。值得注意的是，在刑事事实疑难的案件中，如果通过对客观事实和法律事实的证明，能够形成定案证据，则可以依据证据裁判；如果对刑事个案中的客观事实、法律事实认定存在疑难、争议或瑕疵，则应当追问该种情形是否能够形成定案证据，实践中对此疑问的答案应当谨慎。

第一，"孤证"是否可以定案？有学者对"孤证"的含义从三个方面进行了界定，认为"孤证"包括：单个证据、多个同源证据和多个孤立存在的证据。⑤ 实际上，从客观事实、法律事实的角度切入，也足以支持"孤证不能定案"的原则。当刑事个案中的客观事实仅仅是孤立的，或者当案件中的多个法律事实之间，以及客观事实与法律事实之间缺乏相关

---

① 关于合理性的考察主要针对存在应然层面事实疑难的审判证据，如果证据本身不存在应然层面的事实疑难，则应当只重点考察审判证据的客观性及排他性。

② 参见陈光中、李玉华、陈学权《诉讼真实与证明标准改革》，《政法论坛》2009 年第 2 期，第 3 页。

③ 参见 Stuart Hampshire and H. L. A. Hart: Decision, Intention and Certainty, *Mind*, Vol. 67, No. 265 (Jan., 1958), p. 1。

④ 参见王圣扬《刑事证明标准层次性略论》，《政治与法律》2003 年第 5 期，第 59 页。

⑤ 参见杜文静《"孤证不能定案"的逻辑证成》，《学术研究》2017 年第 11 期，第 39 页。

性，多个孤立的客观事实之间不能相互印证，导致法律真实难以验证、案件真相难以查明，应当将该种事实疑难的利益归于犯罪嫌疑人，在罪与非罪之间选择后者。尽管司法实践中有对"孤证不能定案"的质疑之声，认为"孤证"也能定案。从法理的角度来看，出于防止冤假错案，保护犯罪嫌疑人权利的目的，当刑事案件中出现"孤证"时，应当将其归为事实疑难的一种情形，将疑点利益归于被告。①

第二，是否能将预判必然出现的情形作为定案证据？我国《刑事诉讼法》明确规定："证据必须经过查证属实，才能作为定案的根据。"②有学者指出：证据是客观、实然的状态，不能把预判必然出现的情形作为证据。③法官对定案证据的"预判"来自案件事实，且主要基于客观事实。司法实践中，法官在认定客观事实时，的确应当保持客观事实的实然状态，尊重客观事实实际反映的案件信息，不对客观事实进行主观推断。在此基础上，法官在形成定案证据时，要将实然的客观事实与法律事实相对应，分析哪些客观事实能够引起案件相关法律关系的变化。当客观事实之间、客观事实与法律事实之间以及法律事实之间存在冲突，出现事实认定的疑难，此时要形成定案证据，必然会出现应当如何认定法律事实的问题。对于该种事实疑难情形如果完全不允许法官进行预判，可能影响定案证据的形成。值得注意的是，在刑事案件中应当坚持"以事实为根据"，重点以客观事实为依据，兼顾法律事实。④因此，法官在处理刑事事实疑难的案件时，重点在于如何依据案件事实，得出能够影响案件裁判的证据。

实践中应当区别对待客观事实和法律事实，始终保持客观事实的实

---

① 有学者在研究中列出了"孤证不能定案"规则的几种例外情形，此处不展开辨析。同时也指出了：有利于被告人的事实不适用"孤证不能定案"规则，笔者亦持此观点。相关论述可以参见纵博《"孤证不能定案"规则之反思与重塑》，《环球法律评论》2019年第1期。

② 《中华人民共和国刑事诉讼法》第五十条，2018年10月26日实施。

③ 张剑以"赵某某妨害信用卡管理罪"为案例对此观点进行论述，详细内容可参见张剑《不能用预判的应然情形作为定案证据》，《中国检察官》2015年总第232期，第68—69页。

④ 国内学界对于应当"以事实为根据"还是"以证据为根据"存在不同的声音，笔者认为刑事案件不同于民事案件的"辩论原则"，在刑事案件中自始至终都应当坚持以"事实为根据"才能最大限度地避免错案。相关争议可参见舒国滢、宋旭光《以证据为根据还是以事实为根据？——与陈波教授商榷》，《政法论丛》2018年第1期，第43—51页。

然状态，但对部分疑难法律事实的认定，可以允许法官依据法理、常识、必然情形的路径进行预判。有学者指出：法律事实只能是法律上认可的事实，其中既包括符合客观实际情况的内容，也可能包括不符合客观实际的内容，法律真实是建立在这种证据事实基础之上的。[1] 基于此，法官面对刑事事实疑难时，应当竭尽所能地查明、验证客观真实，进而得出法律真实，再基于被查明和验证后的法律真实分析并认定法律事实，最终形成定案证据或者依据事实疑难情形和程度做出无罪裁判。

第三，对于没有直接证据的案件，是否可依据间接证据之间的相互印证而定案？我国最高人民法院《关于办理死刑案件审查判断证据若干问题的规定》第三十三条已经明确，在办理可能判处死刑的刑事个案时，即使没有直接证据，但如果同时符合：间接证据已经查实且已形成完整的证明体系，无相互矛盾并能够相互印证，排除了合理怀疑等五个条件的，可以认定被告人有罪。[2] 死刑是对犯罪嫌疑人实施的最高刑罚，实践中其他刑罚可能低于死刑的刑事案件也相应地适用该规定。[3] 国内也已有了完全依据间接证据定案的案例，在"张传勇贩卖毒品案"中，[4] 法官主要根据间接证据之间的相互印证，并结合逻辑、情理分析被告人的陈述和辩解，最终形成了定案证据。[5] 在该案中，法官对所认定的事实已经排除了合理怀疑，认为间接证据能够相互印证，且根据案件事实能够形成完整的证据链证明被告人的违法行为，因此认定定案证据达到了确实、

---

[1] 参见孙国强、白林《从"客观真实"到"法律真实"——论我国刑事审判证明标准的转换》，《广西大学学报》2011年第4期，第79页。

[2] 参见最高人民法院、最高人民检察院、公安部2010年6月24日颁布《关于办理死刑案件审查判断证据若干问题的规定》第三十三条："没有直接证据证明犯罪行为系被告人实施，但同时符合下列条件的可以认定被告人有罪：（一）据以定案的间接证据已经查证属实；（二）据以定案的间接证据之间相互印证，不存在无法排除的矛盾和无法解释的疑问；（三）据以定案的间接证据已经形成完整的证明体系；（四）依据间接证据认定的案件事实，结论是唯一的，足以排除一切合理怀疑；（五）运用间接证据进行的推理符合逻辑和经验判断。"

[3] 中央政法机关负责人于2010年就《关于办理死刑案件审查判断证据若干问题的规定》和《关于办理刑事案件排除非法证据若干问题的规定》答记者问时，明确了依靠间接证据定案的规则在司法实践中的运用，其适用范围既包括死刑案件也包括其他刑事案件。

[4] 详细案情参见张传勇贩卖毒品案一审、二审判决书，（2015）衢江刑初字第115号，（2015）浙衢刑二终字第60号。

[5] 参见罗志刚、唐海波《对无直接证据案件应运用间接证据之间的印证定案——浙江衢州中院裁定张传勇贩卖毒品案》，《人民法院报》2016年2月25日第6版，第1—2页。

充分的程度，在没有直接证据的情况下，依然做出了被告人张传勇有罪的判决。

需要明确的是，允许依据间接证据定案，并非否定刑事案件客观事实的重要性，如果存在相互矛盾的客观事实，或者客观事实与法律事实相互冲突时，不应仅仅依据间接证据就定案。办理刑事案件应当尊重客观事实和法律事实，在遵循案件事实的前提下，才能适用间接证据定案的规定。个案中如果仅有间接证据，而没有任何直接证据，一旦发现案件事实相互冲突、存在合理怀疑的情形，即使部分间接证据能够相互印证也不能定案，该种情形下应将案件事实存疑的利益归于被告。

综上来看，正如古德哈特所言：通过探明哪些事实被法官认定为关键性事实，再将其与判决对照参考，可以抽象出整个案件的裁判规则，这样，所有案件的判决理由都能被发现。[①] 对于案件事实的考察既有利于法官还原事实真相，排除事实疑难，也有利于实现个案正义。越是无限接近事实真相，越有利于法官面对客观事实做出正确的事实判断，进而做出最为合理的价值判断。[②] 面对刑事疑难案件，在考察法律原则与规则适用的时候，不能完全将事实与法律割裂开来，仅仅考察法律适用与解释的问题是不全面的。事实判断与价值判断本就是做出判决所必备的要素，缺一不可。抛开事实疑难的可能性，空谈适用原则和规则，本身具有很大的风险。必须首先排除事实疑难，否则在不确定的事实基础上进行的价值判断难以避免错案的不断产生。

从追求事实真相的角度，再来反观分析法学派与自然法学派的观点：在已有的案件事实基础上，仅仅探讨法律适用的问题，一旦遇到事实疑难的案件，就成了无源之水，无本之木，分析法学派"恶法亦法"[③] 的观点便难以立足。很容易理解，对一个没有杀人的犯罪嫌疑人，研究应该用什么规则来定罪，这样的案件所适用的法律无论正确与否都是恶法，

---

① 参见［英］尼尔·麦考密克《法律推理与法律理论》，姜峰译，法律出版社2005年版，第80页。
② "司法实践中的判断类型包括案情认知中的事实判断、证据确认中的事实判断和判决中的价值判断。"相关论述可以参见任强《判决如何作出——以判断类型为视角》，《中国社会科学》2007年第3期，第114页。
③ 孙文恺：《"恶法非法"与"恶法亦法"》，《人民法院报》2010年10月8日。

此时再对嫌疑人强调"恶法亦法"未免太强人所难;从自然法学派的角度来看,"恶法非法"的理论在事实疑难的案件中尤为适用,应首先在侦查、起诉阶段尽可能探寻案件的真相,在确保排除了客观事实疑难及法律事实疑难的前提下,再由法官从排除事实疑难到法律疑难进行倒推。如果法官认定客观事实存疑达到了"合理怀疑"的程度,则应适用"罪疑从无",才是对嫌疑人人权最大的保障。

第九章

法律适用中的疑难情形

法律适用中的疑难主要体现为成文法律规则的瑕疵和法律适用中的冲突，法律适用冲突又分为宏观与微观两个维度：从微观的角度来看，主要体现为法律规范适用中的冲突，即：规则与规则、规则与原则、规则与政策、原则与原则、原则与政策以及政策与政策之间等，法律规范内部的冲突。从宏观的角度来看，要解决法律规范中的各种冲突，最终都会回到"恶法非法"与"恶法亦法"的哲学命题上来。关于"恶法"是不是法律的争议演变出了法律实证主义与自然法两个法理学派，由于两个学派对于"恶法"是不是法律的理解不同，导致两种学派对于法律疑难的方法论也各执己见。

第一节 成文法律规则中的瑕疵

当法律规则存在瑕疵时，可能出现两个方面的法律疑难：第一，案件审理过程中，客观事实清楚，由于法律规则瑕疵造成法律事实与法律相对应、相匹配上的疑难；第二，裁判时，案件事实（包括客观事实与法律事实）清楚，法律适用上的疑难。成文法律规则中的瑕疵大致表现为以下五种形式。

第一，法律规则的内容存在漏洞，这本身是成文法一个与生俱来的缺陷，人定规则具有滞后于社会现实的特性，始终无法完全预测到法律在实施过程中的各个方面和细节，难免存在漏洞。但这种漏洞可以在法律适用过程中通过扩充解释等方式得以修正。

第二，法律规则的内容具有模糊性，这也是成文法则难以避免的情形,对于法律规则的模糊,可以结合已经查明的案件事实,选择采取限制、扩充或者字面解释来完善。

第三,法律规则在个案的适用中,也可能出现两个内容存在冲突的规则同时规范一种行为模式或者同时作用于同一个案件的情形,此时可以通过逻辑解释及系统解释对冲突的法律规则进行比对,同时参考法律原则的规定,考察是否存在权利冲突,是否存在法律价值冲突等,做出比较,择优适用。

第四,在案件的法律适用过程中,没有相应的规则可以适用,这种缺乏规则适用的问题可能出现在法律事实的认定过程中,也可能出现在裁判时法律的适用过程中。此时,除了借助法律原则,参考法律政策外,还需回到案件的客观事实与法律事实的认定上。该种缺乏规则的情形,不同类型的案件处理方式不一,民事与刑事案件在处理空白规则的案件时参考因素不同。简单来讲,民事诉讼主要参考双方证据,而刑事诉讼则必须参考是否具有社会危害性,该种没有规则进行约束的行为模式是否是社会所禁止的,该种行为是否具有普适性,是否需借助特定的条件才能完成,而达成实施该行为的条件的概率是否微乎其微。不同的参考因素,会将案件引导到不同的方向。

第五,法律规则的内容符合"恶法"的特征。成文法律规则的内容并不完全都符合现实社会的发展,如果法律规则对人的无害性行为进行过大的约束,对不需要限制的行为进行限制,或者法律所调整的某种行为在过去十年是违法的,随着时代的变迁社会共识的转变,在当下已经为人们所普遍接受,通过政策或者社会共识已经达成一致认为不具有违法性,而还未及时废除的法条等,对该种符合"恶法"特质的法条可以参考权利、法律价值的因素,并进行合宪性解释。

这种成文法律规则中的瑕疵,属于法律规范内的初级的法律疑难,也是最为常见的法律疑难。该种法律疑难虽然也存在实然和应然两个层面的疑难情形,通常都可以在法律规范(规则、原则、政策)的范畴内,通过解释实现法律的自我完善。当法律规范内部出现同类型或规则、原则、政策交互冲突时,出现应然层面的疑难,则可能需要借助超越法律规范以外的因素来进行合理的裁判。

第二节 法律规范内部的冲突

哈特将规则、原则、政策都纳入了"承认规则"中,在解析法律疑难的冲突时,笔者倾向对"规则"一词做狭义的理解,便于区分法律疑难中不同类型法律规范之间的冲突。法律通过规则来明确和公示并共同遵守,通过原则来规范和完善,同时也受到国家政策的影响与制约。法律疑难中的冲突主要体现在规则、原则、政策的冲突之中,因此对法律疑难中的冲突从微观的层面大致可以分为同类型规范之间的冲突和不同类型规范相互的冲突两个方面。同类规范的冲突包括:规则与规则、原则与原则、政策与政策之间的冲突;不同类型规范相互的冲突包括:规则与原则、规则与政策、原则与政策之间的冲突。在个案中以下两个方面六种形式的冲突可能单独存在,也可能出现并存的情形。

一 同类型规范之间的冲突

同类型规范之间的冲突同样存在效力的问题,如上位法与下位法之间的冲突。如果相冲突的都是规则,二者之间还可能存在法律体系的问题;如果相冲突的是原则,也需具体情形具体分析。

(一) 规则之间的冲突

广义的法律冲突包括:平等主权、不同社会制度国家之间由于立法权彼此独立,在内容上存在差异和相互冲突;相同社会制度国家的法律之间存在的冲突;一个国家内部,由于行使立法权的部门不同(如行政法规与部门规章等),不同行政机关、行政部门制定的法规、规章之间存在冲突;一个国家内部新法与旧法之间发生冲突等四种类型。此处所述的规则与规则之间的冲突在法律规范的范畴采狭义,排除了非规范性法律要素;在法律冲突中采广义,包括国家之间与一国内部的行为规则,主要体现为以下几种形式。

1. 权利冲突

权利冲突既包括同位法规定的权利之间的冲突,也包括上位法与下位法规定的权利冲突,通常系指两个或两个以上具有法律依据的权利之间,因法律未对权利的边界做出界定,而引起的它们之间在个案中出现矛盾或冲突状态。权利需要通过法律规则加以确定，因此，规则与规则之间的冲突也可表现为权利冲突。权利冲突又分为两个方面：一方面，同类型的权利冲突，如同为宪法权利的冲突；另一方面，不同类型权利之间的冲突，如行政权力与公民私权利之间的冲突，公民的新闻自由权与名誉权的冲突等。权利冲突多出现于民事、行政、环境等案件中，是典型的法律疑难案件的一种。例如：民事案件中，判决书将房产判给甲方，但房产证上还是乙方的名字。乙方将房产变卖给丙。甲方起诉至法院，房产应判给甲还是丙？

2. 不同性质的法律效力问题

例如我国的法律、法规、规章之间存在冲突时，通常按照上位法优于下位法、新法优于旧法、特别法优于一般法、特殊法优于普通法的效力顺序来处理。

3. 新法与旧法冲突

新旧法之间的冲突也属于规则冲突的范畴，对于新法与旧法，通过"法不溯及既往"的原则可以规范适用。然而，法律一经颁布就具有权威性、强制性，个案当中当新法与旧法存在冲突时，应当如何保障当事人的利益？使其不受法律更替的影响，也是司法实践中应当考虑的问题。

4. 上位法与下位法之间的冲突

该种法律冲突的案例在司法实践中多有出现，尽管有上位法优于下位法的司法原则进行规范，仍不能完全解决现实中的问题。例如，在行政案件中，行政法规与地方政府订立的"红头文件"内容存在冲突，尽管地方政府的"红头文件"属于规范性文件，位阶低于行政法规，但地方政府通常依据本地的地方法规或规范性文件行事，出现冲突时往往容易引发行政诉讼。行政法规与规范性文件都属于抽象性行政行为，当二者出现冲突时，应当作何抉择，行政法并不能提供出合理的解决之道，这就容易造成法律疑难案件。

5. 同位法中的不同规定

法律与司法解释的适用也可能存在冲突，在我国一旦经过最高法院颁布的司法解释，其效力等同于法律，当法律规则与司法解释存在冲突时，也是法律疑难的一种形式。例如，民事案件中，婚内财产权与婚内借贷纠纷的竞合。在我国，婚内债务属于夫妻共同债务，离婚一方很可能由于对方的恶意欠款而"被负债",夫妻共同债务的真实性难以考察。我国《婚姻法》第四十一条①规定了婚姻关系存续期间的债务属于夫妻共同债务,而《中华人民共和国婚姻法解释(二)》第二十四条规定:夫妻一方能够证明系对方的个人债务,或夫妻双方对婚前或婚后财产有书面约定的可以除外。② 现实中,尤其是夫妻一方恶意的串通,产生虚假的婚姻存续期间的债务,司法解释也难以规避。婚姻法第四十一条的规则,与婚姻法司法解释(二)第二十四条的例外结合在一起,适用时根据案件事实的不同或疑难往往容易出现法律适用的难题。

规则与规则之间的冲突是法律疑难案件中最常见的一种,我国是成文法国家,法律规范的形式包括:宪法、法律行政法规、地方性法规、自治条例与单行条例、部委规章和地方政府规章、国际条约以及法律解释等。上述法律规范可能同时作用于一件个案当中,可能同时作用于一件事物,引起不同的法律后果,不可避免地存在规则与规则相冲突的现象。

(二) 原则之间的冲突

司法实践中,当没有规则可以适用,或者当规则与原则相冲突而被排除适用时,往往需要通过法律原则解决个案中的问题。解决法律疑难案件,发挥主要作用的通常是法律原则,然而原则之间也可能存在冲突,主要表现在以下几个方面。

1. 价值冲突

法律原则之间可能存在价值冲突。例如,我国民法中的公序良俗原则与私法自治原则,公序良俗包括"公共秩序""善良风俗",③ 前者包含了国家的秩序价值,后者包含了国家以区域为单位的道德共识。而民法中的私法自治原则,系指个人基于自己的意思,为自身利益而形成法律关系的原则。④ 相较于公序良俗原则,私法自治原则更倾向于保护个人的

---

① 参见《中华人民共和国婚姻法》第四十一条:离婚时,原为夫妻共同生活所负的债务,应当共同偿还。共同财产不足清偿的,或财产归各自所有的,由双方协议清偿。

② 参见《中华人民共和国婚姻法解释(二)》第二十四条:债权人就婚姻关系存续期间夫妻一方以个人名义所负债务主张权利的,应当按夫妻共同债务处理。但夫妻一方能够证明债权人与债务人明确约定为个人债务,或者能够证明属于婚姻法第十九条第三款规定情形的除外。

③ 曾世雄:《民法总则之现在与未来》,中国政法大学出版社2001年版,第28页。

④ 关于民法私法自治原则的详细论述可以参见[德]维尔纳·弗卢梅《法律行为论》,迟颖译,法律出版社2013年版。

利益、自由。当两个原则同时并存于一个民事个案中时，难免出现理性原则与自由原则的冲突，究竟是社群中的大多数人所认同的公序良俗位阶更高，还是受宪法保护的自由属性的原则——私法自治的位阶更高，学界对此尚存在争议。

2. 社会规范之间的合理性问题

法律原则与道德原则可能存在合理性的冲突，法律与道德所约束的内容有重合也存在冲突的可能。本质上法律原则与道德原则都属于社会规范，但是前者受国家强制力的保护，对法律规则有指导和补充的作用。而道德原则不仅规范人的行为，作为一种社会共识，还可以规范人的思想。多数时候法律原则所禁止或规范的，道德原则也同样禁止，但也有个别案例，一些行为受到法律的许可但并不符合道德原则。当法律原则与道德原则同时在个案中且存在冲突，法律原则作为法律规范通常被采纳，但是道德原则可能更符合民意，更为人们所接受，对于个别法律疑难的案例，如果进行实质审查和实质推理，也可能会倾向于适用道德原则。法律本身具有滞后性，法律也并不是一成不变的，从发展的角度来看，道德原则作为区域内公民的一种共识，也有成为法律原则的可能，两种原则的冲突并非不可调和，也并非只能"一刀切"地适用法律原则。

（三）政策之间的冲突

当规则、原则都不能解决法律疑难案件时，政策有时也会成为一种选择。尽管哈特将政策归为"承认规则"的一种，但是该种"承认规则"将政策直接划为司法疑难案件的参考因素，与司法的中立性、独立性可能存在抵触。确切地说，广义的政策本身并不属于"承认规则"的范畴，只有当司法出现疑难案件，并且已经穷尽了法律规范（包括规则和原则）的情形下，最终作为判案依据的政策才属于"承认规则"的范畴。

虽然并不能完全杜绝政策对于司法的影响，在出现法律疑难的案件时没有法律与原则可以适用的情形下，可能会将个别政策作为参考因素之一，但仍应弱化政策对司法的影响力，以保障司法的中立性。然而在一个国家内部，政策与政策之间也可能存在冲突，该种冲突也可能影响到法律疑难的案件，主要体现为以下方面。

1. 公共政策与法律政策

公共政策与法律政策之间出现冲突是较为常见的情形。例如：按照政府规划,某一地段将作为经济开发区,这属于公共政策的范畴。然而,该地段里的原住民也有不搬迁的权利,这既是受宪法保障的人权,也符合国家"以人为本""和谐社会"的政策。两种政策的冲突以一种什么方式进行调和,现实中并未出现根本的解决之道。在发展经济,提高经济增长率的大环境下,简单地适用"效率优先,兼顾公平"可能导致社会矛盾的不断产生,政策之间的冲突宏观来看可以上升到国家的公共管理层面,微观来看也可以体现为法律疑难的冲突。

2. 法律政策之间相互冲突

基于不同的目的、社会效果而制定的法律政策,其内容也存在冲突的可能。例如:随着法治发展、人权观念的逐渐深化,我国在政策上有逐渐减少死刑的趋势,并通过刑法修正案不断地减少了死刑的刑种,尤其是经济类犯罪,原来的死刑改为较轻的刑罚。然而,对于"拐卖妇女儿童罪",国内公民普遍呼吁加大对该罪的刑罚,希望通过重罚来杜绝该种行为,建议该罪的刑期由有期徒刑改为死刑。当然,该罪的刑罚是否改为死刑不仅关乎法理,随着民意的增强也属于刑事政策要研究的范畴。可见政策虽处于法律体系之外,对法律却有影响与调控的作用。

二 不同类型规范相互冲突

因为我国是成文法国家,在法律规则的制定过程中已经考虑到尽可能排除规则之间冲突可能性的问题,规则与原则、规则与政策等不同类型规范,相互之间的冲突是比较常见的法律疑难现象。

(一) 规则与原则之间的冲突

从原则与规则的特征来看:"第一,原则并不像规则那样,提供了具体事态之解决方案的依据,它只提供了一种第一印象的可能性依据;第二,原则有重要性之分量的维度,而规则则要求应适用或者不适用;第三,原则是一种最佳化的要求,因此仅指出了发现个案判决的方向。"[1]因此,在司法实践中,法律文本规则通常优先适用,在穷尽规则时方可适用原则。然而,该种优先适用并非绝对。法律原则是在法律规范中较

---

[1] Cf. Aulis Aarnio: Reason and Authority, A Treatise on the Dynamic Paradigm of Legal Dogmatics, Aldershot: Ashgate Publishing Ltd., 1997, p. 175.

为稳定的原理和准则，当规则与法律原则相冲突时，法律原则对规则有指导作用，有时也对规则排除适用。原则包括法律原则和道德原则，二者所属的范畴不同，司法适用也有所区别。因此，规则与原则之间的冲突不仅形式多样，并且司法实践中并非总是规则优于原则适用，也有原则优于规则适用的案例。

1. 法律规则与法律原则相冲突

在美国曾经发生一起著名的继承权案件：一名男子为了提前获得继承权，毒死了自己的祖父，围绕他能否继承被害人的财产出现了很大的争议。肯定者认为该男子是合法继承人，根据法律规定应当继承其祖父的遗产；反对者认为该男子财产继承的发生是由于该男子犯罪所致，如果让其继承财产有违法律的正义价值。最终法院以"一个人不能从他的不当行为中得利"这一原则剥夺了该男子的继承权。不难看出，当规则与原则相冲突时，法官如果仅通过形式推理并不能完全地解决现实中的问题，必要时需要运用实质分析与推理。

2. 法律规则与道德原则相冲突

现实中的案例，无论民事还是刑事案件中，当事人的一些行为可能违背了法律规则的规定，但并不违反道德原则。例如，民事案件中，债权人以迫使债务人还债为目的，用某种措施限制债务人的人身自由，违反了法律的规定，但是"欠债还钱"符合社会公认的道德原则，即使债权人采取一些措施，在公众看来并非不可饶恕，且该种只针对债务人的措施不具有广泛的社会危害性。又如在刑事案件中，嫌疑人将残忍杀害自己至亲的人杀死，触犯了刑法的"故意杀人罪"，然而在中国人的家庭亲属观念中，为至亲"报仇""血债血偿"的观念自古就有，尤其在国内受教育程度较低的农村地区，该种复仇思维依然客观存在，并形成一种狭隘的"道德观"。

3. 合法性与合理性相冲突

在司法实践中，当个案有法律规则进行规范，但严格适用该规则将导致不公平、明显不合理的结果且与某原则相冲突，法官可以选择将原则作为判案依据，而放弃适用法律规则。例如，我国刑法第三百一十条的窝藏、包庇罪,①犯罪主体包括了嫌疑人的近亲属,这显然违背了亲属之间相互隐匿的人性,而"亲亲相隐"原则我国自古就有,尽管在当代因为历史原因被废除,仍不能否定亲人之间出于关爱的隐匿属于人性的范畴,具有一定的合理性且容易被理解。合法性与合理性存在冲突,实际体现了法律规则的僵硬以及原则对法律规则进行完善的必要。

(二) 规则与政策之间的冲突

通常情形下,只有在穷尽了法律规则与法律原则都不能解决个案中的疑难时,才可以参考政策的因素。为了保障司法的中立性、独立性,政策对司法的作用应当被淡化,其对司法的作用与影响不能与法律规则、法律原则的作用相提并论。然而,现实中的个案并不是完全的理想化存在,往往会受到各种因素的影响,存在各种疑难和冲突,此时,政策也可能作为法官处理案件的依据。规则与政策可能存在以下冲突。

1. 刑事政策与刑事法律之间存在冲突

对于刑事政策的概念,学界尚未达成统一的认识。该词是由德国刑法学家费尔巴哈提出的,他认为刑事政策是"国家据以与犯罪作斗争的惩罚措施的总和,是'立法国家的智慧'"。②我国台湾学者林纪东先生将刑事政策分为广义和狭义,广义的刑事政策是"探求犯罪的原因,从而树立防止犯罪的对策";狭义的刑事政策是"探求犯罪的原因,批判从而运用现行的刑罚制度及各种有关制度,以期防止犯罪的对策"。③我国刑事法律规则的内容涉及:犯罪人、刑事责任、犯罪行为、刑法权利、国家安全等,包括刑事实体法与程序法。刑事成文法律属于规则,在我国成文法的国家,规则一旦制定难以避免地存在僵硬、难以完全覆盖现实案例的情形,而刑事政策作为一种指导性的方案,缺乏对个案的针对性。规则的僵硬与政策的缺乏针对性,如果同时体现在个案中则容易产生冲突。

---

① 参见《中华人民共和国刑法》第三百一十条:"明知是犯罪的人而为其提供隐藏处所、财物,帮助其逃匿或者作假证明包庇的,处三年以下有期徒刑、拘役或者管制;情节严重的,处三年以上十年以下有期徒刑。犯前款罪,事前通谋的,以共同犯罪论处。"

② [法]米海依尔·戴尔玛斯—马蒂:《刑事政策的主要体系》,卢建平译,法律出版社2000年版,第1页。

③ 林纪东:《刑事政策学》,台北:台湾中正书局2000年版,第3页。

2. 公共政策与法律规则之间的冲突

公共政策往往以整个社会群体（大到国家，小到省、市）的利益为出发点，而法律规则具有指向性，具体的规则条款通常适用于个人或某一类型的行为。公共政策代表大多数人的利益，法律规则涉及个人或者少数人的权利。二者同时作用于个案中时，则可能出现多数人利益与少数人权利之间的冲突，应当如何抉择，依据什么价值标准进行取舍，是存在法律疑难及冲突的个案中需要合理解决的问题。

（三）原则与政策之间的冲突

法律原则，甚至道德原则都可能在"穷尽规则"[①] 时作为广义的法律规范得以适用，而政策（包括法律政策）并不属于通常意义下的法律规范的范畴，也不在我国法律渊源之列。然而，无论是公共政策还是法律政策，作为一种宏观调控的手段，在现实中可能与原则存在冲突。

1. 法律原则与法律政策存在冲突

以刑事案件为例，严格来讲，我国刑事侦查时要求嫌疑人"坦白从宽，抗拒从严"，该种鼓励嫌疑人自述案件事实的标语属于法律政策的范畴，不能将其定性为法律原则。并且，该种鼓励性政策实则与嫌疑人的"沉默权"相冲突。无论实际上有罪还是无罪的公民，在侦查阶段未经法庭审判之前都属于"罪疑"（是否有罪存疑）的状态，其身份仅是犯罪嫌疑人。即使该嫌疑人真的有罪，对自己的罪行也有权保持沉默，这是宪法赋予公民的权利，符合保障人权的基本原则。"坦白从宽，抗拒从严"的刑事政策在过去侦查技术不发达的时期，或许有一定的存在意义。然而，随着科技的不断进步，侦查技术的提高，不能过于倚重这种鼓励嫌疑人自述其罪的方式实现破案的目的，应逐步在国内确立起保障犯罪嫌疑人沉默权的相关法律制度。

值得注意的是，"坦白从宽，抗拒从严"的刑事政策与自首不是同个范畴，我国刑法专门对自首订立了相应的规则，自首属于法院审理案件判罚时可以酌情考察的规则，是司法赋予嫌疑人的权利。而"坦白从宽，抗拒从严"这一在侦查阶段就一直强调的刑事政策，实则并不符合法理，以及保障人权的逻辑，应逐渐退出历史舞台。

---

① "穷尽规则"指没有规则可以适用的一种司法状态。

2. 道德原则与法律政策存在冲突

广义的道德原则指一定社会或阶级用以调整人们之间利益关系的根本指导原则；狭义的道德原则特指一定区域内的人文观、价值观。例如，少数民族地区特有的习俗受到当地所有人的遵守，本质上属于道德原则的范畴。而法律政策虽然与规则相比更为宏观，但有其一定的部门法范围，通常针对特定的一类事物出台相应的政策。前者以区域内达成共识的人为调控对象；后者具有一定的行政指导性，以部门法或一类事物为调控对象，适用范围不仅包括个人也可以包括政府职能部门。个案中，道德原则与法律政策也存在冲突的可能，而"孰轻孰重"还需根据实际情况，具体到个案中来探讨。

3. 原则与公共政策存在冲突

无论是法律原则还是道德原则都可能与公共政策产生矛盾。从我国的法律解释体系来看，被人为地分为立法解释、司法解释、行政解释三种类型，其中司法解释的正当性与合理性毋庸置疑。然而，对于立法解释、行政解释的合理性及限制尚存在争议，尽管如此，两种解释却在我国实际存在。立法解释、行政解释与公共政策可能存在交叉和冲突，如果同时体现在个案中，也可能产生解释体系上的法律疑难。

综上来看，尽管哈特将原则、政策划为"承认规则"的范畴，作为法官解决法律疑难案件可适用的规范。然而规则、原则、政策之间，以及相互之间都可能存在矛盾，当该种矛盾、冲突体现在个案中时，也属于法律疑难的范畴。如何调节这种冲突，则可能需要到"恶法亦法"与"恶法非法"的"信仰"中去寻求解答。

第三节 超越法律规范的"信仰"冲突

合法性与合理性之间的冲突不可避免，推演出"恶法亦法"与"恶法非法"的法哲学争论，两种争论同时也是法哲学领域的信仰冲突。对"恶法"是不是法律的争论古已有之，分析实证法学派认为"恶法亦法"，自然法学派认为"恶法非法"。两个法学派对"恶法"是不是法的"信仰"存在冲突，在此基础上延伸的关于法律疑难的理论也各有争议。

一 "良法"与"恶法"辨析

对"恶法"与"良法"进行价值判断的基础在于有共同的价值观以及特定群体在文化、道德、公序良俗等方面存在共识。该种共识由于历史、地域等因素,通常源自一个特定的区域内,或者以国家为单位。不同区域内,或不同价值观的群体对"恶法"与"良法"的界定,仅在普世价值中存在共识,在不具有普世价值的范畴内受政治、经济等多种因素的影响,通常难以达成共识。尽管国际法也有良法与恶法之分,但由于国家之间除了普世价值外,其他价值观受经济、政治的影响难以统一,故不在此处展开论述。并且,国际法中如果出现"恶法",受国际法约束的主体:国家以及具有国际人格的实体可以通过外交途径解决,并通常由国家作为后盾,有协商的空间。而一国内部的"恶法",其约束的主体为一国公民或具有法律人格的实体,受法律的强制力约束,对个体的伤害较大。因此,本书此处所研究的"良法"与"恶法"以国家内部的法律为主。

如果对法律的内容进行价值评价,会产生"良法"与"恶法"的价值判断。正如古希腊哲学家亚里士多德所言:"法治应包含两层意义:已制定的法律获得普遍的服从,而大家服从的法律又应该本身是制定得良好的法律。"[1] "良法"的概念由此而来。但直至今日,何谓良善的法,何为恶法,不同的人有不同的评判标准,对此亦尚无定论。有学者认为:体现社会公平、正义的法是良法,反之,则是恶法。[2] 也有学者将"良法"区分为广义和狭义,认为:广义的良法是指对社会发展起积极或推进作用的法,具体来讲,即从法的内容符合规律性,价值符合社会目的性,形式符合科学性三个方面来判断。而对社会发展起阻碍作用,就是不良的法。狭义的良法是指通常所说"恶法非法"指称中与"恶法"相对的法,而狭义的"恶法"则是指严重违背人类正义的法。[3]

---

[1] 古希腊的哲学家亚里士多德生活于奴隶制时期,其关于"法治"和"人治"的论述是在维护奴隶制的基础上展开的,其对于法治的详细论述可以参见[古希腊]亚里士多德《政治学》,吴寿彭译,商务印书馆1965年版。

[2] 参见刘礼忠《"良法"与"恶法"辨析》,《法制与社会》2009年第31期,第378页。

[3] 参见李步云、赵迅《什么是良法》,《法学研究》2005年第6期,第125页。

笔者以为，广义的"法"包括自然法、佛法、道法、礼法、法律等一切法则，而此处所研究的"良法"与"恶法"仅采取狭义，特指：对一国内部（不包括国际法）① 具有共同价值观的公民所共同遵守的法律的价值判断。②"良法"与"恶法"本身即是一种价值判断，而对于这种价值判断的定义只能依然借助于"良善"与"恶"的价值判断来完成。在以固有区域（国家）为单位，由于地缘、历史等原因具有共同价值观的公民范围内，"良法"至少应当满足以下特征：第一，宏观来看，符合全球已经达成共识的法治理念；狭义来看，符合一国内部的法治理念及法律原则。第二，以一国的宪法为最高位阶，在此基础上所制定的法律以及执行过程都不得违背宪法的规定。第三，立法过程以及执法过程都符合法定程序。第四，无论立法还是执法都坚持"以人为本"的理念，符合社会共识的普世价值以及自然规律。因为，法治本质上是为人服务的，是为了实现人的价值，以及稳定、共存的目的。第五，所制定的法律符合社会常识及逻辑，不违背公民已经达成共识的道德原则，实际执行过程中能够体现法的公平、正义的价值。否则，即使不是"恶法"，也至少不符合时代的进步与发展，属于需要修订的法律。

对于何为"恶法"的界定学界尚没有定论，通常认为"恶法"是相对于"良法"（善法）而言的，善法通常符合社会学的要求，限制侵害他人行为的；而恶法则是限制人们的行为，规定：只有按照其设定的行为模式才是被允许的。若简单地将"恶法"界定为："不符合多数人的意志，不符合大多数人的利益，不符合历史发展规律，不利于生产力的发展的法律"，实则并未概括出其全貌。笔者认为，"恶法"不应以是否满足多数人的意志和利益作为评判标准，当多数人与少数人的利益存在冲突时，多数人一方的利益并非一定符合公平、正义。在此基础上，"恶法"至少包括以下特征：第一，所规定的内容违背公平、正义等普世价值以及法律原则；第二，违反《宪法》所规定的内容以及所保障的权利；

---

① "良法"与"恶法"的区分本身是种价值判断，适用范围在一国内部，适用对象为国家内部的公民。而国际法调整国家与国家之间的关系，每个国家所持的政治、经济立场不同，对国际法的"善""恶"则难以达成共识。

② "具有共同的价值观"是区分"良法"与"恶法"的前提。

第三，不符合法律的合理性，造成合理性与合法性的冲突；第四，不符合法定程序的执法；第五，规则的设定对不具有社会危害性的行为设置过重的刑罚。

二 "恶法非法"对自然法疑难观的影响

古希腊哲学家亚里士多德最早对"法治"做出明确的界定，他认为"法治"包含"良法"与"普遍服从"两个核心要素，要维系社群的繁衍与平稳发展，采取"法治"的方式优于"人治"，而"良法"是实现"法治"的基础。在此基础上，认同"良法之治"的自然法学派主张"恶法非法"，并从以下三个方面论述其"恶法非法"的观点：第一，要使"恶法非法"的观点成立，首先得有评价何为"恶"的标准，自然法学派认为，从实在法的内容来看，法律规范的内容如果不良善，则属于"恶法"。具体来讲，该种不良善主要是与自然法相悖。因此，为了实现对法律规范的评价，自然法学派提出实在法之上还有自然法。第二，自然法学派认为法律和道德具有内在的一致性，"恶法非法"是以社群共识的"道德"为标准去评价法律的结果。如果实在法违背了自然法，进而违背了道德，就体现出法的非理性与不正义。这样的法律不具备，也不应当具备道德上的约束力，因此人们不必要遵守这样的法律。第三，"恶法非法"是具有社群共识的人，以共识性的"道德"为标准，做出的法律规范内容与自然法不相符合的判断。值得注意的是，这在本质上属于"价值判断"，不可避免地受到判断者的主观因素的影响，具有一定的不确定性。

在此基础上，自然法学派对"恶法非法"的信仰，直接影响到后来的自然法学派学者对法律疑难案件理论的研究方向。富勒关于法律的道德性理论，试图将法律与道德紧密结合起来。罗尔斯的正义论，试图从法律的公平价值、程序正义等角度论述何为法律的良善。以德沃金为代表的新自然法学家侧重于探明案件的"唯一正确答案"，亦即无限追求案件的合理性、合道德性。以德沃金为代表的新自然法学派会认为，现实中的个案存在法律规则与原则无法解决的问题，法律疑难的案件可能缺乏相应规则或可以适用于个案的规范。对于法律的真空地带，只有通过法律原则、政策实现法律的自我完善，或者从非法律规范的范畴探寻判决的合理性，并最终寻求判决疑难案件的"唯一正确答案"。既然每个个案都存在"唯一正确答案"，那么不具有合理性的"恶法"即使有明文的法律规定，自然也不应作为判案的依据加以适用。

三 "恶法亦法"对实证主义疑难观的影响

与自然法学派"恶法非法"的观点相对立，实证法学派认为"恶法亦法"，认为法律与道德之间没有必然联系。奥斯丁认为：法（实在法）是主权者以制约作为后盾或威胁的强制命令。法与道德无关，法律即使是不道德的或不正义的，但只要是根据法定程序制定并颁布的都具有法律效力。奥斯丁从"法律命令说"的角度，提出了自己"恶法亦法"的观点，他认为：第一，在社群共识性道德上来看属于"恶"的法律，仍受国家强制力的保障实施；第二，以自然法来评价实在法，并否定实在法的强制力，这既不科学也不成立；第三，自然法学派所认为的，可以对法律善恶进行评价的标准，受人的主观因素的影响太大，并不客观且不确定。① 即法律作为维系社会稳定与存续的客观存在，与对法律进行评价，本质上属于两个层面的问题，不能混为一谈。尽管现代分析实证法学派代表哈特明确指出奥斯丁的"法律命令说"是"失败的"，他也仍坚持认为：实际上设立的法律不得不与应然的法律保持分离，法律和道德之间没有必然的联系。②

在此基础上，对"恶法亦法"的信仰，直接导致了分析实证法学派在研究解决法律疑难案件的理论时，将原则、政策纳入"承认规则"的范畴。分析实证主义法学派以哈特为代表的法学家通常支持"恶法亦法"，认为当法律与原则，尤其是与道德原则发生冲突时，应当保障法的权威。当出现法律疑难的案件时，缺乏法律规则或者法条的语义不清、存在冲突等，可以将法律原则或者政策作为一种"承认规则"引入个案

---

① 参见周力《法律实证主义的基本命题》，《华东政法大学学报》2008 年第 2 期，第 3—12 页。

② 哈特论述了以边沁和奥斯丁为代表的功利主义法学派坚持"要以最清晰的方式，坚定地将法律和道德区分开来"的观点，并对此观点进行了辨析。在此基础上，哈特论证了法律与道德标准、正义原则之间的联系与区别，详细内容可以参见 H. L. A. Hart: "Positivism and the Separation of Law and Morals", *Harvard Law Review*, Vol. 71, No. 4 (Feb., 1958)。

中，作为判案的规范。为了强调法律的权威，分析实证主义法学派认为，即使在法律疑难的案件中需要引入原则、政策等作为判罚依据，也没有脱离广义的规则的范畴，也就不存在挑战法律权威性的问题。在此基础上，即便个案中遇到了"恶法"，仍然可以用"承认规则"来寻求合法乃至合理的解决，而"承认规则"亦属于广义的规则的范畴，适用"承认规则"依然具有正当性。

四 从人与法的关系解析"恶法"是不是法

法律实证主义与自然法学派在研究疑难案件理论时，都提出了"法律是什么"的终极追问。对于法律是什么的法哲学思考也由于法学流派的不同而有各自的理论。笔者认为要回答"法律是什么"的终极问题，不得不继续追问"人是什么"这一更为哲学的命题。法律是由人制定的，是为人服务的，更进一步讲，法律是为了人与人在以地球为总和、国家为单位的区域内能够实现和平共存的衍生品。试想，当出现大的自然灾害，危及国家，乃至危及全球人类的生存时，追问"法律是什么"意义何在？法律不过是人类维持共存的一种人定法则，与自然法则不同，人定法则当面临人类的灭绝时，通常会被自然法则或者生存法则所取代。当下，我们之所以能够针对法律提出一系列的哲学思考，皆因我们幸运的生活在一个相对和平、安稳，适合人类繁衍并长期共存的时代。

人是什么？人是地球上唯一具有主观能动性的生灵，人与动物的区别不仅在于人具有主观能动性，还在于人所处的社会除了生存法则还有人定法则即法律，而动物世界则多以自然法则、生存法则为主导。法律之于人的意义何在？大千世界中，法律只是这个时代或者这个当下，人类共存并承诺遵守的一种共识性规则，法律的权威不能高于人类的生存，亦不能凌驾于个人的生命之上，这也是西方国家提倡废除死刑的根源所在。西方国家甚至有数罪并罚对个人判处几百年刑罚却不对其判处死刑的案例，因为生命权高于一切其他权利是一种基本共识。我们可以对危及他人生命的行为处以重罚，但通过人定法则限制他人的自由乃至剥夺他人的生命，是否就是正义？

人与法的关系是什么？从哲学上讲，法作为一种社群意识形态是心生之物，是关于人与人应如何在一起生活的共识。① 从社会学角度来看，法是社群内共同生活的人们享有权利、承担义务的依据。即使社会群体中的某一个人侵犯了他人的生命和自由，触犯了人定法则，我们通过事先的人定法则去剥夺这个对他人施以暴行的人同样的权利（例如，杀了人，则剥夺杀人者的生命权），这样的公平只是一种大多数人的价值选择。实质上，在当下的社会规则中，我们对少数人的恶行判罚限制人身自由或者判处死刑时，前提是人类共存的社群中大多数人已经做了一种共同的价值选择，即保护多数人的人身利益、生命安全，通过人定法则加以威慑并尽可能限制个人对他人的不当行为。

恶法是不是法？实证主义法学派认为"恶法亦法"，自然法学派认为"恶法非法"。既然人们对于"恶法"的评价局限于一定地缘区域内的社群共识，那么对于"恶法非法"的理论则存在一个致命的弱点，即：一定地缘区域内的社群所认为的"恶法"也有真伪之分。就如民主的不一定就是对的，大多数人所坚持的不一定就是真，哲学上认为："真理往往掌握在少数人手中"，社群中大多数人的民主意见也存在"民主暴力"的风险。同理，大多数人认为是"恶法"并非一定就是"恶法"，如果将法律的实施建立在价值判断上，"恶法非法"无疑将增加法律适用的不确定性。然而，"恶法亦法"就一定正确吗？前面已经论述到，法律是共同生活的社群中大多数人做出的共同的价值选择，该种价值选择规范了一些人类已经达成共识的恶行（包括伤害或杀害他人、侵犯他人财产等），我们既然共同生活在这个社群中，就默认这个社群的法则。"恶法"尽管也是经过法定程序颁布的具有强制力的法律，却不能排除该种法律的不正当性。尤其当某个法律所设定的规则不具有特殊性，所规范的行为不属于已经达成共识的"恶行"范畴（例如，杀人、故意伤害、抢劫等已经是公认的"恶行"），社群中的大多数人都可能轻易地违反该法则，而对这种行为规定的惩罚又明显过重时，"恶法亦法"的问题就显现出来。我们是否应当根据"社会契约"，遵守明显有失公平、公正、不利于自己的"恶法"？明知是"恶法"也应当遵守吗？遵守法律的重要性高于人的自由权乃至生命权吗？"恶法"究竟是不是法，本质上也是一种法律疑难，

---

① 相关论述可以参见张文显主编《法理学》，高等教育出版社 2007 年版。

不同的法学流派对此有不同的解答。

　　综上所述,"良法"与"恶法"作为一种价值判断,在处理法律疑难的案件时具有其自身的价值和影响力。目前学界对"恶法非法"还是"恶法亦法"形成了两大立场,自然法学派坚持"恶法非法",分析实证法学派则认为"恶法亦法"。如果坚持"恶法亦法",则法官对于法律疑难案件中的"恶法"不具有自由裁量的主观能动性。如果认可"恶法非法",则法官在面对疑难案件时,对于事实疑难中存在的执法错误等问题可以通过"良法"与"恶法"的价值判断作为认定依据,并在个案中作出平衡;对于法律疑难中存在的冲突,法官则可以通过"良法"与"恶法"的价值判断做出适用规则、原则还是政策的抉择。在此基础上存在的问题是:法官在对疑难案件进行自由裁量时,是否可以对"良法"与"恶法"进行价值判断,可否将"法律是否良善"作为判决法律疑难案件的参考因素之一,以及采取"恶法非法"或者"恶法亦法"作为判决理由,并将此作为修正法律的依据,进而调和僵硬的成文法律?这是未来法治发展进程中值得研究的问题。

第十章

法律疑难的理论争议及其辨析

通过前述对法律适用中的疑难分析，可见法律存在适用上的疑难是一种普遍现象，其产生的原因是多方面的。个案中既容易出现对法律规范选择适用的疑难，也容易出现哪个裁判结论最优的疑难，造成法官在审判过程中难以裁决。然而，对于法律疑难的案件，"不得拒绝裁判"原则几乎成为世界各国无论判例法或成文法国家的共识，即任何法官不得以现行法律规定不明确或者没有规定为由而拒绝受理和裁判案件。孟德斯鸠在《论法的精神》一书中也提到了法官不得拒绝裁判的观点："法律明确时，法官遵循法律；法律不明确时，法官则探求法律的精神。"一些国家也通过法律明确了该原则。例如：《法国民法典》第四条就规定："审判员借口没有法律或法律不明确不完备而拒绝受理者，得依拒绝审判罪追诉之。"[1] 我国台湾地区"民法"第一条亦有类似规定："民事法律所未规定者，依习惯；无习惯者，依法理。"可见，在法律适用过程中当出现法律规则的漏洞、空白等瑕疵时，需要通过相应法律适用准则来处理法律疑难的案件。既然不得拒绝裁判，那么实践中要对法律疑难的案件进行裁判，则必须寻求合法、合理的方式。新自然法学派与分析实证主义法学派分别从各自的视角，形成了两种不同的理论和疑难观，对此，法官采取何种疑难观及理论解决现实中的法律疑难案件，这种理论疑难本质上也是一种法律疑难。

---

[1] 《拿破仑法典（法国民法典）》1804年颁布，李浩培、吴传颐、孙鸣岗译，商务印书馆1979年版，第1页。

第一节　德沃金新自然法视角的疑难案件理论

德沃金作为自然法学派的代表，其对于法律疑难案件的理论研究，是建立在自然法信仰"恶法非法"的基础之上的。德沃金反复尝试定义和维护自己与实证主义的分歧构成了他法哲学理论的核心。[1] 要理解德沃金的疑难案件理论，首先不应预设实证主义"恶法亦法"的立场，而是以自然法所持有的观点为基础去理解并研究，方可窥其全貌，以自然法学派的视角找到德沃金关于处理法律疑难案件的理论进路。

一　德沃金基于新自然法的疑难观基本立场

德沃金基于自然法的视角，认为应当以权利为主线解决法律适用中的冲突。同时，他认为法律具有整全性，原则、政策、规则等法律规范都属于整全性的法律，而超出法律规范的道德、价值等因素，也可以通过纳入宪法而收入法律的囊中。在此基础上，对于存在法律疑难的案件可以通过解释来实现法律的自我完善。德沃金认为法官在应然层面法律疑难案件中的行为属于解释法律，而非创造法律。具体来讲，德沃金的疑难观主要体现在以下几个方面。

（一）整全性法律包括规则、原则与政策

德沃金指出法律的整全性包括三个方面：第一，整全性的法律坚持认为司法裁决是一个原则问题，不掺杂策略和政治上的妥协；第二，整全性的法律是自上而下的，当法官宣称一项特别的自由权是根本性的，他必须证明他的主张与大多数先例和宪法相一致；第三，法律的整全性是横向的，法官在适用一项原则时，必须充分考虑该原则与他在其他案件中所做裁决的一致性。[2] 法律不仅仅由规则构成，法律应当具有整全

---

[1] 参见 Michael Mandel: "Dworkin, Hart, and the Problem of Theoretical Perspective, Published by: Wiley on behalf of the Law and Society Association", *Law & Society Review*, Vol. 14, No. 1, Autumn, 1979, p. 57。

[2] 参见 Ronald Dworkin: "Unenumerated Rights: Whether and How Roe Should Be Overruled", *The University of Chicago Law Review*, Vol. 59, No. 1, The Bill of Rights in the Welfare State: A Bicentennial Symposium (Winter, 1992), pp. 393–394。

性；规范法律规则的原则，以及与法律相关的政策都属于法律，法律规则的适用、规则之间的冲突都离不开法律原则的调整。司法实践中，法律规则本身不可能完全脱离原则而适用，社会生活的方方面面并不全由法律规则调整，有时也由政策调整。

1. 对规则、原则与政策的界定

首先应当明晰，与分析实证主义法学的观点不同，德沃金坚持将规则、原则、政策严格地进行区分，而不是全部划归为"承认规则"，德沃金认为："在疑难案件中，当我们与这些概念有关的问题看起来极其尖锐时，他们使用的不是作为规则发挥作用的标准，而是作为原则、政策和其他各种准则而发挥作用的标准。实证主义是一种规则模式，而且是为了一种规则体系的模式。"① 并且认为原则、政策与规则各自有其作用的位阶与范围，是融为一体的整体性法律。在此基础上，即使规则在个案的适用上存在缺陷，也有原则和政策进行补充适用，法官对法律疑难案件的裁判在一定程度上具有确定性。

（1）关于规则

德沃金指出：法律规则和法律原则之间的区别是逻辑上的区别，规则以全有或全无的方式适用。② 他并且从规则内部与外部两个方面进行了阐述：首先，从规则自身来看，规则的适用可能存在一些例外，如果不列举该规则所有的例外，而只是单纯地从字面意义阐明这条规则，则该种阐述就是不准确、不充分的。换个角度来讲，一条法律规则被列举出来的例外越多，则该法律规则的内容就越完善。同时，关于法律规则的例外，理论上是能被发现并全部列举出来的。

其次，从外部来看规则的适用，当规则与规则之间的内容存在冲突，那么势必要摒弃其中一个规则而选择另一个更为合理的规则。当然，在规则体系内部，事先并不存在一条规则比另一条更加合理、重要的理由，只有当两条规则的内容在个案的适用中出现冲突时，才会出现需要对规

---

① ［美］罗纳德·德沃金：《认真对待权利》，信春鹰、吴玉章译，上海三联书店 2008 年第 1 版，第 41 页。
② 参见 Ronald M. Dworkin: The Model of Rules, *The University of Chicago Law Review*, Vol. 35, No. 1 (Autumn, 1967), p. 25。

则进行选择的情形,由其中一条规则自然地取代另一条规则进行适用。进一步来看,既然规则之间并没有优劣之分,那么如何对两条相互冲突的规则进行合理的选择,则必须从规则之外的其他因素中寻找答案。其他的因素既包括规则,也包括原则、政策等,来调整这种规则冲突。例如,可以优先适用内容更具体的规则、更高权力机关制定的规则,或者最新制定的规则(新法优于旧法)等。此外,也可以优先适用由原则、政策所支持的规则。

(2)关于原则

德沃金指出:"有两项政治整全性原则:一是立法原则,另一项是裁判原则。"[1] 德沃金认为"原则是描述权利的陈述,原则的论据意在确立个人权利"。[2] 他将个人基本权利与法律原则相结合,试图通过原则保障个人权利,并通过个人权利确认适用原则的合理性。德沃金以著名的法律疑难案件"里格斯诉帕尔默案"(Riggs v. Palmer)为例,将规则与原则进行区分,并阐明了原则的作用。[3] 纽约某法院在裁判一个遗产继承的案件时发现,案件中的被杀害者(立遗嘱人)实则系被自己遗嘱中指定的继承人所杀害,那么该继承人以提前继承遗嘱为目的,杀害了立遗嘱人,凶手是否还能如愿继承遗产?有法官指出:"法律规定杀人犯可以继承遗产。"[4] 法院在审理时分析:"对关于规定遗嘱制作、证明和效力以及财产转移的成文法,若拘泥于字面含义,并且,如果这些成文法的效力和效果在任何情况下都不能够予以控制或者修改时,应该把遗产给凶手。"[5] 但是,该法院进一步分析认为:"一切法律以及一切合同在执行及其效果上都可以由普通法的普遍的基本的原则支配,任何人都不得依靠自己的诈骗行为获利,亦不得利用他自己的错误行为,或者根据自己的

---

[1] [美]罗纳德·德沃金:《法律帝国》,许杨勇译,上海三联书店2016年版,第140页。

[2] [美]罗纳德·德沃金:《认真对待权利》,信春鹰、吴玉章译,上海三联书店2008年第1版,第129页。

[3] 参见 Riggs v. Palmer, 115 N. Y. 506 (1889)。

[4] Ronald Dworkin: Law, Philosophy and Interpretation, ARSP: Archiv für Rechtsund Sozialphilosophie/Archives for Philosophy of Law and Social Philosophy, Vol. 80, No. 4 (1994), p. 464.

[5] 余涌:《道德权利研究》,中央编译出版社2001年版,第五章。

不义行为主张任何权利。"① 因此，该法院最终裁定凶手不能合法继承被害人的遗产。里格斯诉帕尔默案是典型规则与原则相冲突的案件，② 法官通过行使自由裁量权，适用"任何人不得从自己的错误行为中获利"的法律原则而弃用规则，进行了合法、合理的判决。

德沃金以里格斯诉帕尔默案为例，阐明了规则与原则的区别，同时也验证了原则在处理法律疑难案件中的重要作用。③ 在德沃金看来，法律原则具有以下几个方面的作用：第一，通过法律原则可以实现法律的自我完善，从而确保法律的整全性。当个案中缺乏法律规则的规定，或规则存在漏洞等缺陷时，可以通过原则完善法律，在整全性法律的基础上，把存在歧义、空白、不良、冲突等瑕疵的规则合法地进行补充、解释并适用，从而对案件做出合法、合理的判决。正如一些人认为的那样，规则之间难免存在漏洞，而具有拘束力的原则总是存在，用于填补这些漏洞。④ 第二，从原则的特征来看，原则往往涉及个人的基本权利，是法律的道德底线，是公平、正义等法律价值的保障：首先，可以通过原则保障个人基本权利，宪法中的言论自由等基本权利通常属于原则的范畴。反过来，权利也赋予原则正当性，只要社群共识认可基本权利的保障，也即认可原则优于规则。其次，德沃金站在自然法的视角认为，原则与权利、道德彼此存在联系。正如德沃金所言：道德是指一个人应当如何对待别人的原则。⑤ 再次，"正义"是一个社会的基本法律价值和追求的目标，相较于其他法律价值，"正义"价值侧重关注法律实施后带来的实质结果。第三，原则可以调适法律规则的僵硬，使法律实现自我完善。

---

① 金自宁：《探析行政法原则的地位——走出发源学说之迷雾》，2010 行政法年会论文，中国法学会主办，2010 年 7 月。

② 也有国外学者认为该案件是原则与原则之间的冲突，即"必须依照成文法律规则进行裁判"与"个人不得通过错误的行为获利"两个原则的冲突。但笔者认为该种观点主要是站在实证主义的视角提出，从自然法的视角容易提出异议。从法律疑难案件的内容来看，该案仍主要属于规则与原则之间的冲突。

③ 德沃金关于规则与原则区别的论述，可以参见 [美] 罗纳德·德沃金《认真对待权利》，信春鹰、吴玉章译，上海三联书店 2008 年版，第 44—49 页。

④ 参见 Neil Duxbury: "Faith in Reason: The Process Tradition in American Jurisprudence", *Cardozo Law Review* 15 (1993): 601 – 705, p. 614。

⑤ 参见 [美] 罗纳德·德沃金《至上的美德：平等的理论与实践》，冯克利译，江苏人民出版社 2012 年版，第 217 页注①。

在罗尔斯的正义理论下，正义原则一经确立就是恒定的，无法根据新的情境赋予正义新的含义。但在德沃金建构性解释的模式下，原则可以发展以更加灵活地适用于个案。原则的这种变化和发展不仅来自法官发挥个人能力将其合理适用于个案，也源于特定区域内的共同生活的社群成员的积极参与。

原则包括法律原则与非法律原则。法律原则通常是指已经通过法律得以确认的基本准则，属于法律体系的范畴。而非法律原则包括道德原则、伦理原则、公共原则等未经法律确认遵守的其他准则。在法律疑难的案件中，当出现法律原则与法律规则的冲突时，法律原则通常高于法律规则得以适用。另外，德沃金认为：非法律原则也并非完全不能适用于司法裁判中，法官可以"越出他应该适用的规则之外，诉诸超法律的原则"。[1] 德沃金强调：在亨宁森诉布洛姆菲尔德汽车制造厂案中，[2] 法院引用了各种互相交错的原则和政策，作为制造厂对汽车质量问题的责任新规则的权威根据。[3] 也即是说，德沃金认为在一些特殊的法律疑难案例中，法官可以将道德原则通过宪法吸收进来使之得以适用，也可以将非法律原则引入法律解释，予以适用。然而，在法律原则之间，或者法律原则与非法律原则之间，也可能存在冲突，此时则应由法官通过解释予以协调。在处理法律疑难的个案时，可能出现众多原则之间适用的权衡与选择。法官需要根据解释的整全性要求，从法律原则之中乃至非法律原则中，选出最具合理性、最适用于个案的原则。

（3）关于政策

德沃金做出过如下表述："政策是描述目标的陈述，政策的论据意在确立集体目标。"[4] 不难理解，政策通常是由一国内部或一个相对稳定生活的行政区划内的行政机关，根据区域内共同体的集体福利、共同追求

---

[1] ［美］罗纳德·德沃金：《认真对待权利》，信春鹰、吴玉章译，上海三联书店2008年第1版，第50页。

[2] 参见《新泽西法院案例报告》，第32卷，第358页，亚特兰大第二版，第161卷，第69页，（1960）。

[3] 参见［美］罗纳德·德沃金《认真对待权利》，信春鹰、吴玉章译，上海三联书店2008年版，第50页。

[4] 同上书，第129页。

以及生活方式等统一制定出来的。例如，为了一定区域内的经济、环境、公序良俗、伦理价值、生活方式等的维护和改善；为了取得一国内部公民总体的效益进行的宏观经济调控，而对不同地方区域的利益进行协调。

从政策与法律的相互关系来看，可以将政策分为：与法律密切相关的政策，及不影响法律的政策两个方面。与法律密切相关的政策与法律有着千丝万缕的联系，并根据实际情况的不同对法律有一定的影响力，其特征主要体现在以下三个方面：首先，与法律密切相关的政策，其颁布目的主要在于实现公共的、集体的目标，通常具有时效性，与当下的时局相关。在美国，一些重要的国家政策常通过立法加以实现，在我国也同样如此，我国行政法的发展，尤其是抽象行政行为的发展便反映了这种趋势，即：政策的法律化。德沃金指出：对于政策的论证是试图证明，假如将一个特殊计划加以实施，那么整个区域内共同体的境况将变得更好。[1] 在此基础上，政策的论证是基于目标的论证。在我国，通过提高银行贷款利率限制对房屋的购买，一些大型城市通过摇号取得购车资格，限制活禽在市区内任意宰杀等举措，都属于为了公民共同生活区域内的秩序、健康等政策问题。其次，与法律密切相关的政策，通常由立法机关或被授权的行政机关，以法律的形式予以制定并颁布。例如，我国的行政法、部门规章、地方法规等，皆是对当下特定区域内共同体的政治、经济、社会等问题做出调控与规范。制定政策的目的除了通过政策协调不同群体或公民之间的利益冲突外，政策制定者通常还有增进集体福利的追求。最后，与法律相关的政策具有灵活、可随时局变化的特性，有权机关会根据某个时局、某个特定区域内的政治、经济和社会等的变化，实时进行自我调整并完善，而无须像法律规则般刻板。

而不影响法律的政策则主要体现为行政机关内部的指令、通知、公示等，其对象通常表现为行政机关工作人员。不影响法律的政策，与法律的关系并不密切，通常不作为法律疑难案件的依据。

2. 整全性的法律观

为了全面阐述法律具有整体性的观点，德沃金主要通过以下步骤展

---

[1] 参见[美]罗纳德·德沃金《原则问题》，张国清译，凤凰出版传媒集团、江苏人民出版社2008年版，作者序，第3页。

开论证：首先，他明确了法律是一个阐释性的概念，这是论证法律具有整体性的基础；其次，对有关法律概念的三种法律观分别进行了理论剖析，在批判惯例主义和实用主义法律观的基础上，建立起了其整体性法律的思想；最后，德沃金构建了具有代表性的整全法理论。

第一，德沃金对于"法律是什么"的追问与阐释，构成了法律具有整全性的理论基础。为了探明法律真正的内涵，法哲学家们试图赋予法律一个关键性标准。德沃金认为，关于"法律是什么"的问题，应以法律的依据为切入口。因此，德沃金以"里格斯诉帕尔默案"①等法官通过原则（弃用规则）进行裁判的案例，试图阐明：法律本就是一个可以进行阐释的概念，并非"事实昭然"的死板的观点，从法律文本中探寻"真正的"法律的过程，实则是法官针对法律疑难的个案，应当适用何种法律的一个阐释性问题。德沃金认为：通过阐释改变了法律之前的状态，因而形成了新的法律适用依据即惯例，从法律条文到惯例的每一步改变，都是对法律进行阐释带来的法律的自我发展。在此基础上，德沃金认为阐释主要包括：创造性、对话性以及科学性阐释三种形式。德沃金本人所赞同的是创造性解释，同时也强调法官在运用创造性阐释时必须受到整全法的限制。尽管在阐释的过程中，阐释者难以避免地会加上个人的信念及价值判断，但德沃金认为该种阐释依然具有法律的客观性。

第二，关于法律适用依据的三种方法论：惯例主义、实用主义、整全法。首先，惯例主义承认法律具有强制性的特点，在此基础上的法律实践就是尊重和实施一定社群内长久确立起来的"惯例"。当某个人们共同生活的区域内，在以往的"惯例"中，找不出判例时，法官就必须发现一些高瞻远瞩的理由或者通过制定法律去作为法律疑难案件判决的依据。然而，德沃金指出惯例主义有着不可解决的困境：惯例主义对法律实践的符合程度极差。② 因为惯例具有不确定性和可主观推导性的特质，即便将英美法系中的立法和先例纳入惯例主义所倚重的"惯例"范畴，

---

① 帕尔默明知他的祖父在现有的遗嘱中给他留下了一大笔遗产，为了防止老人更改遗嘱使自己一无所获，帕尔默用毒药杀死了祖父。而帕尔默能否成为祖父遗产的继承人，则引起了当时法官们的争论。

② 参见［美］德沃金《法律帝国》，许杨勇译，上海三联书店2016年版，第120页。

也无法将惯例与实践中的个案完全对应重合，也就无法为个案中的法律疑难提供确定的依据。其次，关于实用主义，德沃金将其界定为怀疑论法律观念，"因为它不接受真正的非策略性法律权利，它不排除道德，甚至不排斥道德权利与政治权利"。① 某种程度上来看，实用主义对解决单个疑难案件具有灵活性和效率性。然而，尤其对于成文法国家而言，该种怀疑论观念会导致法律的可预测性与灵活性难以平衡。因此，德沃金认为只有整全性法律观才最为合理，并可以解决惯例主义和实用主义无法克服的困境。

第三，德沃金认为法律的整全性主要体现在：立法的整全性（the principle of integrity in legislation）和裁判的整全性（the principle of integrity in adjudication）两个方面。② 前者要求立法者在立法时保持法律原则上的融贯性；后者要求法律的适用者在适用法律时，将其视为具有法律原则上的融贯性来实施。③ 因此，整全性的法律无疑从最佳角度展现了阐释法律的实践。在此基础上，德沃金认为在运用整全法理论的法律实践中，应将对惯例的回顾和对未来的展望两者结合起来。总的来讲，德沃金认为法律是一种阐释性的概念，具有整全性的法律能把法律原则、惯例与实际判决相结合。接下来，为了全面展示运用整全性法律进行建构性解释的蓝图，德沃金预设了一位赞同整全性法律观的、具有哲学智慧的、完美的法官——赫拉克勒斯。

（二）作为解释性的法律与赫拉克勒斯式的法官

德沃金指出："对赫拉克勒斯来说，整全性和公平将以各种方式约束争议和明智性。"④ 不难看出，在整体性法律的基础上，德沃金试图将自然法学派"恶法非法"的理想通过其疑难案件理论植入现实之中，坚持法官在适用法律的过程中实现最佳法律选择和最佳解释，从而得出最佳答案。

1. 建构性解释的三个阶段

法官要在整全法理论下，在法律适用过程中自如地运用建构性的解

---

① ［美］德沃金：《法律帝国》，许杨勇译，上海三联书店2016年版，第127—128页。
② 同上书，第133页。
③ 同上。
④ 同上书，第266页。

释，必须具备很高的法律专业理论素养和强大的法律实践能力。因此，德沃金预设了一位理想中的法官形象——赫拉克勒斯（Hercules）式的法官，他既是法官，又是法学家。① 在德沃金看来，只有赫拉克勒斯式的法官才具备正确的运用整全性法律，通过建构性解释进行司法裁判，合法、合理地解决疑难案件的能力。在此基础上，德沃金将"建构性解释"进行了阶段性划分，主要体现为以下三个方面。

第一，"前解释"阶段，该阶段以存在为现实中的司法实践提供描述性内容的规则和标准为前提。德沃金认为，社会规则并没有明确的标志，但若想使解释性的态度付诸实践，就需要有一种很大程度的共识。② 如果没有在一定区域内或者社群内达成相当程度的共识，就不会有一个被解释的对象。德沃金假设赫拉克勒斯法官同意他所处社群的审判制度中，毫无争议的构成性规则和管理性规则，并认同规则具有创造或消灭法律权利的权力，③ 这是运用建构性解释的前提。

第二，解释阶段，法律解释者需要在这个阶段中，为适用"前解释"阶段所确定下来的规则和标准提供一些理由。④ 解释者在这一阶段的任务主要是说明，为什么适用这些规则和标准是合理的。这种理由是对"前解释"阶段所得到的描述性内容的解释证立。这就要求赫拉克勒斯法官将规则和惯例、原则和政策在法律疑难个案中进行适用时，发展出一种具有合理性的宪法理论。⑤

第三，"后解释"阶段或改善阶段，此时，法律解释者必须调整在法律适用过程中"实际上"要求什么的先验的观念，使之能更好地适用于他在解释阶段所提出的理论。⑥ 即要求解释者进一步提供理论，可以论证其在解释阶段提出的理论在不同侧面的可能性，来检验其正确性。也就

---

① 赫拉克勒斯在古希腊神话中是宙斯之子，拥有异于常人的智慧、丰厚的学识、惊人的耐力和卓越的技巧，力大无比，是能够完成不可能任务的英雄人物。
② 参见 Ronald Dworkin：*Law's Empire*，Harvard University Press，1986，p. 66。
③ 参见［美］罗纳德·德沃金《认真对待权利》，信春鹰、吴玉章译，上海三联书店2008年版，第148页。
④ 参见 Ronald Dworkin：*Law's Empire*，Harvard University Press，1986，p. 66。
⑤ 参见［美］罗纳德·德沃金《认真对待权利》，信春鹰、吴玉章译，上海三联书店2008年版，第150—153页。
⑥ 参见 Ronald Dworkin：*Law's Empire*，Harvard University Press，1986，p. 66。

是要求解释者从实然的角度转换到应然的角度，从实际上如何转换到应当如何的价值判断。在此基础上，解释者在"后解释"阶段对该种应然层面的思考，实际上为德沃金提出的：权利命题、将道德作用于法律、"恶法非法"等自然法学派的疑难观进行了铺垫。

值得注意的是，德沃金首先通过将道德吸收进宪法的理论，扩充了宪法的道德内容。其次，提出可以通过对宪法进行道德解读的方式来解释宪法，这一观点无疑将通过解释加大道德在个案中作为判案依据的可能性。[1]

2. 赫拉克勒斯式的法官

为了更加直观地体现出自然法视角与实证主义视角疑难观的区别，德沃金还预设了另一位名为"赫伯特"（Herbert）的法官，并假定其为法律实证主义疑难观的代表，与赫拉克勒斯法官自然法视角的主张进行对比分析。两位分别代表自然法学派与法律实证主义的法官，在法律疑难案件中的主张主要有以下几点区别。

第一，对考察法律疑难案件中的权利序位的切入方式不同。"在哲学史上，存在一个众所周知的论证。这个论证使所有的知识最终依赖于某种直觉，根据这个论证，要么观点本身可自证，要么观点来自从其他可自证的观点，在一系列的居中联系的帮助下，被展示给追随者。"[2] 赫拉克勒斯式的法官便具备这种直觉，他本身具备很高的哲学素养，在法律疑难案件中，他具备辨析法律权利、道德权利，并得出自己的正确判断的能力与智慧。并且这种判断不受法律规范的限制，也不受社群信念和政见的影响。也即是说，赫拉克勒斯法官是站在法律规范与非法律规范，实然与应然之外的高度，先从外部综合衡量，通过司法技术加之自己作为法官的基本素养，对疑难个案中制度化的权利先主动地做出自己的判断。然后，再进入内部，通过法律规范与非法律规范、实然与应然等因素，对自己的判断进行正确性的论证，此时他可诉诸宪法理

---

[1] 参见［美］罗纳德·德沃金《自由的法：对美国宪法的道德解读》，刘丽君译，上海人民出版社2013年版，第6—10页。

[2] Ch. Perelman：*Self-Evidence and Proof*, Cambridge University Press on behalf of Royal Institute of Philosophy，Philosophy，Vol. 33，No. 127，Oct.，1958，pp. 289 - 302.

论和政治道德。① 而赫伯特法官则不同，在法律疑难的案件中，他首先根据法律规范中既定的规则，明确各方的法律权利，然后再考察公共道德、应然层面的问题。也即是说，赫伯特法官对考察法律权利的视角由内而外的，是先从法律规范内部确定法律权利之后，才将公共道德等外部因素进行衡量。②

德沃金以堕胎案为例，③ 通过自然法和实证法法官的视角，分别切入阐述妇女是否有堕胎的权利，表明了基于自然法研判将得出与实证法不同的结果。根据美国宪法正当程序的条款"对任何基本自由的限制都无效"为依据，自然法视角的法官会认为：妇女在怀孕前三个月可以选择是否堕胎，这既是受宪法保护的一项道德权利，也是妇女的基本自由权利。对此，实证主义视角的赫伯特法官会认为：制定法和先例规则才可以赋予人权利，而非宪法。既然在制定法和先例中都并未规定允许妇女堕胎，也即法律并未赋予妇女堕胎的权利，法官亦无权创造权利。因此，堕胎是违法的。自然法视角的赫拉克勒斯则不会认同赫伯特的观点，他会指出：妇女有堕胎的自由权利，这项权利具有道德基础，自由权是暗含在宪法之中的权利，也体现在先例的原则之中。因此，法官根据宪法权利判决妇女在怀孕三个月以内可以堕胎，并不是在创造权利，而是在发现并适用既定的权利。此外，德沃金还从目的、权利、平等多角度对堕胎案展开了深层次的论述，④ 以表明其自然法思想所关注的价值核心。

第二，两位法官对于法律体系是否完整也存在分歧。实证主义视角的赫伯特法官认为，法律总是存在空白、漏洞的，因而常会出现没有法律规则对个案中的事实进行规范的问题，即哈特所提出的"空缺结构"，是产生疑难案件的原因之一。对于这种客观存在式的法律漏洞，法官在裁判时没有相关的法律规范作为依据，则只有通过行使自由裁量权使案

---

① 参见［美］罗纳德·德沃金《认真对待权利》，信春鹰、吴玉章译，上海三联书店2008年版，第167—169页。
② 同上书，第173页。
③ 参见 Ronald Dworkin: *The great abortion case*, Reprinted with permission from the New York Review of Books, Copyright 1989 Nyrev, Inc. pp. 51–52。
④ 德沃金关于堕胎案的详细论述可以参见 Ronald Dworkin, Is There a Right to Pornography?, *Oxford Journal of Legal Studies*, Vol. 1, No. 2 (Summer, 1981), pp. 177–212。

件得以解决，而法官补充空缺法律的行为被视为造法。自然法视角的赫拉克勒斯法官则并不支持赫伯特的观点，他会认为：尽管法律实际上并非一张严密的网，法律漏洞是一种客观存在，然而个案中的当事人有权要求法官，把法律视为一张严密的网。① 在此基础上，赫拉克勒斯法官认为，尽管法律规则可能存在空缺，但从法律的体系来看并不存在"空缺结构"，可以通过法律原则来弥补法律规则的空缺。对于缺乏规则的法律疑难案件，可以适用法律原则来解决问题，这也同时印证了德沃金坚持的"整全法思想"。也即是说，建构性解释可以帮助法官在缺乏规则的裁判中找到依据，法官则不必要通过造法来解决问题。

德沃金意识到："法官并非都具有赫拉克勒斯那样的超凡能力和远见卓识"，② 在他看来，只有少数法官，例如卡多佐，才符合赫拉克勒斯法官所具备的要素。综上来看，德沃金通过虚构描述赫拉克勒斯式的法官意义有二：首先，通过构建出来一位懂得从应然层面裁判的哲学家法官的形象，并阐明其与实证主义法学派法官所持有的角度、观点的不同，意图阐明其自然法学派的疑难观及其对疑难案件的作用。其次，通过赫拉克勒斯式法官的完美，反证出限制现实中作为普通人的法官，行使自由裁量权的必要，进一步论证了法律必须具有实然和应然层面的确定性，才能对法官的自由裁量权起到限制作用。自然法学派的法律理想需要由理想中的人来实现，然而现实中的法官皆为凡人，真正的深谙法理的法学家法官少之又少，在法律疑难的案件中，作为普通人的法官，在办理疑难案件的过程中，不可避免地存在人为过失、理解偏差、过大地使用自由裁量权等种种可能性。因此，德沃金的疑难观，通过强调法律规范乃至非法律规范的适用都具有确定性，正是为了约束法官过大的行使自由裁量权，将法官在个案中的人为失误侵害到个人权利的可能性降到最低。

（三）如何找到法律疑难案件中的"唯一正确答案"

德沃金关于疑难案件的理论体系，可以说是为其法律疑难案件中有

---

① 参见［美］罗纳德·德沃金《认真对待权利》，信春鹰、吴玉章译，上海三联书店2008年版，第161页。

② 同上书，第165页。

"唯一正确答案"的观点而铺垫、展开论证的。对于刑事个案中出现的法律适用疑难,一定有一个最为合理的研判,该种最为合理的研判得出的结论应当系该个案中的"正确答案"。尤其在刑事法律疑难案件中,审判机关只有抱着追求"唯一正确答案"的理念,才能最大限度地保护犯罪嫌疑人与受害人双方的利益。

1. 在法律疑难的案件中有"唯一正确答案"

德沃金"唯一正确答案"的理论阐述主要从以下几点切入:第一,他明确指出,所有的法律疑难案件实则都存在唯一的、正确的答案,明确这一点是接下来展开论述的基础。第二,法律疑难案件中的唯一性、正确的答案是来自整全性法律,法官只需要以权利为线索,在整全法里将裁判的答案找出即可,"在疑难案例中,判决过程的目标是发现而不是创造有关各方的权利"。[①] 第三,无论是法律疑难还是受道德影响的法律应然层面的疑难,都有唯一正确的答案。第四,如果在法律疑难的个案中出现多个裁判答案,必须明确,其中只有一个是最佳答案。

德沃金关于法律疑难案件存在"唯一正确答案"的理论可以区分为"唯一性"与"正确性"两方面来理解:其中关于答案的"唯一性",从法律的稳定性和可预测性来看,对同类型的案件应实现"一致性"的裁判。从权利、法律的价值以及其他应然层面的因素来看,如果案件出现两个或以上,具有合法性或合理性的结果,其中一个答案必定优于其他的答案。尽管菲尼斯等反对者指出道德、伦理、价值具有"不可通约性",当通过规则无法合法、合理的解决法律疑难时,通过法律原则或者建构性解释选择出唯一的、正确的答案可能性几乎为零。对此,德沃金继续指出,个案中某个答案之所以能够优于其他答案,不仅仅是因其在道德、价值上优于其他答案的道德、价值,更主要的原因在于这种最优的应然的阐释与个案最为契合。关于答案的"正确性",德沃金则以法律体系的合法性渊源为切入:他认为法官裁判的合理性源于原则、政治、道德意义上的正当性,并通过对法律权威是否源于道德,法律与道德的关系,以及非法律规范作用于案件的应然层面等进行详细论述。

[①] [美]罗纳德·德沃金:《认真对待权利》,信春鹰、吴玉章译,上海三联书店 2008 年版,第 370 页。

2. 如何寻找"唯一正确答案"

《布莱克法律词典》将"司法能动主义"界定为：通过制作司法判决，法官们允许他们关于公共政策以及其他因素的个人观点来引导他们的判决。[①] 在整全性法律具有确定性的基础上，法官在面对没有明确规则指示该如何判决的法律疑难案件，或者存有理论争议、价值冲突的疑难案件时，德沃金认为法官至少可以借助建构性解释，通过以下方式，找到个案唯一的正确答案。

首先，需要明确寻找唯一正解的前提条件和立场：第一，关于法官如何解决存有理论争议类型的疑难案件，德沃金指出："如果是一个疑难案件，而且又没有明确的规则指示应如何判决，似乎可以说一个适当的判决既可以来自政策也可以来自原则。"[②] 因此，德沃金认为在这种情形下，法官不具有自由裁量权，而只能根据规则、原则、政策以及道德等法律的内在要求来解决法律问题，审理法律疑难的案件。第二，认同法律的整全性，在寻找法律疑难案件的过程中，需要运用整全性的法律，不仅在法律规范的层面，也包括道德因素，进行综合考察。第三，将道德细分为个人道德与体制道德。德沃金认为：法官并不按两步走的方式（先审视体制道德的限制，再根据个人道德研判）判决疑难案件，有必要解释个人道德与体制道德的相互作用。[③] 第四，建构性解释，法官可以对需要适用的法律进行建构性、理论性解释，从而实现法律与个案的完美契合。第五，需要类似赫拉克勒斯那般具有哲学素养的法学家法官。

其次，在法律疑难的案件中，选择并确定唯一正确答案的方法主要可以从以下几个角度进行考察。

第一，通过辨析个案中的法律权利与道德权利，确定正确答案。根据自然法"天赋人权"的理论，权利本身是一种客观存在，是人与生俱来的。进一步来讲，既然权利是一种客观存在，是既定的，那么，通过确定个案中的权利来判决案件，就可以确保判决结果的唯一性与稳定性。

---

① 参见 Bryan A. Garner, ed., *Black's Law Dictionary*, 8th ed., St. Paul, Minn.：Thomson/West, 2004, p. 862。

② [美]罗纳德·德沃金：《认真对待权利》，信春鹰、吴玉章译，上海三联书店2008年版，第121页。

③ 同上书，第125页。

无论法律规则或先例是否规定并赋予，公民生而享有基本权利。该种基本权利即使尚未经法律确认，仍不影响公民享有它们，法官在疑难案件中通过司法技术去"发现各方的权利"是其职责所在。①

德沃金指出："人民反对他们的政府的道德权利不仅仅包括所谓的消极自由权利，还包括那些积极自由权利。消极自由权利即言论自由、宗教自由、良心自由和获得公正判决等重要的自由权利。积极自由权利即支撑他们基本的健康需要、住房和与他们社区经济资源相符的受教育等权利。"② 个案中，当出现法律疑难时，可以通过对个人权利的追溯，辨别判决结果的合理性。在审理法律疑难的案件时，法官如果不以当事人的权利为主线，选择适用于个案的法律规范进行研判，其结果可能有失公平。然而，具有客观性的权利也存在相互冲突的可能，在法律疑难的案件中，当个案中不同的权利之间出现冲突时，法官应综合实然与应然两个层面进行比较衡量，进而做出具有唯一正确性的裁判，才是对当事人最大的公平。

第二，通过原则与政策、先例等，多角度论证答案的正确性。德沃金的整全法思想为法律疑难个案中找到具有唯一正确性的答案提供了合法性基础，德沃金认为，原则、政策与规则是具有整全性的法律体系，法律不仅仅由规则构成。同时，个案中当事人享受的权利也并非只是法律权利，也包括道德权利等。并且，解决法律疑难案件不仅在法律规则中寻求答案，也可以在原则和政策中找到具有合法性与合理性的答案。因而在法律疑难的案件中，法官可以借助整体性的法律，从实然与应然两个层面，反复论证其最初判断的正确性。

第三，通过对比与排除的方式，找出相较于其他答案最优的结论。对于法律疑难案件中的正确答案，不仅仅从法律规范规则、原则、政策的角度论证，必要时，也可以从非法律规范道德、"恶法"、习惯等价值角度加以评判，直到法官找到裁判的最佳答案。值得注意的是，一旦我

---

① 参见［美］罗纳德·德沃金《认真对待权利》，信春鹰、吴玉章译，上海三联书店2008年版，第118页。

② Ronald Dworkin: *Response to Overseas Commentators*, Oxford University Press and New York University School of Law 2003, I. CON. Volume 1, Number 4, 2003, p. 652.

们否认疑难案件中存在答案的"唯一性"和"正确性",就意味着,即使法官通过自由裁量做出了不合理的判决,也具有权威应当遵守。这种观点无疑会增加产生错案的概率,也间接地损害司法的权威。

第四,通过考察"二值命题"找到答案。在哲学领域,事物总是正确与错误,正面与反面之分。以刑事案件为例,从客观事实认定上来看,被告要么杀了人,要么没杀人。从法律是事实认定上来看,法官要么认定被告有罪,要么认定其无罪。从法律适用的角度来看,法官要么适用规则,要么适用原则。总的来说,"至少属于处置性问题的每一个案件都具有一个正确答案"。①

分析哲学对此提出两种质疑:第一,对立命题之外还可能存在第三种答案;第二,还可能存在介于对立命题之间的答案。针对从分析哲学视角,对"唯一正确答案"理论提出的质疑,德沃金从应然层面做出了回应,他进一步指出:在民事案件中,对于原告、被告的主张,根据双方证据的证明内容和证明力来看,也确实存在不相上下的可能性;在司法实践中,以"汤姆的合同"为例,法官对合同效力的认定,的确可能处于有效和无效之间。当出现上述两种法律疑难时,法官的确可能做出中立性的判决。但是,对于这种可能的平局判决,还可以在整全法的前提下,运用司法技术来解决。从制定法、先例、政策和原则等整全性法律中,法官足以找到裁判绝大多数存在法律疑难案件的依据,并对这些依据进行逐个鉴别和应然层面的权衡,进而做出有利于一方主张的判决。因此,平局的裁判在实践中极为罕见。然而,波斯纳却认为,德沃金将先例、原则、政策等因素统归于法律的整全性,作为法官判案的依据,将使法律失去其本身的特性,德沃金基于整全法思想而来的唯一正确答案理论将使法律失去意义。企图通过否定整全法,这一找到正确答案的必要前提的方式,来推翻德沃金的疑难理论。

实际上,对于德沃金"二值论题"的反对意见都忽视了一个最基本的问题,正确与错误本就不局限于法律之中,二值命题存在于我们生活的所有环境之中,它犹如物理、科学一样,是一种客观存在。如果通过

---

① [美]罗纳德·德沃金:《原则问题》,张国清译,凤凰出版传媒集团、江苏人民出版社2008年版,第55页。

法律的途径，或者仅仅从法律的角度去考察，找不出个案中二值命题的答案，可能只是我们用错了方式，或者太局限于一个范畴。而法官在个案中找到这种唯一正确的答案，正是法律正义的价值追求，既是对当事人权利的尊重，也是法官的职业道德。如果明知有唯一正确答案，却一定要局限于法律规则之内用不确定的，正确与否并不明确的答案作为裁判，这绝非人类社会繁衍至今、衍生出法律规则的目的。法律本身就是哲学，而哲学的范畴远远大于法律。如果不具备这种哲学上的广阔的格局观，的确就难以真正理解和接受德沃金的理论。

二　德沃金新自然法角度的理论对法律疑难案件的影响

在德沃金看来，关于司法的疑难性争论通常来自三个方面：事实、法律以及道德和伦理。从现实中的司法实践来看，德沃金进一步指出争议的关键主要集中在第二个问题：法律问题，即法律疑难。成文的法律存在缺陷、瑕疵、不完善都是正常的，德沃金认为"规则"只是法律的一部分，"规则"缺陷还需要同为法律的原则、政策来完善。

（一）正面意义

德沃金以自然法视角的疑难案件理论，对在司法实践中如何解决存在法律疑难的案件提供了方法及理论基础，其对于解决法律疑难案件的正面意义主要体现在以下几个方面。

1．"整全性法律"对解决法律疑难的意义

在厘清了原则、政策与规则各自内容与属性的基础上，德沃金认为整全性法律的特征至少包括以下几个层次：第一，整全性的法律兼顾公平、正义、正当程序等法律价值。整体性的法律必须符合法律价值，否则既不符合原则的要求，同时也将被列入"恶法"的范畴，而自然法学派认为"恶法非法"，自然就会被排除在整体性之外。第二，原则、政策与规则等法律规范属于整全性法律的范畴，在此基础上，为了保障法律的整全性，法律规则的内容通常需要与原则或政策相符；政策需与原则相符，如果法律政策之间出现内部冲突，则可以根据原则来进行比较、选择、衡量；如果规则与政策的内容并不违反原则，裁判时可以通过法益衡量来决定选择适用。第三，是立法的整体性。这就要求具有国家立法权的人在制定法律时进行预判，制定规则受到法律原则的限制，必须将立法的内容与既有原则的内容、精神保持一致,避免成文规则与原则在立法时即出现冲突的现象。第四,是解释的整体性。在我国,以解释的主体来划分,解释主要分为立法解释和司法解释两种形式。立法解释实则也应当归于立法的整全性范畴,而德沃金的整全性法律理论所强调的则主要是司法解释的整体性,也即是说,德沃金认为:法官在法律疑难的案件中适用自由裁量权时,只是在进行法律解释,并未赋予法官超出法律解释之外的其他自由裁量的权力。

综上来看,德沃金的"整全性法律"理论,从法律价值、法律位阶、立法、司法等几个方面都提出了整全性的要求。其中对于法律价值的整体性要求,实则是变相地实现"恶法非法"的主张,后续的立法、司法上的整体性要求都以法律价值的整体性为基础。

2. 基于整全性法律限制自由裁量

德沃金从自然法的角度,并基于法律整全性的要求,认为自由裁量权这一概念至少包含以下三个方面的情形:第一层弱的意义,为了某种理由,法官们对于必须适用的标准,不能机械地适用,而要求使用判断。① 这属于弱自由裁量权的范畴,即基于某种理由,法官必须适用的标准不能只是机械地进行适用,而要求其在适用该标准时加入事实与价值的理性判断。第二层弱意义上的自由裁量,如果一个人的决定具有终局性,其他任何官员无权监督或者撤销,我们通常就认为他具有自由裁量权。② 第三层强意义上的自由裁量,当在某些问题上,他可以不受权威机关为他确定的准则所约束,我们就认为这个人具有强的自由裁量权。③ 德沃金对自由裁量权根据情形的不同,进行了强、弱的区分,不难看出弱自由裁量权对保障公民的权利更为有利,而强自由裁量权则可能无限制地加大司法对个人的强制力,最终走向"恶法亦法"的方向。德沃金认为,如果坚持整全性法律,承认法律体系包括原则时,弱自由裁量权就既是微不足道的又是法官在司法实践中不可避免的,皆因法律原则的存

---

① 参见 [美] 罗纳德·德沃金《认真对待权利》,信春鹰、吴玉章译,上海三联书店2008年版,第53页。

② 同上书,第54页。

③ 同上。

在，削弱了"使法官不被权威标准影响其决定"的情形。例如：当法官在适用"没有人可以从自己的错误行为中获利"这一原则时，尽管法官是通过自己的价值判断得出该结论，但只要法律原则被得以阐释并执行，都是对法官自由裁量的一种限制，也都属于弱自由裁量的范畴。

在法律疑难的案件中，当没有法律规则可以适用时，德沃金的理论则支持法官可以运用法律原则乃至政策作为依据进行裁判，而原则、政策与规则具有法律的整全性特质，是法律的组成部分。在此基础上，德沃金指出：自由裁量权并未赋予官员忽视情理和公平的权力，一个官员无论拥有强或弱的自由裁量权，都不代表可以随心所欲地进行裁判。自由裁量权只是赋予了官员，可以不受特定权力所规定的标准影响他的决定。[①] 他同时指出，哈特认可存在第三种意义上的自由裁量权，而除非以狭义的社会规则理论为前提，认为权利和义务只来自社会规则，哈特所认为的强自由裁量权才可能实现。

德沃金基于整全性法律的自由裁量观，要求法官在司法实践中运用自由裁量权时除了规则以外，也受原则、政策的限制。在此基础上，只要法官在运用自由裁量权时，受到原则乃至政策的整全性法律的限制，则法官就不具有强自由裁量权，进而实现了自然法学派"恶法非法"的理想。

3. 为实现宏观上的"同案同判"提供了理论基础

对于"同案同判"应当分为事实疑难与法律疑难两个方面来看。尽管德沃金在法律疑难的案件中存在"唯一正确答案"的观点，与哈特存在法律具有确定性与法律具有不确定性的争议，然而，该种"唯一正确答案"并非就如哈特所反驳的那般不具有确定性，如果将疑难案件分为事实疑难与法律疑难两个阶段，不难发现，法官在审理事实疑难的个案时往往需要寻求案件事实的"唯一正确答案"，在此基础上才可以得出合法、合理的裁判。如若不然，那么即使适用再合理的法律，抑或是任何的"承认规则"都只是空中楼阁。

另外，德沃金以自然法的角度出发的疑难观，在理论上将规则、原

---

① 参见［美］罗纳德·德沃金《认真对待权利》，信春鹰、吴玉章译，上海三联书店2008年版，第55—56页。

则、政策都划归整体性法律的范畴，即是限制法官的自由裁量，实际上也拓宽了法官行使弱自由裁量权所依据的范围。然而，换个角度来看，实则也是对法官的自由裁量权进行了"唯一正确答案"的限制，进一步来讲，是对法官的自由裁量进行了"恶法非法"的限制。也即是说，法官只能在法律允许的可以作为判案依据的范围内，并且不得违背法律价值、法律原则的基础上，通过行使弱自由裁量权，找到个案的"唯一正确答案"。在此基础上，最大限度地保障个案正义，进而从理论上实现"同案同判"。因此，可以说，德沃金理论基础上的"同案同判"是宏观的，是在"恶法非法"、法律公平、正义等价值上实现人人平等，而并非仅仅限于法律成文规则面前的人人平等。理想不可灭，即便在个案中寻找唯一正确答案只是一种法哲学理想，法律至少应当在宏观层面保障其内容的确定性，才能保障法律实质上的公平、正义，这是社会契约论中人们信奉并遵守法律的基本要求。

（二）局限性

第一，完全的实现同案同判在司法实践中并不现实。前面已经论述到，德沃金的理论可以从宏观层面，即法律价值、"恶法非法"的原则层面实现"同案同判"，从宏观上保障个案正义。然而，从微观的层面来看，原则与政策在个案中的影响有利有弊。尤其是政策，如果一味地强调原则、政策与规则的整体性，当个案中出现政策与规则的冲突时，适用政策之法则可能造成行政权力碾压公民人权的情形，而这也是法律价值、"恶法非法"所不允许的。面对这种适用与不适用的悖论，不是仅仅将法官的自由裁量权限制在弱的意义内就可以解决的难题。

第二，作为整全性的法律，原则与原则、政策与政策之间也可能存在冲突。德沃金认为要解决原则之间的冲突，就需要对原则的强、弱进行比较考察。然而在个案中，对原则强、弱的比较考察不可能做到完全的精准，原则与政策之间孰轻孰重容易引起争议，也就在某种程度上否定了德沃金所坚持的法律具有确定性的观点。对于德沃金所坚持的法律的整全性，波斯纳提出了他的反对意见：整全性的法律将使法律失去其独特性，它首先涵盖了道德因素，承认社会是道德的多元，又融入了政治因素，法律范围如此之广，失去其独特性的法律也就不是法律了。并且，若将广泛的政治原则都归到了法律的范畴内，将失去法律的中立性，那么法官的司法职能将与政治含混不清，法官可以轻易地通过司法行为涉足政治领域，并以在从事法律来为自己辩护。① 麦考密克则从法官遵守法律规则是否是一种法定义务的角度指出：法官有义务得出法定结果。② 麦考密克所提出的"法定结果"显然是指根据法律规则所得出的结果，而非德沃金所认为的依据整全性的法律得出判决结果。也有学者认为：法律体系的整全性依赖每一个个体法官遵从先例、遵守上级法院的命令、尊重先前判决的效力。③ 这种要求法官严格遵守先例的观点实际上也与德沃金整全法的思想背道而驰。而德沃金的疑难案件理论尚未对这些观点提出有效的反驳。毕竟，遵守规则与先例是法律之所以成其为法律的前提，如果成文法律可以不被遵守，那么在司法实践中也不可避免地会产生司法腐败等问题。

第三，作为去发现"唯一正确答案"的主体——法官，其自身的党派归属、政治信仰等因素也在实践中影响着法官的决断，而每个法官都是独立的个体，其政治信仰并非都是整齐划一的，进而增加了答案的"不唯一性"。在美国，已经有学者对法官的司法背景与其做出司法决策之间的关系做出了研究，从法官的不同背景可以推演出法官的决策差异，从法官的决策倾向数据可以推演出法官的司法背景。④ 德沃金的"唯一正确答案"理论，尚缺乏对决断主体——法官的自身因素对决断"唯一性"影响的论证。他为法官自由裁量划出的整全法的界限，是否可以超越法官的司法背景？尤其在应然层面存在法律疑难的案件中，无论法官的政治信仰、司法背景如何，是否都能以案件类型为单位做出整齐划一的"唯一性"判决，是需要论证的问题。

第四，德沃金的疑难观建立在自然法学派"恶法非法"的基础之上，可以说他的理论来源于此，也止步于此。整全性法律、"唯一正确答案"、

---

① 参见 [美] 波斯纳《法理学问题》，苏力译，中国政法大学出版社2002年版。
② 参见 Neil MacCormick：*Legal Reasoning and Legal Theory*, Oxford: Clarendon Press, 1978, p. 33。
③ 参见 Sambhav N. Sankar：*Disciplining the Professional Judge*, California Law Review 88 (2000): 1233-80, p. 1240。
④ 参见 Stuart S. Nagel：*Political Party Affiliation and Judges' Decisions*, The American Political Science Review, Vol. 55, No. 4 (Dec., 1961), pp. 843-850。

赫拉克勒斯式的法官、建构性解释、弱自由裁量权等理论都是为了将"恶法非法"在现实中得以实现。然而，正如前面谈到的，整全法的理论并不能完全保障"恶法非法"，法律原则以外的其他原则（例如，道德原则），法律政策乃至公共政策如果都划归整体性的法律在实践中得以运用，运用得当则可以保障公民在个案中实现正义最大化，运用不当则可能为侵害公民的权利找到合理乃至合法的依据。这种现实中的悖论与不确定性，用德沃金的确定性法律也无法得到满意的答案。

总的来看，德沃金从自然法学派支持"恶法非法"的角度，所提出的阐释性概念、整全性法律、"唯一正确答案"等理论，极大地丰富了法律疑难案件的法哲学与方法论，但也存在一定的局限性，对实证主义学者提出的部分反驳意见尚未得出进一步合理的阐释与说明。

第二节　哈特分析实证法视角的疑难案件理论

要研究哈特的疑难案件理论，首先应理解哈特作为分析实证法学派所持有的观点：即作为规则之法律的不确定性。在此基础上研究哈特对于法律疑难案件的理论才具备切入的基础。对于"法律是什么"，哈特与德沃金有不同的观点。作为法律实证主义的代表，在认为"恶法亦法"，坚持将法律与道德分离的基础上，哈特认识到法律规则不能完全地解决法律疑难案件，正如拉兹所言：当一个法律问题没有完整的答案时，法律便存在漏洞。[①] 哈特认为，将原则、政策纳入"承认规则"的范畴可以弥补法律的漏洞，法官即使在没有法律规则可以适用或无法解决法律疑难的案件时，运用"承认规则"范畴内的原则与政策去弥补法律漏洞，解决法律疑难，这种行为也属于适用广义的规则。

一　哈特基于分析实证法学的疑难观基本立场

要研究哈特实证主义视角的疑难观，同样不能事先预设自然法关于"恶法非法"的立场，而应当站在哈特的视角去审视他的理论，方可理解

[①] 参见 Joseph Raz: *Legal Reasons, Source, and Gap*, in The Authority of Law: Essays in Law and Morality, Oxford: Clarendon Press, 1979, p. 70。

他理论的来源以及其为何会产生该种疑难观的理由。

(一) 开放结构的三个层次

哈特将开放结构区分为三个层次进行论述，即：语言、规则、法律的开放结构。并且将研究重点放在了规则与法律的开放结构上。在哈特看来，开放结构也是存在法律疑难的原因之一。

第一，语言的开放结构。在英国和北美洲占主导地位的哲学传统，强调语言的形式分析，其目的是寻找法律概念的本意。[①] 这种哲学传统受到"普通语言哲学"运动的挑战，尤其体现在奥斯丁[②]和后来的维特根斯坦[③]的作品中。分析法学派创始人奥斯丁着迷于研究普通语言用法的细枝末节。[④] 哈特的法学理论主要受奥斯丁思想的影响，并对其进行了批判，他认为：语词既有其确定的核心含义（core meaning），也存在含义不确定的阴影地带（penumbra）。[⑤] 值得注意的是，某种程度上来讲，语言存在开放结构的确可以表述为语言存在模糊性，但实际上二者之间存在区别：造成语言模糊性的原因有很多。例如，语词的可争辩性、不精确、不完整等，而语言的开放结构只是引发语词模糊的原因之一，并非等同于语词的模糊性。[⑥] 哈特指出：任何对象或事件都可能是一个符号，如果由于它与其他事物的规则相联系，它定期从某个个体中引出一个响应，"在最简单的层面上"可能只是对符号出现的响应，就像对所指事物出现的响应一样。[⑦] 如果把人类行为看作一种符号，是可以与法律规则的语义相对

[①] 参见 Madison Powers, *Truth, Interpretation, and Judicial Method in Recent Anglo-American Jurisprudence*, Published by: Vittorio Klostermann GmbH, Zeitschrift für philosophische Forschung, Bd. 46, H. 1, Jan. – Mar., 1992, p. 102。

[②] 参见 Austin, J.: *How To Do Things With Words*, 2nd edition, Cambridge, MA.: Harvard University Press, 1975。

[③] 参见 Wittgenstein, L.: *Philosophical Investigations*, 3rd edition, N.Y.: The Mac Millan Company, 1958。

[④] 参见 Philip Milton: *Essays in Jurisprudence and Philosophy by H. L. A. Hart*; *H. L. A. Hart by Neil MacCormick*, The Modern Law Review, Vol. 47, No. 6, Nov., 1984, p. 752。

[⑤] 参见邱昭继《法律、语言与法律的不确定性》，中国政法大学博士学位论文，2008年，第107—133页。

[⑥] 参见 Timothy Endicott: *Vagueness in Law*, Oxford: Oxford University Press, 2001, ch. 3。

[⑦] 参见 H. L. A. Hart: *Signs and Words*, The Philosophical Quarterly (1950 –), Vol. 2, No. 6 (Jan., 1952), p. 60。

应的,当二者能够相互对应时,则不存在模糊规则、漏洞规则等法律疑难情形。

第二,关于规则的开放结构,哈特指出:由于语言和规则在法律中的功能不同,前者类似中介角色是人们认知法律的媒介,后者则通过其内容影响人们的行为和选择。① 在此基础上,毕克斯认为:当出现了在制定规则时,我们事先并未预测到的情形,并且这种情形与制定规则时的情形明显不同,就出现了规则的开放结构。② 某种程度上,规则的开放性与规则内容总是滞后于社会现实有关,人们不能预先设定出能够规范所有现实事物的规则,同时人们预先设定出的规则也可能适用于人们事先并未纳入规范计划内的事物。

第三,关于法律的开放结构,则是指:一些事物和行为不能依据一般性规则找到规范依据,或者即使依据规则裁决,该种结果注定是无效的,这就出现了法律开放结构的情形。值得注意的是,规则的开放结构与法律的开放结构之间存在区别,哈特认为有必要将二者进行区分:首先,哈特对"不确定性"与"不完整性"进行了明确的区分,并指出规则的开放结构属于"不确定性"的情形,而法律的开放结构则主要表现为法律的"不完整性"。③ 其次,在哈特看来,法律是一个同时包含了既定的规则也包括更广泛的"承认规则"的双重体系,从规则的开放结构到法律的开放结构是两个层次。在第一层次中,仅指规则对事先未曾预想到的状况缺乏拘束力是规则开放结构的表现。在第二层次中,则表现为承认规则的开放结构。由于承认规则也存在开放结构,则会出现即使规则没有约束,但仍在法律应当调控的范围内的事物和行为。当第一层次和第二层次的开放结构同时出现,法律就整体上处于开放结构的状态。

除了规则,语词的开放结构也是造成法律存在开放结构的原因之一。语言自身的缺陷与表达的不确定性是一种客观存在,而法律是由特定结

---

① 参见 Brian Bix: *Law, Language, and Legal Determinacy*, Oxford: Claredon Press, 1993, p. 19。

② Ibid., p. 9.

③ 哈特关于"开放结构"的详细论述可以参见 H. L. A. Hart: *The Concept of Law*, 2nd ed., Oxford: Oxford University Press, 1994。

构的语言组成的,从法律的组成来看,语言所具备的缺陷法律必然也同样具备。因此,尽管法律能够普遍适用于大多数的简单案件,却可能在某个未知的点上产生选择适用上的、解释上的问题,这就表现出了法律的不确定性,进而产生法律疑难的案件。尽管实践中将开放结构视为法律在适用上的缺陷,但哈特专门指出:法律规则的"开放结构"应视为它的优势,而并非缺点,因为它允许规则合理解释那些立法者没有预见,或不可能预见的应用时的情况和类型问题。[①]

基于上述,语词、规则到法律的"开放性结构",也赋予了法官在一定程度内有自由裁量权的合理性与必然性。当然,何为"一定程度内",其界限何在,既是哈特与德沃金的理论存在争议之处,也是法律疑难的一种体现。

(二)具有不确定性的法律

如果说"开放结构"还不足以让人接受分析实证法学派关于"恶法亦法"的陈词滥调,那么法律本身的不确定性将更为直接地描述法律这种与生俱来的缺陷。法律的缺陷与不确定是客观存在的,既然我们无力对抗客观存在,如果我们要继续适用法律来规范社群活动,那么就必须承认"恶法亦法"。这可能就是分析实证基于"恶法亦法"衍生出一系列理论的逻辑。

1. 法律不确定性第一个层面:法律的未完成

关于什么是法律已经完成的状态,有以下几种观点:第一,纯粹实证主义认为法律一经立法者制定并颁布就已经达到完成的状态,至于立法的程序是否合法、法律的内容是否良善、完整与否都不影响法律已经完成的状态。这种观点的持有者亦是"恶法亦法"的忠实捍卫者。第二,自然法学派认为,可以将法律是否良善、完整与否作为考察法律是否已经完成的一个标准。这种观点使法律的内容是否良善变得重要,将法律与道德,以及社群的共识等价值判断联系起来。

除了上述两种关于法律完成状态的对立观点外,关于法律已完成的状态还存在第三种观点,该种观点可以依据拉德布鲁赫公式已经揭示出

[①] 相关论述可以参见 H. L. A. Hart: *The Concept of Law*, 2nd ed., Oxford: Oxford University Press, 1994。

来的法律观念,① 分三个层次来阐述：第一，拉德布鲁赫公式的第一个层次：所有的实在法都应当体现并确保法的"安定性"，不能任意否定法效力。② 摩尔指出"善"是不可界定的，③ 那么，以公平、正义、道德等价值判断来界定法律规范的内容是否良善，将难以达成共识。这也印证了实证主义：实证法即使不正义，依然是法律的观点。同时，也表明实证主义意识到法律在规范形式上存在未完成状态，并试图通过法律的权威性来维持法律的稳定性。第二，在法具有"安定性"的前提下，实在法还应符合目的性和正义价值。这个层次体现除了实在法的内部完善标准，即认为法律需要合乎目的和正义。第三，拉德布鲁赫公式的第三个层次：当实证法的内容违反正义价值，并达到令人无法忍受的程度时，它就失去了"法性"，甚至可以看作非法的法律。④ 这属于法律在规范内容上的未完成状态，不难看出，实证主义将抽象的正义确信，作为法律衡量是否绝对完善的标准。值得注意的是，拉德布鲁赫公式的第一个层次与第三个层次之间似乎存在矛盾。实则，第一个层次属于法律的自我完善标准，而第三个层次则是以正义等价值判断作为法律完善的评价标准，通常情况下，第三个层次可以超越第一个层次。不难看出，拉德布鲁赫公式通过三个层面同时作用于法律，调和了关于法律完成状态的两个极端观点，对"恶法亦法"采取了保留态度，提出了以正义为前提的反驳理由。

然而，现实中的个案通常难以达到拉德布鲁赫公式第三个层面所描述的抽象不正义的标准，那么如果达不到这个标准，在公式描述的第二个层次，就必须接受"恶法"吗？实证主义对于这一处于拉德布鲁赫公式第二个层次的问题，并没有提出更好的解决办法，若仅仅依靠法律的

---

① 参见［德］古斯塔夫·拉德布鲁赫《法律之不法与超越法律之法》，舒国滢译，载"百度文库"，网络地址：https://wenku.baidu.com/view/6a0e4f8b3b3567ec112d8a19.html，最近访问日期：2019年6月18日。

② 参见季涛《论疑难案件的界定标准》，《浙江社会科学》2004年第5期，第58页。

③ 参见［英］乔治·爱德华·摩尔《伦理学原理》，长河译，上海人民出版社2003年版，第14页。

④ 参见［德］古斯塔夫·拉德布鲁赫《法律之不法与超越法律之法》，舒国滢译，载"百度文库"，网络地址：https://wenku.baidu.com/view/6a0e4f8b3b3567ec112d8a19.html，最近访问日期：2019年6月18日。

自我完善，力度是有限的。

2. 法律不确定性第二个层面：法律的可论辩与可证成

首先，关于法律的可辩论性，可以通过论辩与答案之间的关系展现出来，主要体现为以下两种情形：第一，探求"唯一正确答案"的论辩，这种论辩首先必须以承认并相信在司法裁判中存在唯一正确答案为前提，正是为了找到这一唯一的正确的答案为共同目的而进行针对法律或者法律适用的论辩；第二，关于选择其中一个可接受答案的论辩，这种论辩以在司法裁判中存在一系列可接受的答案为前提。① 然而，这种论辩通常无法达成完全的一致意见，这种意见上的不确定，也是法律不确定性的一种表现。上述两种追求不同结果的论辩都是理性共识的结果，以人们具有理性共识并共同生活在特定区域内为前提。相反的，关于法律的不可论辩性，即指向无答案的论辩。维特根斯坦认为，人们对于世界图像或者生活形式的共识本没有对错之分，如果有人试图让他人放弃他们的信念与共识而接受自己的，通常不能依靠证成，而可能需要借助其他非理性的方式。② 这也在某种程度上揭示出了人们之所以对某些问题无法达成共识的客观原因。

其次，关于法律的可证成性，是从裁决结果的理性获得来看的。理性的获得具有可证成性的裁决结果，途径有三：第一，纯粹的实质证成，即通过论辩，可以为裁决结果提供理由，并且这一理由已经得到所有论辩者的理性认同。第二，纯粹的程序证成，通过论辩，可以为如何从一系列可接受的裁决结果中，选择一种具有合理性的结果提供理由，这一理由已经在所有论辩者中达成共识。第三，综合上述两个途径的混合证成。可证成性的重点在于答案的合理性，强调基于合理的理由获取答案，并且获得的答案本身具有合理性。

值得注意的是，法律的可论辩和可证成的确可以表明法律具有不确定性，却忽略了一个至关重要的因素，即参与论辩或证成的人是否具有主体资格？一部分人通过论辩、证成得出的结论，是否就一定是放之四

---

① 参见季涛《论疑难案件的界定标准》，《浙江社会科学》2004 年第 5 期，第 59 页。
② 维特根斯坦的相关论述可以参见［奥］维特根斯坦《论确实性》，张金言译，广西师范大学出版社 2002 年版，第 262、612 页。

海而皆准的标准？结果的被实施者是否必须接受这个结果？如果不是，那么论辩与证成将不得作为一种得出裁决结果的方式。人们自愿地服从法律，并不代表自愿地服从经过少数人论辩或证成而得出的结论。这种通过论辩与证成得出结论的方式，其正义性本就值得探讨。因此，这一系列的问题，将难以避免地又回到了实证主义需要不断强调"恶法亦法"和法律具有权威性的怪圈。而如果要确保论辩和证成结论的权威性，则是对法律权威性的一种扩张。然而，进一步的问题又出现了，通过论辩和证成得出的结论是法吗？法律的界限在哪里？即使用"承认规则"也无法完全令人信服的解答这个问题。

基于上述，实证主义认为法律的完成是相对的，而未完成状态却具有相对的绝对性，这种绝对性体现为：法律总有可能处于第一层面或者第二层面的不确定性状态之中。哈特通过开放结构对法律具有不确定性的论证，进一步指出在法律疑难的案件中，法官无法给出唯一正确的答案，而司法裁判的特性又导致法官必须给出一个答案。既然法律的不确定性不能保证法官司法裁判的唯一正确性，那么对于司法裁判的正确性与否存在未知的状态，只能进而通过司法的权威性来保证司法结果的实现，那么"恶法亦法"此时就成了社群必须接受的观点，否则司法将无法继续在社群中正常发挥作用。然而，这种判决结果的不确定性，对于双方诉讼主体平等的民事案件来讲，承担自己举证不力的后果，容易被接受。在刑事案件中，对于涉及公民基本权利的裁决，一旦认可其具有不确定性，那么危害可想而知。

（三）法律规则有别于道德准则

哈特认为：道德价值观是人类所采取的态度，尽管它们可以通过非理性的方式，或基于对事实信仰而得到合理的改变，但它们不能被理性论证所证明或推翻。[①] 因此，实证主义认为法律规则与人类社会的道德准则有着本质上的区别，这也是实证主义与自然法学派之间争议的焦点。

之所以将哈特所划分的规则界定为法律的稳定性，而不是确定性，皆因，哈特坚持认为法律具有不确定性，那么此处若根据其划定的属于

---

① 参见 H. L. A. Hart: Scandinavian Realism, *The Cambridge Law Journal*, Vol. 17, No. 2 (Nov., 1959), p. 234。

规则的范畴推定法律具有确定性，则与哈特所坚持的观点相矛盾。无论是成文法还是不成文法，法律都具有相对的稳定性，尤其是在简单案件中，法律的适用不具有争议，则具有稳定、可适用的特性。而在法律疑难的案件中，由于从语言、规则到法律的不确定性打破了法律惯常的稳定性，这就造成了法律规则在适用上的疑难，也是法律疑难的一种。从具有稳定性的规则来看，哈特认为主要可以划分为以下两类：第一类是义务规则，用于规范个人的行为；第二类是授权规则，是基于完善第一性规则的缺陷而来的，规范的是对义务规则的确立、变更、废止等的方式。

1. 第一性规则：义务规则

哈特指出：凡是法律存在的地方，人类的行为在某种意义上讲就是具有义务性的，而不再是随意的。[①] 值得注意的是，义务规则与胁迫有别，法定义务与被迫的行为从心理陈述来看，其出发点是不同的。通常情况下，一个人受到强迫，是指其根据常识或常理预估自己会遭受到可能的伤害的一种心理状态，被强迫做某事与某人根据法定义务去做某事不同。[②] 例如：甲持枪抢劫，乙为了避免自己受到人身或生命等比损失财务更大的伤害，主动将自己的财务交给甲，这种"主动"，只能看成一种被迫实施的行为，其实施这个"主动行为"的目的是避免甲的加害，这种避险的目的属于心理上受强迫的范畴。[③] 而义务性规则具有社会普遍适用性，在一定条件下，某人所处的社群中有各种限定行为的规范性准则，该种规范性准则将该社群中所有人负有某种义务的陈述通过法定形式表达出来，以供社群中的人共同遵守。例如，社群中关于人们有义务做或不做某事的规范性准则，当社群中的个人行为符合这种陈述时，这种普遍性的规则就适用到具体的个人。反过来讲，如果发现某人负有某种义务，就体现出了义务规则的作用。

然而，义务性规则也有其存在的缺陷。义务规则只有在具有共识的

---

① 参见 [英] 哈特《法律的概念》，许家馨、李冠宜译，法律出版社 2011 年版，第 78 页。
② 同上书，第 80—82 页。
③ 同上书，第 76 页。

社群中,才可能存在并遵守。这样单纯依靠社群对标准行为模式的共识来进行的简单形式的社会控制,至少存在以下几种缺陷,势必无法规范更为复杂的社会关系:第一,缺乏确定性。社群中的共识性标准仅是一个个独立的标准,没有形成体系,仅仅是特定区域内共同生活的人们的准则,不具有更广泛的普适性。因为该种社群共识,所适用的范围,以及程序,不可能通过引用权威性文本,或者依靠具有权威性的官员来加以确定。① 第二,义务规则具有僵硬性。规则的发展、演变,于社会变迁而言,是一个相对缓慢的过程。单纯依靠义务规则无法适应社会的发展,如果不能随着社会的发展对相应的规则做出修改,这种僵硬性将影响法律的实施。第三,缺乏权威机构的确认。由于在初级阶段中,用以维持社群共识性规则的社会压力并不系统,因而是无效率的。② 即使违反义务规则也不需要付出任何代价,权利被侵害的一方可能会采取非理性的自力救济的行为模式,增加社群的不安定的因素,不利于社群的长期共存和发展。

2. 第二性规则:授权性规则

为了克服原初规则的缺陷,第二种规则,即授权性规则应运而生。对于原初规则存在的缺陷,哈特对应地提出了补救办法。哈特对第二种规则的阐释,更为系统地涉及基本法律的概念。

(1) 承认规则

哈特认为:承认规则会指出某个或某些特征,如果一个规则具备单个或多项特征,这些特征会被当作正面指示,将此规则确认为群体规则,并通过社群压力加以支持。③ 值得注意的是,承认规则必须具有权威性,否则将失去对第一性规则的补救的正当性。正如哈特所言:"当发生争议时,具有权威性的承认规则就是解决争议的适当办法。"④ 随着法律体系的不断发展,承认规则也随之变得复杂,可以通过其权威性确定规则的

---

① 参见[英]哈特《法律的概念》,许家馨、李冠宜译,法律出版社2011年版,第84页。
② 同上书,第85页。
③ 同上书,第86页。
④ 支振峰:《驯化法律——哈特的法律规则理论》,清华大学出版社2009年版,第85页。

优先适用顺序，以解决规则间可能发生的冲突。① 因此可以说，在哈特的理论中，"承认规则"对解决法律疑难有基础性的作用，它关涉法律的渊源、效力以及司法适用。在存在规则冲突的法律疑难案件中，承认规则可以作为解决规则冲突，决定规则之间优先适用的顺序，可见，哈特将承认规则作为解决法律规则冲突的依据。进一步讲，解决规则冲突的依据并没有跳出规则的框架，即便是存在规则冲突的法律疑难案件，也还是处于规则的调控范畴之内。

（2）变更规则

变更规则在司法实践中通常体现为立法规则。顾名思义，变更规则所授予的权力范围是可变的，除了可以规定谁是立法者，还可以界定立法所必须遵循的程序。② 值得注意的是，变更规则与承认规则之间有着非常紧密的联系，变更规则一经确立，承认规则就立即将其囊括进来。③

（3）裁判规则

裁判规则通常是指授予权力做出权威性决定的次级规则。哈特指出，如果义务规则被违反而不需要承担任何责任，被侵害权利的一方得不到应有的、受法律保障的救济，则容易催生非理性的自力救济，不利于社群的稳定与长期共存。因此，应当由专门的权威机构，运用裁判规则来裁定违反规则的行为及后果，与此同时，该权威机构的裁判和执行必须遵守一定的程序性规定，以此来保障法律的实施。哈特指出：当法院判断某项特定规则可以正确地被识别成为法律，并在此基础上做出判决结论时，法院所说的就具有权威性的地位。④ 因此，被法院作为裁判规则的判例一经权威确认，也可以归于承认规则的范畴。值得注意的是，在早期没有形成规则的社会中，针对具体事物和争议的裁决机构可能先于立法机构，担负起解决社会争议的职能，这也为哈特提出的"司法造法"提供了历史依据。

综上来看，哈特通过对义务性规则、授权性规则作为法律制度起源

---

① 参见［英］哈特《法律的概念》，许家馨、李冠宜译，法律出版社2011年版，第91页。
② 同上书，第87页。
③ 同上。
④ 同上书，第92页。

的阐释，说明法律具有其自身的特殊性，根据法律规则的义务特征与授权特征，可以将法律与道德做出明确的区分。道德不具备义务性规则的强制性，也不具备授权性规则的特性。在此基础上，哈特指出，应将法律与道德进行严格的区分，解决法律疑难的依据只能从规则以及承认规则中提炼，而并非来自法律之外的因素，如道德。

（四）法官对法律疑难案件的自由裁量

根据规则是否具有开放结构问题的观点不同，对于法官行使自由裁量出现了两种对立的态度：形式主义认为，法官在司法实践中适用的只是既定的规则，只要将案件事实和法律规则进行比对，不需要添加任何法官个人的价值判断，就可以得出法律裁决。而规则怀疑论对此持反对意见，他们认为法律规则可以分为"纸面上的法律"和"活的法律"，在司法实践中能够发挥法官主观能动性的是后者。不难看出，形式主义的观点过于死板，将法律的僵硬放大到了适用的层面，可以适用于简单案件，却尤其不利于灵活的处理现实中法律疑难的案件。规则怀疑论又过于夸大了法官的主观能动在裁判过程中的作用。哈特在这两种过于极端的自由裁量理论基础上，提出了不同的观点，他辩称："无论是经由立法机关颁布的还是来自先例的法律，都具有一个核心的通识意义。在决定一个法律规则是否适用于某个特定情形时，往往受到法律该种核心的通识意义的限制。"[①]

德沃金将法官在法律疑难案件中行使的自由裁量分为了强、弱两种形态，而他认为哈特所提出的自由裁量观可能属于除此之外的第三种形态。哈特指出："当我们考虑在法律中使用自由裁量权时，我们亦正在考虑由能够负责任的官员行使自由裁量权。"[②] 关于哈特的自由裁量理论：首先，他认可这样一种情形的客观存在，即：法官根据既定的法律规范，无法做出裁决。进而，若法官必须在这种情形下做出判决，就必须使用其创造法律的权力，也即"自由裁量权"。[③] 可见，哈特将法官在法律疑

[①] Brian Bix: "H. L. A. Hart and the 'Open Texture' of language", *Law and Philosophy*, Vol. 10, No. 1, Feb., 1991, p. 52.

[②] H. L. A. Hart: "Discretion", *Harvard Law Review*, Vol. 127, No. 2 (December 2013), p. 657.

[③] ［英］H. L. A. 哈特：《法理学与哲学论文集》，支振锋译，法律出版社2005年版，导言。

难案件中，超出法律规范的裁决行为定性为一种创造性的司法活动，即法官造法。同时，他否定了法律与道德之间存在着必然联系的观点，认为法官即使面对缺乏规范的情形，也不能将道德作为解决法律疑难的依据。哈特进一步指出，尽管在法律疑难的案件中，法官可以寻找与适用法律原则或者政策作为依据进行裁判，该种依据只能延缓"法官造法"的时间，而并不能完全消除在法律疑难案件中对"法官造法"的需求。因为法律原则之间也可能存在冲突，原则的优先适用与否，同样需要法官在冲突中做出抉择。

二 哈特分析实证法角度的理论对法律疑难案件的影响

哈特从分析实证主义的视角提出的关于法律疑难案件的理论，已经得到法理学界的广泛认可，实证主义也是目前最受司法界推崇，实际运用最多的法理学派。哈特研究法律疑难的理论能够辅助司法机关解决实际问题，但也存在一定的局限性，应当一分为二地看待。

（一）正面意义

第一，哈特提出承认规则的作用不仅在于赋予社会规则相对的稳定性，更在于它所提供的标准能够扩大并保障法律的权威。通过承认规则，可以将一些无法在既定规则范畴内解决的案件，在承认规则中找到依据，而这种诉诸承认规则的行为仍在法律认可的范畴内，既不损害法律的权威，也利于个案得到有效率的解决。

第二，哈特提出的"司法造法"模式的自由裁量，赋予了法官在法律疑难的个案中积极解决问题的合法性，利于司法实践中法律疑难的案件得到效率性解决。在哈特看来，法官的自由裁量是实现法律的灵活性和合理性之非常可取的手段。[1] 从减少当事人的讼累，诉诸司法能够得到终局性的结果等实际效果来看，法官的自由裁量具有一定的司法意义。毕竟，如果通过司法途径长期得不到终局性的结果，并不利于社会的稳定。同时，哈特将这种司法结果的正确性与不正确性都一并交与法律的权威性来掌控，从解决纠纷的角度来看，确实可以有效地解决现实中的问题。

---

[1] 参见 Wilfrid J. Waluchow: Strong Discretion, *The Philosophical Quarterly* (1950 –), Vol. 33, No. 133, Oct., 1983, p. 321。

第三，承认规则给出了法官判决法律疑难案件时所需要的依据和标准，尽可能地将法官的裁决限定在了适用承认规则的范围内，没有超出法律的界限，只要法律的权威被无条件地贯彻，则可以减少个案中的合理性与合法性争议，提高效率，促使法官在法律体系内给出终局性的裁决。通过承认规则，划出了法律的边界，与超越法律规范的其他可能影响案件裁决的因素进行了有效的区分。

第四，哈特认为：对法律概念的纯分析研究，即对法律独特词汇意义的研究，对我们理解法律本质的重要性，与历史或社会学研究同样重要，虽然它不可能取代他们。[1] 这种观点对在法律规范范畴内解决法律疑难有基础性的作用，通常情况下，我们应当排除了在法律规范内解决法律疑难的可能，才能诉诸超越法律规范的范畴寻求解决之道。正如其他学者所评价的那样，哈特对当代法理辩论最有影响力的贡献之一是他坚持认为法律的概念可以（事实上，必须）在社会实践和法律学说的语境研究之前发展。[2]

（二）局限性

第一，哈特的疑难案件理论存在着致命伤，即：过于强调法律的权威与规则的强制力，而忽视了权利的重要性。在法律疑难案件中，如果一味地强调权威，遵循规则，在案件审判的合法性与合理性之间以牺牲合理性为代价，难以避免地会造成侵犯公民权利的恶果。因此德沃金在反驳哈特理论的同时专门著有《认真对待权利》一书。毕竟，在人权意识逐渐确立并日趋重要的当下，判决的正确与合理远比效率更重要。[3]

第二，具有不确定性特质的法律，为何确定地需要被遵守？这在逻辑上存在悖论，也不符合契约社会的精神。哈特通过语言、规则、法律三个进阶的开放结构，试图说明法律具有不确定性，在此基础上法律疑

---

[1] 参见 H. L. A. Hart: "Positivism and the Separation of Law and Morals," *Harvard Law Review*, Vol. 71, No. 4 (Feb., 1958), p. 601。

[2] 参见 Amanda Perreau-Saussinereview: *An outsider on the inside: Hart's Limits on Jurisprudence*, University of Toronto Press, The University of Toronto Law Journal, Vol. 56, No. 4, Autumn, 2006, p. 379。

[3] 参见 William B. Hornblower: "A Century of 'Judge-Made' Law," *Columbia Law Review*, Vol. 7, No. 7, Nov., 1907, p. 475。

难就不可避免地会产生。同时又将法官解决法律疑难的依据限定于承认规则和司法造法的实然层面。从分析实证法学派"恶法亦法"的角度来看,既然这种开放结构是客观存在,法律本身具有不确定性,那么面对"恶法"又为何要确定性地遵守?换个角度来讲,不具有确定性的法律在实践中受到国家强制力的保障得以实施,如果一旦触及公民的基本权利,很可能被社群共识划为"恶法"的范畴,而此时实证主义强势的支持"恶法亦法",未免有些强人所难。因为社会共识普遍认为"强制"本身是需要道德辩护和正当性证明的。①

依照哈特的思维顺势分析,不难推导出其认为法律具有不确定性的根源,仍来自分析实证主义"恶法亦法"的信仰:哈特首先指出法律本身就是不完善的,而现实社会离不开法律,如果我们否定"恶法亦法",那么法律就无法继续作用于社群了。因此,我们必须树立法律的权威,坚持"恶法亦法"的信念。然而,这种"恶法亦法"的信念在苏格拉底所处的,没有高科技的侦查技术和逐步完善的司法理念以及人们逐渐开阔的哲学世界观的时代,或许有其存在的意义,然而在当下法治、人权、民主等新的社会共识之下,"恶法亦法"的信仰还能走多远尚未可知。

第三,哈特认为疑难案件的审理结果不具有确定性,当然哈特的这种不确定性仅限于法律疑难的案件。然而现实中,事实疑难与法律疑难并非完全地一分为二,也有同时存疑的情形出现。对于事实疑难的案件,如果不能得出确定性的认定,将直接影响法官的裁判。并且,现实中相当多的案件,无论民事还是刑事,案件事实的认定才是法官裁定的关键,而该种事实疑难的案件亦需要得出裁决,如果不能做出确定性的事实认定,那么法官在此基础上的法律裁定将既不具有合法性,也不具有合理性。因为分析实证法学信仰"恶法亦法",因此并不纠结于法官通过不确定的法律,运用类似强自由裁量权做出的判决是否是"恶法"的强行实施,进而该种视角下的理论也就无法确保个案正义的完全实现。进一步分析,当公平、正义的法律价值与效率出现冲突时,自然法学派会坚持公平、正义,而实证法学派通常会以效率优先兼顾公平的方式,法官如

---

① 参见 Grant Lamond: "The Coerciveness of Law," *Oxford Journal of Legal Studies*, Vol. 20, No. 1 (Spring, 2000), p. 40。

果采取实证法的视角进行裁量，对公民的个人权利则容易造成侵害。从宏观角度来讲，长此以往将有损法律的权威，而法律的权威性恰恰又是实证主义最为关注的重点，哈特的理论显然仍无法调和这种实证主义与生俱来的劣根性。

第四，由于分析实证主义并不认同德沃金关于法律疑难案件中存在"唯一正确答案"的观点，因而在法律疑难的案件中，不得不强调法官拥有自由裁量权。这种观点，意图驳斥德沃金自然法学派所坚持的，从整全性的法律中寻找个案中的"唯一正确答案"的理想。然而，根据分析实证主义所支持的观点，法官行使自由裁量权时更容易偏向于强自由裁量权，一旦偏向强自由裁量，将造成对公民基本权利的威胁；另外，自由裁量权行使的落脚点也始终是有罪或无罪的"二值命题"，该种答案本身具有相对的确定性。此外，分析实证主义对于疑难案件存在"唯一正确答案"的否定，实质上等于主张法律的适用和裁判"没有唯一正确答案"，这种主张始终没有跳出"有"和"无"的判断，对于法官必须做出裁决的个案没有任何实质上的助益。

第三节 德沃金与哈特关于法律疑难理论的不相容

本书并不试图对德沃金与哈特从两个不同法学派的角度出发，研究的关于法律疑难案件的理论进行比较，分出优劣，并择其一而推崇。而仅是阐明二者的理论立场，找到二者尚存在争议的理论问题，便于在司法实践不同的疑难阶段、不同的疑难情形中，分别得以适用。皆因，理论与理论之间并无优劣之分，只有是否符合实践需要，实际能够运用的区别。[1]

一 法律的确定性与不确定性

自然法与分析实证主义关于法律是否具有确定性的争议可以分为两

---

[1] 参见张晓冉《法律疑难的理论争议及其对司法裁判的影响》，《四川大学法律评论》第18卷，法律出版社2018年版，第22页。

个层面，第一个层面在法律本身，第二个层面则在于司法裁判的正确性是否唯一。

首先，在法律层面，自然法学派代表德沃金提出了法律具有整全性的思想，在法律规范内部将规则与原则、政策统全为法律，在此基础上，他认为法律具有确定性。即便法律存在哈特所说的空缺结构，也可以通过原则、政策来进行自我的完善。而哈特并不认同德沃金通过整全法推导出法律具有确定性，进而司法裁判存在"唯一正确答案"的理论。相反的，他试图通过描述规则和法律的开放结构，以及法律本身的不确定性，来说明法律的不完善是客观的，并认为这就是存在法律疑难的原因。具体来讲，哈特首先将义务规则与承认规则相结合，构建起一个法律体系。通过描述义务规则的不确定性，为引入承认规则进行了铺垫。根据哈特关于语词、规则到法律都存在空缺结构的理论，实际上无论是初级还是次级规则，都不可避免地具有不确定性的特质。

其次，第二个层面的争议体现在法律的适用上，德沃金站在法律规范与非法律规范之外的角度，将道德等具有合理性的价值判断（非法律规范），作为协助找到法律适用和裁定找到唯一正确答案的工具，在这个基础上，德沃金认为法官可以通过建构性解释，确保司法裁判的答案具有唯一正确性，这是他认为法律具有确定性的第二个层面。然而，哈特在第二个层面上依然不认同德沃金的观点，在法律适用上的不确定性是指法律不能为解决法律疑难案件，提供一个唯一正确的答案，这与德沃金的观点完全相反。简言之，第二个层面的法律是否具有确定性，指向所有的法律材料（例如，宪法、法律法规、法律原则、法律政策和判例等）是否足以为解决法律纠纷提供唯一正确的答案。

基于上述，分析实证主义学派代表哈特运用概念分析的方法，通过语言、规则、法律三个层次的不确定性研究法律不确定性问题，而自然法学派代表德沃金以法律解释的角度运用解释的方法研究法律的确定性问题。两种学派对于法律是否具有确定性的问题看似不相融，实则只是角度不同。如果将两个学派的观点分阶段地体现在法律疑难的案件上，分析实证主义运用概念分析的方法认为法律不具有确定性，这在当法律疑难的案件缺乏可以适用的规则，或者规则、原则存在不良、模糊等缺陷时是行得通的。而自然法学派认为规则、原则、政策都属于法律的范畴，从建构性解释的角度坚持法律疑难案件存在"唯一正确答案"这也无可非议，毕竟，法官通过自由裁量后得出的答案也有优劣之分，而实证主义只是忽略了这种优劣，认为"恶法亦法"。如果将两种学派的观点同时运用于法律疑难案件的不同阶段，在可以适用规则、原则、政策解决问题时，或者属于在法律规范内部可以解决的疑难时，采取实证主义的观点；在存在原则冲突、政策冲突，出现应然层面的疑难时，或者存在实然与应然的冲突，需要超出法律规范的范畴时，则将自然法学派的"唯一正确答案"作为法律的界限，那么或可减少法律疑难转换为错案的频率。尽管要找到每个案件的"唯一正确答案"看似太过理想化，然而，如果没有理想作为法律最后的界限，将不可避免地导致堕落。

二 法律与道德的关系

自然法学派与分析实证主义关于法律与道德的关系存在不相容的观点，其中，富勒认为，法律的内在道德性有八项原则，① 法律必须具有道德性，法律的内容通过内在道德与外在道德来诠释：法律的内在道德涉及法律的解释与执行方面的程序问题，法律的外在道德则关涉法律的实体功能。总的来说，富勒认为道德赋予了法律正当性，正因如此，人们才愿意遵守法律。而实证主义的哈特明确指出，法律具有区别于道德的独特性，不能将法律与道德混为一谈。当然，对于奥斯丁认为的："法律的存在是一回事，它的优点和缺点，是另一回事。"② 哈特并不如奥斯丁这般"纯粹"实证主义，哈特也认为存在"最低限度内容"的自然法，而道德即是这个最低限度的底线，司法实践中也的确有部分法律规则与基本的道德原则相重合。即便如此，他仍坚持将"实际上的法"和"应然的法"区分开来，并指出："法律应该是什么"与道德没有任何关系。③

---

① 有关"法律的内在道德"的详细论述可以参见富勒《法律的道德性》，郑戈译，商务印书馆2005年版。
② H. L. A. Hart: "Positivism and the Separation of Law and Morals," *Harvard Law Review*, Vol. 71, No. 4 (Feb., 1958), p. 596.
③ 相关论述可以参见 H. L. A. Hart: "Positivism and the Separation of Law and Morals," *Harvard Law Review*, Vol. 71, No. 4 (Feb., 1958)。

基于上述，德沃金与哈特关于道德与法律观点的不相容，主要体现在：首先，德沃金将道德作为解决法律疑难应然层面问题的依据，并将道德作为判断法律是否具有正当性的验证标准。因此，在德沃金看来，法律与道德有紧密的联系。德沃金认为，宪法性权利是法律基本道德的体现，必要时法官可以将道德吸收进宪法，不仅可以实现道德，也不影响法律的权威。可见，德沃金希望通过将道德的宪法化，并通过解释，将道德融入法律之中。

另外，哈特通过强调法律的特殊性，规则的强制性与权威性，将法律与道德区分开来。哈特则从规则的强制力和权威性层面，区分了法律规则与道德规则的不同，哈特认为法律规则是可以通过法定的刑罚予以保障施行的，而道德显然不具备这种强制力。同时，法律规则可以影响人们的行为模式，促使他们对自己的权利做出选择，既可以要求对方履行义务，也可以提出相应的补偿。道德规则显然也不具备这种民法模式的拘束力和调和功能。对于道德规则而言，其拘束力主要来自人们内心的认同与共识，来自舆论谴责和公众否定评价的心理压力，这与刑法或者民法的功能有显著区别。哈特进而区分了法律义务与道德义务的不同，并且将"义务"一次划分出了不同的语境，以此来明晰法律义务与道德义务，进而将法律与道德区分开来。[①]

三　解决法律疑难案件的依据

哈特通过规则构成的命题[②]将原则、政策都归于承认规则之中，似乎为将原则、政策用以解决法律疑难的案件找到了依据，然而法律疑难的案件不仅包括微观的规则、原则、政策之间存在冲突，还有一种法律疑难的形式是没有规则可以适用的疑难。此时，法官需要寻求其他标准来指导他制定新的法律规则或补充旧的法律规则。为了解决这个问题，哈特进一步指出，法官裁判法律疑难案件时，援引的原则和政策的行为是

[①] 参见 Michigan Law Review: *H. L. A. Hart on Legal and Moral Obligation*, Published by: The Michigan Law Review Association, Vol. 73, No. 2, Dec., 1974, pp. 443 – 445。

[②] 哈特对于"规则的开放性结构"的详细论述可以参见 H. L. A. Hart: *The Concept of Law*, 2nd ed., Oxford: Oxford University Press, 1994, ch. 7。

在建立抽象规则，也属于承认规则的一种。总的来说，哈特认为法官解决法律疑难案件的依据主要是承认规则。

从这一角度来看，德沃金的"唯一正确答案"似乎才能在更加终极的地方，解决法律疑难。因为，德沃金的理论将法律规范运用于整个司法实践过程中，与此同时，对于裁判的正确性还提出了应然层面的解决途径，即将道德作用于法律。因此，可以将德沃金理论对法律的适用表述为以下三个阶段：法律规范内的适用，到解决法律规范冲突的适用，再到解决实然与应然的适用。在第一个阶段中的依据与哈特的承认规则并没有太大区分，在第二个阶段，德沃金则引入了原则、政策的整全法律作为规则的补位和调和剂，到了第三个阶段，就不再限制与法律规范之内，而是将具有应然层面合理性的价值判断。例如，道德，吸收进宪法法律。而哈特的承认规则在前面两个阶段或许可以通过权威性保障其发挥作用，一旦到了实然与应然冲突的层面，要想通过强势的手段，以"恶法亦法"一概而论，总不免引来争议。

由此可见，尽管德沃金提出"法律应当是什么"的疑问，某种程度上要为法官行使自由裁量权划出界线，实际上德沃金站在自然法角度的疑难观，赋予法官的行使自由裁量权利时所依据的范畴，要广于哈特实证主义视角的自由裁量观。哈特认为解决法律疑难的依据应以承认规则为界，而德沃金认为这种依据可以超越承认规则，必要时候还可以将道德纳入法律，使道德依据具备合法性，由此来保障个案的实质正义，使法官行使自由裁量时实现合法与合理的完美结合。

四 法官造法与法官阐释

哈特认为在法律疑难的案件中，法官除了依据既定规则，还可以依据承认规则进行研判。以承认规则为界，超出承认规则以外的因素不能作为法官裁判的依据。而从语词、规则到法律的空缺结构来看，既定法律总是存在空缺和漏洞，此时，为了弥补这种未经制度化的权利的漏洞，法官或早或晚地都要进行"造法"，即便有原则、政策等解决法律疑难的依据，也只是暂时地推迟了法官造法行为。

而自然法学派认为，实证主义不能解释疑难案件中的司法行为，法官在法律疑难案件中行使自由裁量权，在实证主义看来属于"法官造法"

的行为，在自然法学派看来则属于在穷尽规则时，法官发挥主观能动性去"发现"法律，以此来解决实际中的法律疑难，该种对法律的"发现"并未跳出法律的框架，只是对法律进行扩张性的、建构性的解释。德沃金指出：法律实践是解释的一种实践，解释是一种法律分析技术。① 在德沃金整全法的思想下，他认为法官的行为与其说是在"造法"，不如说是在对法律进行建构性的解释。对此，西方已有学者进一步指出，法官"造法"的行为在西方普遍适用于19世纪，在当时有其区别于制定法的社会基础与法学理论基础。而自20世纪以来，法官"造法"的优点与缺点应当引起重视，并应放诸当下的社会意识形态中重新进行衡量。②

当然，也有学者尽管认同法律解释的方法，但并不认为解释是在"发现"法律，而是认为：建立最好的解释体系是为了更好地理解法律文本，因为我们要理解法律文本只能通过解释。法律解释不是"发现"法律，而是一种法律的"创造"。问题的关键在于"创造"什么样的法律是最好的。③

自然法和分析实证主义对法律疑难案件是否有"唯一正确答案"存在争议，更深层次来讲，二者是对得出"唯一正确答案"的方法有争议。前者将视野放置于如何合理适用规则、原则、政策，并试图通过法官"释法"来实现；后者将视野放置于如何运用"承认规则"之中，并试图通过法官"造法"来实现。

五 法官的法律决断与自由裁量

法官的自由裁量权一直是受到法理学界关注的问题，不同法学派都表达了各自对自由裁量的观点。例如，富勒假设出了一个原始社会的最初形态，去探讨在此状态下，允许法官进行自由裁量的形式和对法官审判的适当限制。④ 庞德则认为，在刑法、侵权法等领域应限制法官超越法

---

① 参见 Ronald Dworkin: *Law as Interpretation*, Critical Inquiry, Vol. 9, No. 1, The Politics of Interpretation (Sep., 1982), p. 179, p. 181。

② 参见 William B. Hornblower: "A Century of 'Judge-Made' Law," *Columbia Law Review*, Vol. 7, No. 7, Nov., 1907, pp. 453 – 464。

③ 参见 Aharon Barak: *The Theoretical Basis for Purposive Interpretation*, Purposive Interpretation in Law, Princeton University Press, 2005, p. 218。

④ 参见 Lon L. Fuller: "The Forms and Limits of Adjudication," *Harvard Law Review*, 92 (1978): 355。

律规则对"司法个性化"的过分追求。① 一部分学者认为法官只能适用法律、发现法律、解释法律,而不能立法,因此,法官无权行使自由裁量权;另一部分学者认为法官有权制定法律、发明法律、立法、制定政策,因此法官可以行使自由裁量权。② 随着法律复杂性的增加,当不确定性出现时,意味着法官需要做出更多的决断,需要更多独立的确定性,也更需要理论的支撑。③

德沃金则持第一种观点,他指出:"自由裁量权"和"选择权"有着不同的含义,法官有时必须通过除适用标准以外的其他标准作出决断,这些其他的标准有时赋予了法官自由选择权。④ 因为整全性的法律具有确定性,法官基于整全性的法律,在面对实然与应然层面的法律疑难时,只是借助法律和建构性解释去发现答案,当这种答案出现多选时,则需要法官做出法律决断,从众多答案中挑选出最优答案。由于德沃金已经对于整全法的内容及范围相较于法律规则做了延伸,因此德沃金认为法官以整全法为依据做出法律决断的整个过程都没有跳出法律,并且答案就在那里,只待具有哲学眼光的法官去找到它。德沃金认为:由于一个法律体系应该服务于它所运作的社会,进而应该服务于推进这一社会基本目标的"功能",因此法官应该以此"功能"作为最终标准来决定案件。⑤ 因此,法官拥有一定程度上的法律决断权。

哈特则通过空缺结构论证了法律具有不确定性,在此基础上,法律疑难不可避免,法官为了解决法律疑难可以运用司法技术即自由裁量。但是,为了维护法律的权威,哈特将法官行使自由裁量权对法律疑难案

---

① 相关论述可以参见 Roscoe Pound: *An Introduction to the Philosophy of Law*, New Haven: Yale Univ. Press, 1922, Chapter 3。

② 参见 Barry Hoffmaster: *Understanding Judicial Discretion*, Law and Philosophy, Vol. 1, No. 1 (Apr., 1982), p. 22。

③ 参见 Geoffrey C. Shaw: *H. L. A. Hart's Lost Essay: "Discretion" and the Legal Process School*, Published by: The Harvard Law Review Association, *Harvard Law Review*, Vol. 127, No. 2 (DECEMBER 2013), p. 668。

④ 参见 Ronald Dworkin: "Judicial Discretion," *The Journal of Philosophy*, Vol. 60, No. 21, American Philosophical Association, Eastern Division, Sixtieth Annual Meeting (Oct. 10, 1963), p. 625。

⑤ 参见 Ronald Dworkin: "Does Law Have a Function? A Comment on the Two-Level Theory of Decision," *The Yale Law Journal*, Vol. 74, No. 4 (Mar., 1965), p. 645。

件进行裁决的行为定性为法官造法。并且哈特专门就自由裁量进行了论证,对于何为自由裁量与何为过度的自由裁量,我们在什么条件下允许或可以接受自由裁量,自由裁量所秉持的价值观,如何减少自由裁量对个人的损害等方面进行了论述。[①] 不难看出,德沃金与哈特对于法官裁定案件的行为界定不同,前者将其视为一种法律决断,后者将其视为行使自由裁量权。

综上来看,哈特与德沃金法律疑难理论的不相容本身也是一种法律疑难。尽管德沃金与哈特对于法律疑难案件的理论存在不相容之处,实践中或许可以分阶段、分情形地对两种理论进行适用。当缺乏规则,或者出现普通的法律疑难时,应当确保法律的权威,在"承认规则"之内寻求答案;当出现原则、政策的冲突,并已经穷尽"承认规则"时,或可适用自然法学派的"唯一正确答案"实现个案的合理性。要知道,理论本身不存在优劣之分,问题只在于该种理论在现实中或者在这个当下适用与否。如果从自然法学派的角度去研究德沃金的疑难案件理论,自然能明白其理论的由来与精髓;而如果从分析实证主义法学派去看哈特的疑难案件理论,则不难理解其"承认规则"的由来,已经是竭尽全力在扩充法律规范的范畴,并尽可能地将法官的自由裁量仍然限定在"承认规则"之内,以保障法律的权威。

基于前述对德沃金与哈特的疑难案件理论进行的对比分析来看,二者的理论虽然存在不相容之处,在司法实践中,可以分别在刑事疑难案件中分阶段地得以适用,具体来讲。

首先,在事实疑难的阶段,尽管德沃金的疑难案件理论主要针对法律疑难案件,而非事实疑难。而对于法律疑难的案件是否存在"唯一正确答案"与分析实证主义法学派的代表哈特存在争议。不可否认的是,关于事实疑难的案件,却需要且必须找到"唯一正确答案",否则在错误的事实认定上进行裁判,将不可避免地导致错案的不断产生。也即是说,法官所认定的案件事实必须经历实然和应然两个层面的考察。在实然层面,以探明客观真相为基础,围绕探明客观真相而展开对客观事实、法

[①] 参见 H. L. A. Hart: "Discretion," *Harvard Law Review*, Vol. 127, No. 2 (December 2013), pp. 652–665。

律事实的考察。当客观事实中、法律事实中，或者客观事实与法律事实之间存在冲突，已经穷尽了侦查技术和其他方法，又必须得出一个案件事实的确定结论时，则需要上升到应然的层面，从应然往实然进行倒推，最终找到案件事实的唯一确定答案。否则，在错误的案件事实上进行法律疑难的推理将不可避免地加重错误本身。

其次，在法律疑难的阶段，分为两种情形：第一种是当法律规范内部，规则、原则、政策相互之间存在冲突，而在法律规范的范畴内无法解决或得不到合理的解决时，需要从应然上寻求答案；第二种是当实然与应然存在冲突。例如，规则与道德相冲突，规则的内容属于"恶法"的范畴等，应首先在法律规范的范畴寻求应然（合理性）的解决，如果法律规范的范畴内无法解决，再上升到非法律规范的层面寻求应然的解决之道。德沃金通过原则例证，证明了原则的应然性可以超越规则得以适用，而高于原则的非法律规范对法律规范的作用，在实践中也同理可证。哈特的实证主义疑难观在法律规范的层面可以解决部分法律疑难的问题，然而当法律疑难案件出现上述第二种情形，即实然与应然之间存在冲突时，如果还要强行地通过"恶法亦法"来武断地树立法律规范的权威，在实践中则难免存在争议与非议。还应结合德沃金自然法学派的疑难观，将实然与应然公平地放在法律的天平中进行论证，采取适合个案的、具有合理性的、应然层面的解决之道。

无论是德沃金的自然法疑难观还是哈特的实证法疑难观，皆为了将法律疑难与现实更好地接轨，两位学者对疑难案件的争论，何尝不是一种将法律疑难从不同视角演示于众人的尝试。只有将二者的理论深入人心，方可在现实中运用自如，实现合法性与合理性的完美结合。

第十一章

刑事案件中法律疑难的法理

中西方学者对于法律疑难的研究多以审判阶段的法律适用疑难为主,然而在刑事案件中,法律疑难分为侦查、起诉、审判三个阶段,每个阶段其法律疑难的侧重都有所不同,需要分阶段的逐个研究。此外,德沃金与哈特针对法律适用疑难的理论研究还存在各自的理论困境,主要体现在法官对法律进行适用和解释的正当性来源、解释法律所依据的范畴及界限、法官的自由裁量范围、应然的法界限何在等,这些理论困境均需回到司法实践中去检验并寻求突破。我国是成文法国家,从"法不明文禁止即可为"[①]的角度来看,有的行为如果法律并未明文进行约束,或者法律尚未进行约束,是否就属于可为的范畴,抑或就可以适用"利益归于被告"的原则?在刑事案件中,还需结合该行为的社会危害性、是否需要禁止该行为等因素进行综合考量。

第一节 刑事法律疑难的阶段性分类及法理适用

刑事案件中的法律疑难通常以查明案件事实为基础,即使案件真相永远无法还原,通过当下高科技的侦查手段仍不能查明案件事实,也至少应通过合法、合理地排除事实疑难的方式,得出一个最具合理性的案件事实。在此基础上,如果存在法律疑难,再通过解决法律疑难的理论

[①] Joshua Dressler: *Understanding Criminal Law*, 3rd ed., New York: Lexis, 2001, pp. 39 – 40.

进路去研判刑事案件,才能最大限度地避免错案的产生。

哈特以实证主义为视角的疑难观,通过语义、承认规则、规则的开放结构等理论论述了法律具有不确定性,由此认为法律疑难案件没有"唯一正确答案"。然而,根据法官不得拒绝裁判的原则,无论是否存在疑难,无论案件是事实疑难抑或法律疑难,最终都需要法官给出一个确定性的结论。假如我们不能对法官的确定结论,根据法律规范以及非法律规范做出合理的预期,假如法官给出的确定结论不具有合理性,假如对同类型的案件不同的法官可以得出不同的结论,法官则成为疑难案件的主宰,容易滋生司法腐败。对于以上的假如,苏格拉底用生命证明了他对"恶法"权威性的捍卫,然而法律本身是具有普适性的,法律的受众并非都是苏格拉底式的圣人,这恰恰是实证主义需要意识到的实证问题。公民渴望在法律疑难的案件中,通过法律规范乃至非法律规范,以确定性的形式适用并得出具有可预测性的判决。须知,可合理预测及推理,并非挑战法律的权威,而是将法律作为最后一道屏障,通过法律防止法官行使过大的自由裁量权,以确保个人权利遭遇到法官人为过失时至少还受到法律的保护。因此,笔者对司法审判阶段,尤其是适用非法律规范的法律疑难时,主要以自然法的视角为切入。

一 法律疑难在侦查、起诉、审判三阶段的类型及内容

刑事案件中的法律疑难不仅存在于司法审判阶段,以我国的刑事案件流程为例,从公安、检察院最后到法院,整个刑案流程中的环节都可能经历法律疑难。根据法律疑难在各个阶段表现形式的不同,其疑难情形各有侧重。

(一) 侦查阶段的规则疑难

尽管侦查阶段以查明案件客观事实为主要职责,侦查机关对已有的案件事实如何处理也有既定规则需要遵守。并且,需要考察已经查明的案件事实是否属于犯罪,是否符合法定的构成要件。在上述过程中,当法律规则出现漏洞、空缺等瑕疵,都属于侦查阶段法律疑难的范畴。因此,在刑事案件的侦查阶段,并不只有事实疑难的问题,也存在法律疑难的可能。在侦查阶段,根据案件事实清楚与否,法律疑难的情形也不尽相同。

1. 案件事实清楚

在案件事实清楚的情况下，可能缺乏规范相关行为的成文规则。随着科技的不断进步，犯罪形式出现多样化、方式新颖化的趋势，刑事案件的侦查阶段可能存在规则方面的空缺，缺乏先例等法律疑难的情形。在侦查阶段，案件事实清楚的情况下，法律疑难主要体现为缺乏规范案件事实的法则，侦查机关对已经查明的案件事实是否构成犯罪，构成何种罪行存有疑问。

以 2001 年发生在我国云南的何鹏案为例，公安局一开始以"涉嫌恶意透支"为名，将何鹏进行刑事拘留，后其行为模式不符合"信用诈骗"的构成要件，遂将其释放。后又以涉嫌盗窃将何鹏逮捕，经检察院同意何鹏被取保候审。事后，公安机关再次以何鹏"涉嫌盗窃"为名，将其逮捕，直至何鹏被一审判决无期徒刑。① 公安机关对何鹏的逮捕和释放为何会如此频繁，甚至可谓反复？皆因其对于何鹏用自己的银行卡，从银行的自动取款机上，取出了不属于自己的钱的行为是否构成犯罪，构成何种罪名存有疑问，该种存疑分为两种疑难：第一种为是否构成犯罪的法律事实疑难；第二种是对于构成何种罪名，没有相关规则进行约束的空白规则法律疑难情形。

2. 案件事实不清

在案件事实不清楚的情况下，侦查机关对已经查明的部分案件事实，如果缺乏规范相关行为的成文规则，则应当结合未查明的案件事实考察嫌疑人是否构成犯罪，是否应当采取强制措施。值得注意的是，该种考察只是形式上的，侦查机关不得对案件事实与嫌疑人之间的关联进行实质推理，否则难以避免作出有罪推定，进而对嫌疑人实施不必要的强制措施。

由于我国侦查机关的职能主要在于查明案件事实，对如何适用法律则属于审判阶段法官的职责。因此，侦查阶段的法律疑难主要指向对不同情形的案件事实如何处理，侦查阶段的法律疑难并不导致侦查机关对

---

① 关于"何鹏案"的详细案情及处理结果可以参见王皓明《我来说说何鹏案》，北大法律网，最近访问日期：2019 年 6 月 18 日，网址：http://article.chinalawinfo.com/ArticleHtml/Article_52542.shtml。

嫌疑人的法律适用的问题。

（二）起诉阶段的法律依据疑难

在刑事案件的起诉阶段，检察院是公安机关查明案件事实，以及法院适用法律进行裁判的中转机关。不仅对公安机关移送的案件事实有复查的职能，同时对案件事实依据何种罪名起诉的考察也是检察院的自身职能所在。值得注意的是，如果检察院对嫌疑人以错误的罪名起诉，例如应当以故意杀人罪起诉，却以过失致人死亡罪起诉，导致嫌疑人不被定罪，也是产生刑事错案的一种可能。在此基础上，如果出现法律疑难的案件，如缺乏相关规则，检察院在对嫌疑人起诉的罪名上本就存在疑问，也就加大了错案的可能。社会形态、科技等总在不断的变迁，对有的新型犯罪，法律尚来不及进行规范，则可能存在空白规则、漏洞规则的情形，这都是起诉阶段，检察院可能面临的法律疑难。

在公安机关移送的案件，事实清楚的情形下，检察院面临可能的法律疑难主要表现为：第一，缺乏相应的法律规则作为向法院起诉的依据；第二，对嫌疑人以何种罪名进行起诉缺乏相应的法律规则。以上两点实则为法律疑难的两个层次，第一个层次系缺乏规范该案件事实的法律依据，存在规则上的空缺；第二个层次系在规则空缺的基础上，以何种罪名起诉存疑。有的案件事实类似某种已经有成文规则的罪名，但在犯罪构成、犯罪行为上与既定规则描述的并不完全一样。应当适用这种类似的规则，还是应当订立新的规则，在尚没有新的规则约束的情况下，该种行为又是需要被禁止的，应当如何处理？这些都是检察起诉阶段可能面临的法律疑难，总结起来属于法律依据方面的疑难。

（三）审判阶段的法律适用疑难

审判阶段的法律疑难内容较侦查、起诉阶段丰富许多，不仅在规则、原则、政策内部存在疑难可能，三者相互之间的冲突也是法律疑难的一种。如果按照德沃金的整全法思想，规则、原则、政策都属于法律的范畴。而按照哈特的"承认规则"的范畴来看，实则也将三者划归为承认规则的范畴。尽管德沃金与哈特对三者的定性存在争议，但三者都属于法官裁判法律疑难案件时可以或可能适用的规范，对此两位法学家并无异议，只是一个从整体性的角度称为整全法，另一个将其划归为"承认规则"。那么，此处姑且将规则、原则、政策三者划归为广义的法律规范的范畴，相对的，在司法审判阶段法律疑难的案件中，还存在非法律规范疑难的情形。值得注意的是，尽管在此处按照法律规范与非法律规范进行划分，并不代表笔者支持哈特的观点，正如德沃金将规则与原则、政策进行区分，却从整全法的角度将三者都划归法律一样。

1. 法律规范疑难

本书所指的法律规范的疑难，包括：规则、法律原则、法律政策等，在法律疑难案件中，法官可以援引作为裁判案件依据的规范。法律疑难的案件应当首先在法律规范中寻找合法进而合理的解决依据，如果规则、法律原则、法律政策内部之间，以及外部相互之间存在冲突，没有相应的依据可以适用时，才可跳出法律规范，在非法律规范中寻求"超越法律规范"的解决之道。法律无论是依据德沃金所言的具有确定性，还是依照哈特所论述的具有不确定性，至少应当具有稳定性。这种稳定性不仅仅来自法官将事先拟定的法律规范作为判案的依据，还来自人们事先对法律的认知，在认知的基础上遵守。法律一旦公布，即默认为人们是知晓法律规则的，否则依据"不知者无罪"的古谚来看，人人都可以找到为自己开脱无罪的理由，而这种理由竟然如此之简单，就是当事人事先并不知晓。因此，为了保障法律的稳定性，我们至少应当给予已经公布的法律以及可以援引为判案依据的法律原则、法律政策高于其他非法律规范的尊重及优先适用。

值得注意的是，尽管我们并不否认规则应当具备稳定性的特质，从这个角度来看，大多数情况下个案中应采取严格规则的观点。然而，学界对于严格规则的适用范畴尚没有明确的界限。有学者认为严格规则只适用于当一项规范同时包含了指示与事实上的认定时。[1] 这种观点认为严格规则只适用于有既定规则，且事实与法律能够相对应的简单案件。笔者以为，在刑事法律疑难的案件中，只要已经认定的案件事实有既定的法律规范与之对应，就可以采取严格规则。对此可以分为两个方面来理解：首先，对严格规则之"规则"采广义，既包括规则、原则、政策的法律体系，在法律体系内部，能够通过法律的自我完善解决的案件，依

---

[1] 参见 Larry Alexander and Emily Sherwin: *The Rule of Rules*, Durham, N.C.: Duke University Press, 2001, p. 27。

照严格"规则"应当在法律体系内寻求解决。其次，从严格规则的适用范围来看，在法律规范疑难的范畴内都可以适用。只要当法律规范与非法律规范之间存在冲突，出现合法性与合理性的疑难，或者没有规则可以适用而在法律体系内法律无法自我补充时，可以对严格规则打开一个缺口，在超越法律规范的范畴寻求答案。

2. 非法律规范疑难

本书所指的非法律规范疑难，系指：非法律原则、非法律政策、民间法、区域共识（包括少数民族、自治区域）、传统、习惯、宗教信仰、道德、"对恶法的认知"[1] 等，不属于法律规范，但又与法律息息相关的非法律规范。其中道德与"对恶法的认知"所带有的主观价值判断色彩比其他非法律规范更浓，如果站在普世价值的高度上或许能够实现统一。然而，在部分区域内，或者在区域与区域之间则难以达成共识。所以，道德与"对恶法的认知"对法律疑难案件的影响，应该仅仅从普世价值的高度着手。而区域内的，少数群体的道德观，以及少数人"对恶法的认知"，在法律疑难的案件中恐怕只能被舍弃。皆因，非法律规范是缺乏法律规范，或者存在法律规范之间的冲突等情形，导致法律规范无法适用时，才能从非法律规范中寻找解决案件的合理因素。如果在法律规范的屏障之外，对本身带有不确定性的价值判断：道德或者"对恶法认知"的标准上，还囊括少数人的价值观，将从根本上动摇法律的权威，并增大法律的不确定性。正如一些自然法学家所认为的那样：法律本身体现了尚未被制定或宣告的道德标准。[2] 既然如此，对于该种尚未被制定和宣告的道德标准，根据德沃金的理论，将其吸收进入宪法来得以实现可能更为稳妥。毕竟，道德一经制定成为法律，也是社群对道德的一种共识性认可。这种共识性认可是道德得以实现并作用于法律的必不可少的环节，可以借此减少或排除，受个人主观因素影响的狭隘的个人道德观"鱼目混珠"的进入共识性道德标准中。

---

[1] 本处所指"对恶法的认知"是一种以国家、全体公民为单位所达成的共识，非指少数人或部分区域所认为的"恶法"。

[2] 相关论述可以参见 Michael Moore：*Law as a Functiinal Kind*, in Natural Law Theory：Contemporary Essays, ed. Robert P. George, Oxford：Oxford University Press, 1992。

值得注意的是，宗教信仰作为一种非法律规范，有时也如法律般在约束着信众的行为。从欧洲的古代可以探寻到"政教合一"的危害，因此法律与宗教相分离，将宗教划归为道德的范畴去约束可能更加符合现代社会的发展。当然，宗教与道德也并不完全统一，当道德与法律相背离时，将产生"恶法非法"与"恶法亦法"的争议，这尚且在法律疑难的范畴之类。然而，当宗教信仰与法律相背离或者冲突时，即使法律是"恶法"，也应坚持实证主义的"恶法亦法"。否则，就可能存在以信仰宗教教义的小众群体挑战法律权威的风险，从当下一些极端的以宗教为名的有组织行为来看，由此带来的危害不言而喻。

二 侦查、起诉、审判三阶段解决法律疑难的法理分析

如何合理解决法律疑难的问题，既关乎司法运行，也关乎犯罪嫌疑人的合法权益。部分空白规则的刑事案件，从公安机关侦查阶段开始就已经可以明确界定为法律疑难案件。分为侦查、起诉、审判三个阶段，分别对解决法律疑难方法的合法性及合理性进行法理辨析，有助于各个阶段的办案人员在刑事个案中更为精准地发现法律疑难情形，并及时寻求合理的解决路径。

（一）公安侦查阶段法律疑难的法理

查明案件事实，排除事实疑难是解决法律疑难的基础。解决侦查阶段的法律疑难，仍然应当根据案件事实是否已经查清，分为已查明案件事实和部分案件事实存疑两种情形区别对待。

1. 案件事实已经查清

刑事个案中如果案件事实清楚，或者通过公安机关的侦查已经查明了个案的客观事实，基于明晰的案件事实发现在法律适用上存在疑难，应根据法律疑难的类型，综合考察该行为的社会危害性，以及是否有必要通过法律对该行为进行限制等因素，采取不同的方法。

对于侦查阶段的法律疑难案件，从是否应当按有罪处理来看，可以分为三种情形：第一，应考察该种行为是否具有社会危害性，如果具有对公民的社会危害性则应当定性为新型犯罪，进行处罚。第二，如果该种行为存在危害性，但并不具有对人的社会危害性，如仅危及财产、危及信誉等，则可以从轻处罚。第三，如果该种行为不具有对人的危害性，

虽然危及财产，但财产的持有方存在过失，则应当从轻处罚。

从侦查部门的执法性质来看，公安机关的执法行为代表国家，对犯罪嫌疑人采取拘留、逮捕等强制措施时，应当审慎为之。当然，公安机关并不具备对犯罪嫌疑人的罪行采取从轻判罚的职能，该种职能仅属于法院。然而，公安机关应当具备对可能的法律疑难案件进行预判的能力，对预判属于可以从轻处罚的法律疑难案件，在对嫌疑人采取强制措施时，可以适用较轻的强制措施时，则不得适用更严重的强制措施。随着人权观念的加深，法治的进步，公安的执法行为应当具备这种预判能力，尽可能地避免给嫌疑人施行不必要的强制措施，如对不必要进行羁押的人则不得进行超期羁押。

2. 部分案件事实存疑

侦查阶段的主要职责就是查明案件事实，但由于案件中的客观事实和法律事实在还原过程中都难免受到人的主观因素的影响，可能存在案件事实并未全部查清，对已查明的案件事实又存在法律疑难的情形。如果出现既存在事实疑难，又存在法律疑难的个案，公安机关应将两种疑难情形进行区分，在尽可能排除事实疑难的基础上，再对法律疑难进行考察。

（1）客观事实存疑

公安机关应对未查明的案件事实进行区分，考察未查明的案件事实属于客观事实还是法律事实。如果在客观事实方面存疑，则不得对嫌疑人实施强制措施，待查明客观事实后，或者至少待案件的客观事实不存在合理怀疑后，才能在此基础上考察法律疑难的问题。

（2）法律事实存疑

如果未查明的事实属于法律事实，尚需区分属于形式法律事实还是实质法律事实，如果只是形式上的法律事实，如是否有数罪存疑，则不影响考察该案的法律事实；如果实质上的法律事实存疑，如是否有罪存疑，则不得继续考察法律疑难的问题，而应当按照侦查阶段法律事实疑难的相关规则进行处理。

（二）检察起诉阶段法律疑难的法理

检察起诉阶段的法律疑难主要体现为法律依据方面的疑难，我国检察机关的职能主要是根据公安机关移送的案件事实，对嫌疑人进行起诉。

同样可以根据案件事实是否已查清，区分不同情形下的法律疑难。

1. 案件事实清楚

在检察起诉阶段，对于事实清楚的案件，如果发现存在空白规则、规则漏洞、语义模糊等情形，检察院对嫌疑人是否构成犯罪，构成何种罪名，以此罪还是彼罪起诉，可能存在疑问。

（1）是否构成犯罪

对于嫌疑人是否构成犯罪，通常是空白规则的情形，成文法律对新发生的行为没有明确的规定，该行为是否构成犯罪，是否要对嫌疑人做出起诉决定还需考察其社会危害性的大小而定。如果出现漏洞规则的情形，属于法律事实方面是否构成犯罪的疑难，主要根据公安机关移送的案件客观事实结合成文法律和原则进行考察，将事实与法律规则、原则相对应，分析是否符合刑法规定的某一条和多条罪名。此外，当嫌疑人所犯行为属于不良规则调整的范畴，或者当嫌疑人所实施的行为为公序良俗、道德所包容，出现该种情形，嫌疑人的行为是否构成犯罪容易成为公众和媒体关注的焦点，也容易引起较大争议。

（2）构成何种罪名

关于构成何种罪名的法律疑难，则通常是在没有相关规则、规则存在漏洞、规则的语义模糊等情形下，则需将公安机关移送的案件事实与成文的规则进行对应。由于移送的案件事实已经由公安机关做过相应的存在社会危害性的判断，移送到检察院的案件至少是存在对他人或机构的财产、名誉、人身都存在危害，或有危害可能性的行为。那么，在此基础上，检察院可以做出构成犯罪的形式推定，至于是否构成犯罪则最终由法院来定夺。

（3）此罪抑或彼罪

检察机关对于"此罪还是彼罪"存疑，通常表现为冲突规则的法律疑难情形。一个行为可能受到多个规则的规范，或者规范同种行为的规则相互之间存在冲突，检察院应当以此罪还是彼罪对嫌疑人进行起诉，是否应当将该行为对应的多种罪名同时起诉，是需要检察院厘清的问题。

总的来看，检察院对于事实清楚，但法律适用存疑的案件，应尽量移送法院裁决。对于法律疑难的认定和裁判，可以经由法院论证得出结论，不建议由检察院对于法律疑难的案件直接做出不起诉的决定，过早地适用"存疑利于被告"。

2. 部分案件事实存疑

在检察起诉阶段，当公安机关移送的案件事实部分存疑，同时又存在法律疑难，应按照如下步骤逐一考察：如果是法定不构成"合理怀疑"的客观事实存疑，则不影响法律疑难的处理；然而，如果案件事实存在客观事实方面的疑点，则应当进行补充侦查，根据补充侦查的结果，考察是否进入排除法律疑难的阶段；如果经公安机关移送的案件，客观事实已经基本清楚，部分法定事实存疑，则可以将法律事实与法律疑难进行同时考察。当然，对于既存在事实疑难，又存在法律疑难的案件，如果案件事实的社会危害性不大，则应考量是否列入酌情不起诉的范畴。

对于部分案件事实存疑的刑事案件，如果同时存在空白规则、漏洞规则、模糊规则、冲突规则其中之一的情形，应当将重点放置于查明案件的客观事实。经补充侦查，案件事实仍存在"合理怀疑"时，检察院应考察是否符合"存疑利于被告"原则，将事实疑难和法律疑难的利益归于嫌疑人。该种情形下，通常不应对嫌疑人实施强制措施，待事实清楚后再考察是否起诉的问题。

（三）司法审判阶段法律疑难的法理

司法审判阶段的法律疑难可以分为实然与应然两个层面，实然层面主要体现为法律规范方面的疑难，指根据法律及法律渊源，实际上应该如何处理法律疑难的问题；而应然层面指法律适用的合理性强于合法性的状况，作为实然的例外，将非法律规范作为解决法律疑难案件的依据。法律规范与客观的法律相关，主要包括规则、法律原则、法律政策；非法律规范指与主观意识相关的，影响法律规范的因素，主要包括非法律原则（例如道德原则）、非法律政策、习惯等。对于不同层面的法律疑难有不同的处理方式与界限，正如卡多佐（Cardozo）大法官所言：尽管法官们有权力忽视一部制定法的命令做出判决，也有权力越出法律之边界、越出先例和习惯为司法创新所设置的边界，但法官如果滥用了这种权力，他们也就违反了法律。[①]

[①] 参见 Benjamin N. Cardozo: *The Nature of the Judicial Process*, New Haven, Conn.: Yale University Press, 1921, p. 129。

1. 法律规范疑难的特征及司法解决

无论是基于德沃金的整全法思想,还是哈特的"承认规则"理论,此处所研究的法律规范疑难,涵盖了法律规则、法律原则和政策的疑难情形,只有同时将规则、原则与政策的疑难情形一并分析才是全面的。司法实践中,尤其在刑事个案中,绝不仅仅只有规则疑难一种情形,有的个案可能同时出现规则和原则适用的疑难,或者规则和原则、政策相冲突的局面,都需具体问题具体分析。

(1) 规则的疑难

规则的漏洞、不良、冲突等情形,是法律疑难初级的,也是最为典型的模式,对于规则层面的法律疑难,法官通常可以借助司法技术得以解决。德沃金则非常强调解释的重要,他认为:司法程序必须强调解释性判断,解释性判断是每一个涉及平等保护条款的决定的中心。[①] 实际上,无论从实证主义的角度认为法官在司法裁判中的行为是运用自由裁量进行"造法",还是新自然法学派认为法官运用的司法技术实际是阐释,都不可否认,法官具有运用司法技术去解释、修改乃至背离法律的权威。以不良规则为例,当遵从规则会产生不合理甚至荒谬的结果时,法院有权背离法律文本的常规含义。[②] 下面几种典型的存在瑕疵的法律规则,各自有其局限性,都可能在具体的案件中产生法律疑难,需要法官运用司法技术来解决。以表11—1为例。

表11—1　　　　　　　规则瑕疵及其司法解决途径[③]

瑕疵法律规则	法律疑难情形	司法解决途径
漏洞规则	有单一规则、语义清楚、内容清楚,但不完整	借助司法解释、案例、法律原则,补充漏洞

---

① 参见 Ronald Dworkin: "Social Sciences and Constitutional Rights—the Consequences of Uncertainty," *Journal of Law & Education*, Vol. 6, No. 1, 1977, p. 12。

② 相关论述的详细内容可以参见 John F. Manning: "The Absurdity Doctrine," *Harvard Law Review*, Vol. 116, No. 8 (Jun., 2003), pp. 2388 – 2486。

③ 表11—1中对于瑕疵规则的分类,以及对于不同瑕疵规则局限性的表述,参见季涛《论疑难案件的界定标准》,《浙江社会科学》2004年第5期,第55页。

续表

瑕疵法律规则	法律疑难情形	司法解决途径
模糊规则	有单一规则，但规则的内容或语义不清楚	对规则进行扩充解释、语义解释，或者建构性解释
不良规则	有单一规则、内容与语义都清楚，但内容不良（可能与道德规范、公序良俗相冲突）	通过法律原则、法律政策，衡平不良规则，另行适用更为合理的规则，或者直接适用原则
冲突规则	有复数规则、内容与语义都清楚，但内容相互冲突	第一，参考法律位阶，选择上位法；第二，借助法律原则，排除含有不良内容的规则，在此基础上对规则进行选择适用
空白规则	对某种案件事实、行为模式，没有相关规则、内容、语义进行规范	借助法律原则、法律政策填补空白（在刑事案件中，还需参考社会危害性等因素分析是否有必要定罪）

在刑事案件中，对于存在规则疑难的案件，可以划出最低量刑与最高量刑的范畴，[1] 在此基础上考察是否适用"存疑利于被告"的原则。以空白规则的情形为例，法官裁判时应当考虑到"罪刑法定"[2] 原则的因素。尤其对于一些社会危害性不大、非必要定罪的行为，或者该行为虽然有一定的社会危害性，但其实现还受到不受行为人主观影响的其他因素的限制，造成该行为不具有普遍重复、反复发生的可能，则应当参考罪刑法定原则，并结合"存疑利于被告"原则，选择裁定"无罪"或在量刑幅度内，采取利于被告人的角度来裁定。

（2）原则的疑难

尽管法律原则是解决瑕疵规则的依据之一，在法律原则内部之间，法律原则与规则之间也可能存在冲突，这也是法律疑难的一种典型模式，这种冲突是由原则自身的特性决定的。

---

[1] 参见 Jimmy J. Williams：" Controlling the Judge's Discretion： Appellate Review of Departures Made in Sentencing Guideline Cases," *The Justice System Journal*, Vol. 17, No. 2 (1994), p. 230。

[2] Jerome Hall：*General Principles of Criminal Law*, 2nd ed., Indianapolis, Ind.： Bobbs-Merrill, 1960, p. 59.

第一,从原则与规则的冲突来看,法律原则本身具有模糊性,与规则所约定的具体事项不同,法律原则有时并不具有针对性。而是作为规则的外延,通过调控规则,与规则结合的方式进行适用。阿列克西将法律原则描述为"最佳实现之诫命"(optimization requirements),认为法律原则是为了保障某一法益在法律与事实的范围内,最大可能地予以实现。① 从自然法的角度来看,法律原则的特征决定了它仅指示规范实施的方向,而并不寻求规范内容上定义性特征(definitive character)的确定性。② 因此,原则在应然层面的约束力是相对稳定和确定的,但在法律疑难的个案中具体适用时,即在实然层面却只能通过指导规则或者推翻规则的方式找到其确定的适用方式。因此可以说,法律原则在应然层面上具有普适性,在实然层面上却要具体问题具体分析。值得注意的是,根据"禁止向一般条款逃逸"的裁判准则来看,原则与规则在法律疑难案件中适用的序位是:当有规则可以适用或可以类推适用时,唯有在穷尽规则的情形下,才能适用原则。③

第二,关于原则之间的冲突,阿列克西在原则是最佳实现之诫命的基础上提出了"冲突原则法则"(the law of competing principles)。该法则可表述为:从相冲突的原则之间,可以推导出两个内容上相矛盾的要求,从而相互限制对方在法律上适用的可能性,该种冲突需要通过法益衡量来解决。④ 其中一个原则优先于另一个原则的前提条件,是与该优先原则具有相同法效果的规则的要件。⑤ 这可以理解为在法律规范范畴内的原则冲突解决之法,意在限制法官的自由裁量权。而当原则之间的冲突,从法律规范的范畴内无法找到解决之道时,自然法学派认为可以从道德等

---

① 阿列克西关于法律原则的详细论述,可以参见 Robert Alexy: *A theory of Constitutional Rights*(*Translation*),Rivers, A J. Liii ed. Oxford: Oxford University Press,2002。
② 参见[美]波斯纳《法理学问题》,苏力译,中国政法大学出版社2002年版,第57页。
③ 对适用法律原则的详细论述可以参见庞凌《法律原则的识别和适用》,《法学》2004年第10期,第34—44页。
④ 相关论述可以参见陈林林《基于法律原则的裁判》,《法学研究》2006年第3期,第3—15页。
⑤ 参见[美]波斯纳《法理学问题》,苏力译,中国政法大学出版社2002年版,第54页。

非法律规范中寻求解决之道，实证主义则认为可以通过法官造法来解决法律疑难。笔者以为，在刑事案件中，如若存在原则冲突，法官通过自由裁量权采取利于被告人的解释尚可以理解，但如若法官要做出不利于被告人的解释则必须限制在适用法律规范的范畴之内，即不能将道德规范超越法律做出对被告人不利的适用。

值得注意的是，在刑事案件中，原则不是单独适用的，原则之高于规则的适用，以及冲突原则之择优适用，都必须结合个案中的案件事实，以及嫌疑人及其行为对社会的危害性进行综合衡量。尤其在缺乏对应案件事实的相关法律规则时，是否对嫌疑人定罪，应当将社会危害性作为参考的重要标准之一。

(3) 政策的疑难

第一，法律政策与规则之间，法律政策相互之间也可能存在冲突。在刑事案件中，法律政策可能影响到法律原则，乃至法律规则。例如，我国在刑事案件中提倡的"坦白从宽，抗拒从严"的法律政策，该法律政策与当事人有权保持沉默的权利规则显然存在冲突，沉默权体现的是"反对自我归罪"的原则。不难看出，此时出现了法律政策与规则、原则同时冲突的现象，从法理上来看，应以规则和原则为优先；然而，从实然的角度来看，该项法律政策显然实际上存续已久，在实际运用上优先于沉默权的规则和原则。笔者以为，这就是实证主义与自然法的冲突所在，前者着眼于实然的状态，是法律问题当下的解决之道，从"存在即合理"的角度来看，并无不妥；后者着眼于未来，是法治的理想状态，而如果没有理想作为法律实施最后的界限，法律将不可避免地走向衰落。尤其在刑事案件中，与民商事案件不同，法官对法律的适用将直接影响到公民的人身自由等基本权利，且不论法官故意实施了过大的自由裁量，即使是疏忽而得出了偏离"唯一正确答案"的结论，其结果将影响当事人的一生。

第二，法律政策与政策之间也存在冲突的可能，值得注意的是，个案中政策的适用通常是在穷尽规则和原则时。当穷尽了规则与原则都无法解决问题时，才可以考察法律政策的范畴，而这依然属于在法律规范之内解决问题。

第三，原则与政策之间的冲突。法律原则对规则本身具有补充、完善等作用。当规则出现空白时，首先应从法律原则中寻求解决，其次才是法律政策。但凡事皆有例外，现实中往往有法律原则与法律政策并存的情形，当并未在同一个案中冲突时，法律原则与法律政策可能各自对不同的事实起规范作用，通常不需要分出优劣。然而，当法律疑难的案件中，法律原则与法律政策同时作用于一件事实，而该事实直接影响到案件的走向，则出现了必须择优适用的疑难。该种情形下的疑难可以参考"原则冲突规则"，首先通过法益进行综合衡量，再具体到个案中结合法律规范以及非法律规范进行价值判断。

对于实践中的冲突，德沃金提出了可以依据目标和根据权利的策略不同，得出不同结论的观点。他以色情文学的审查为例指出："我们应当考虑两个完全不同的策略，这也许被认为是为纵容态度做辩护的。第一种主张，总体而言，色情文学的出版和消费是对整个社群有害的，但从长远来看，试图审查或禁止发表色情文学的结果甚至更糟糕，我把这个叫做'依据目标的'战略。第二种主张，即算在非常长远来看，审查或者限制无论如何都是错误的，但色情文学会使社群更糟糕。因为这侵害了个人的道德权利和公民怨恨审查制度的政治权利，我将其称为'依据权利'的策略。"[①] 无论是依据目标还是依据权利，这种有所侧重的考察方式，的确有助于我们在面对法律规范冲突时，做出比较和取舍。值得注意的是，哈特试图对自然法的目的论提出异议，自然法学者随即反驳了哈特的观点，指出："目的论的自然观当且仅当其用于生物世界时是有意义的"，"认为目的论的自然观既适合于有生命的又适合于无生命的，哈特是错误的。如哈特所说的，正在下落的石头在实现它的目的，这是无稽之谈"。[②]

2. 非法律规范疑难的特征及司法解决

正如马默所言："与法治相关的各种思想往往相互冲突"，[③] 然而，自

[①] Ronald Dworkin: "Is there a right to pornography?" *Oxford Journal of Legal Studies*, Vol. 1, No. 2 (Summer, 1981), pp. 177 – 178.

[②] S. B. Drury: "H. L. A. Hart's minimum content theory of natural law," *Political Theory*, Vol. 9, No. 4 (Nov., 1981), p. 536.

[③] Andrei Marmor: "The Rule of Law and Its Limits," *Law and Philosophy*, Vol. 23, No. 1 (Jan., 2004), p. 1.

然法与实证主义都不反对,在一些特定的法律疑难案件中,法官可能会借助法律以外的标准来进行裁判。笔者在探讨刑事法律疑难案件的非法律规范疑难中,更多地倾向于自然法学派的疑难观。实证主义的疑难观在法律规范的范畴内或许可通过强制的形式坚持法律的权威性。然而,超出了法律规范范畴的裁判,本身就属于超法裁判的范畴。如果仍局限于实证主义的视角,难以对超法裁判的适用和依据窥其全貌。至于超法裁判的依据属于"承认规则"还是整全性法律,则不属于此处研究的重点。

第一,非法律原则,尤以道德原则为主。阿列克西指出:"如果在疑难案件为了实现正确性宣称所必须考量的原则当中,始终有一些原则属于某种道德,那么道德命题就是正确的。"[1] 阿列克西将德沃金的整全法思想延伸到非法律原则的层面,这很容易使人混淆,因为实证主义认为法官可以在法律疑难的案件中通过"承认规则"和"法官造法"来得出裁判结论,法官的"造法"行为很可能将某项道德原则纳入"承认规则"。阿列克西从坚持法律具有确定性的角度,随即指出:"诉诸原则的法官在内容上是根据道德理由,在形式上是根据法律理由来作出判决。"[2] 不难看出,自然法与实证主义实质上都不否认法官可以通过非法律原则,尤其是道德原则作为解决法律疑难的依据,区别在于,自然法试图将道德划归入广义的法之中,以此来限制法官的自由裁量权,并保障法律的确定性;而实证主义则坚持将道德与法律进行严格区分,在此基础上,法官在法律疑难的案件中必须通过"造法"行为将道德原则转化为"承认规则",也就增加了法律的不确定性。笔者认为,采自然法的观点能更好地避免司法腐败,从整体上保障法律及司法裁判的可预测性。

第二,关于法律规则的价值判断。对"善"与"恶"的评判属于一种价值判断,因此,尽管"恶法"其性质本身是法律规则,属于法律规范的范畴,但人们对法律的内容是否属于"恶法"的价值判断,该种意识形态则属于非法律规范的范畴。"恶法"大致包括以下三种情形:首先,从法律与个人权利的角度来看,成文法本身有其局限性,难以避免

---

[1] 阿列克西:《法概念与法效力》,王鹏翔译,商务印书馆2015年版,第82页。
[2] 同上书,第83页。

事先定下的法律规则有侵害个人权利的可能。其次，从法律的僵硬性来看，由于法律规则不可避免地具有僵硬性的特征，如果通过法律原则、法律政策等法律规范仍不可调和这种规则的僵硬性，而导致不符合道德的法律强制施加于人，则是从强制施行角度来看的"恶法"。再次，从法律的滞后性来看，法律一旦制定即具有稳定性，随着时间、空间的推移，区域内人们认识和认知的进步与变化，过去制定的法律规则的内容可能不符合当下这个时段的道德原则，以及不符合当下这个时段的常识。例如，我国在计划经济时代不允许"倒买倒卖"，而到了市场经济时代则放开了以往对个别经济行为的限制。这种处于时代转折点的法律，受到政治、经济的影响，如果不能及时变更，如在市场经济时代依旧限制"倒卖倒卖"，则容易产生新时期人们所共识的"恶法"。

对于"恶法"，在一些个案中，法官们能够通过经验和常识预测到，根据法律规则裁判的结果是不符合道德准则的。法官借此做出"恶法"的价值判断只是第一步，法官是否可以依据该价值判断，推翻既定的"恶"的规则，并通过个案中的价值衡量，转而将更为合理的法律规范乃至非法律规范作为判案依据？自然法学派认为：在个案中，如果僵硬地适用法律规则，其结果并不符合道德，法官有一种正确适用法律，最大限度地追求公平、正义，以及个案的合理性的道德义务。进一步来讲，也即是自然法学派信仰的"恶法非法"。值得注意的是，既然关于"恶法"的价值判断属于非法律规范的范畴，则通常需在穷尽了法律规范仍无法解决法律疑难之后才可以适用。而具体到刑事案件中，该种价值判断通常并不影响案件的审理和裁决，但可以影响到刑事案件的量刑。

第三，非法律政策，尤以公共政策为主。公共政策虽然并不属于法律规范的范畴，却可能影响到法律规范的适用。例如，地方政府的"红头文件"[①]通常被视为一种抽象性行政行为，严格意义上，"红头文件"不属于行政法规或规章，根据其颁布的机关和内容的不同，是近似公共政策或者行政规则的规范性文件。当法律疑难的案件无法在法律规范中寻求解答时，该种抽象的行政行为也可能作为解决个案法律疑难的依据。

---

① "红头文件"并非法律用语，乃是我国各级政府机关，多指中央一级下发的带有大红字标题和红色印章的文件、声明、公告、公示类等的俗称。

第四，区域共识，包括：民间法、习惯、少数民族传统。宏观来看，法律就是一种以国家为单位的区域共识，而作为非法律规范的区域共识系指国家内部，以少数民族、部分地区为单位的民间法或惯例。当法律疑难的案件在法律规范的范畴无法解决时，也可能将该个案所处的某个区域的共识作为判断的依据。

通常而言，在解决法律疑难的案件时，应当对法律规范进行优先适用，当出现法律规范都无法解决的法律疑难时，才能在法律规范之外寻求超越法律的裁判依据。然而，新的问题随即出现，我们应当给予法律规范以尊重和优先适用，那么如果对法律规范的僵硬性尊重违背了道德呢？如果是"恶法"呢？是否还要优先适用规则？从自然法的角度来看不可以，从实证主义的角度来看则必须优先适用。笔者倾向于将法律疑难的案件根据阶段的不同来探讨道德、"恶法"与法律规范的适用问题。

综上来看，尽管法律疑难主要是适用上的疑难，尤以法院对相应的案件事实进行法律适用的疑难为最，但在侦查、起诉阶段也存在法律疑难的可能。从保障人权的角度，对于侦查、起诉阶段的法律疑难按照不同的情形，不同的类型，分别进行处理也实有必要。毕竟，侦查、起诉阶段的强制措施也关乎嫌疑人的人身自由权利，如果处理不当，不仅给嫌疑人造成不必要的损失，也危及国家执法部门的权威。

要合理解决法律疑难案件，应当分情形区别对待：首先，对于法律疑难的案件，应先放置实然层面上进行考察，在法律规范的范畴内进行形式推理和实质审查；如果仍存在实然上的冲突，或者实然与应然的冲突，在应然层面上，从法律规范与非法律规范相结合的范畴进行实质推理。其次，对于事实和法律同时存疑的案件。当个案中事实与法律同时存疑时，应当首先通过侦查技术、司法技术排除案件事实的疑难，得出确定性的事实认定结论。在此基础上，再分析法律疑难的类型属于实然还是应然层面，如果是应然层面的法律疑难，则可以运用实质推理进行综合衡量。总的来看，在刑事案件中，国家职能部门做出的每一个执法行为和决定都应当是审慎的，每个阶段的法律疑难都应当得到同样的重视和相应合理的处理，这既是法治发展的趋势，也是保障人权的必要。

第二节　刑事法律疑难之"利益归于被告"

实证主义的哈特指出：第一，除非一个人有能力和公正的机会去遵守法律，否则法律的处罚不能适用于他。第二，为了自由的利益，一个人应该能够提前知道在什么限度内他可以不受法律干扰，法律应该反映我们在日常生活中故意和无意行为之间的区别。[①] 与事实疑难的案件不同，法律疑难的案件是否能够适用"利益归于被告"的原则，尽管是一个值得探讨的问题，根据哈特关于刑事责任的观点来看，并非没有依据。如果法律疑难的案件可以适用"利益归于被告"，那么，哪些情形的法律疑难案件可以适用，哪些不可以，则是需要进一步厘清的问题。本书拟分为法律规范与非法律规范两个层面分别进行考察。

一　法律规范层面的"利益归于被告"

前面已经将法律规范的内容进行分析，主要包括规则、法律原则、法律政策三个方面。在刑事法律疑难案件中，适用"利益归于被告"的原则时，在法律规范的层面需要结合被告人的行为是否具有社会危害性进行综合考察，与事实疑难不同，不能仅仅因为个案中存在法律疑难，而直接对被告适用"利益归于被告"的原则。因此，对法律疑难的案件适用"利益归于被告"的原则时，至少应当满足以下两个条件：第一，案件事实已经查清，不存在事实疑难。如果个案中既存在事实疑难又存在法律疑难，则主要应当在事实疑难的层面考察是否适用有利于被告的原则。第二，不具有社会危害性，又分为以下两个层面：首先，被告人的行为以及根据案件事实来看，不存在危及他人的生命、安全的社会危害性，这是法律疑难案件中有可能适用利于被告原则的必要前提。其次，如果被告人的行为存在一定的社会危害性，该种危害不针对不特定的个人的生命安全等，而属于财产型危害，并且该种财产型危害的对象自身

[①] 参见 Morris Ginsberg: review "Punishment and the Elimination of Responsibility, L. T. Hobhouse Memorial Trust Lectures No. 31 by H. L. A. Hart; Law, Liberty and Morality by H. L. A. Hart," *The British Journal of Criminology*, Vol. 4, No. 3（JANUARY 1964），p. 283。

存在对财产保护不当等过失行为。在满足以上两个条件的情况下，法律规范层面可能适用的"利益归于被告"原则的情形主要有以下几种。

第一，对于没有相关法律规则进行明确限制的行为，根据规则的有无，结合"法无明文规定则允许"的原则，考察是否适用"利益归于被告"的原则。当刑事案件的个案中没有相关法律规则进行规范时，则该行为很可能属于新生事物，与法律规范描述的主体、客体、行为模式不相符合，且该种行为不具有对不特定个人生命、安全的社会危害性，则从"法无明文规定则允许"的角度来看，可以适用从轻。

第二，现有的法律规则与案件事实之间，有部分行为模式与部分既定的法律规则相符合，但在法律构成或部分行为模式上存在出入，并不完全相符。该种情形与第一种情形完全没有相关规则不同，通常是出现了法律明文列举之外的新型的犯罪模式和手法，或者由于只有部分行为模式符合犯罪构成的描述，因而在是否构成犯罪上存在争议。

以何鹏案为例，尽管何鹏用自己的银行卡在 ATM 机上取出了不属于自己的钱的行为，与"盗窃罪"的规定并不完全相符，但似乎在成文的罪名中，又只有"盗窃罪"的描述与何鹏的行为模式最为贴近。关于该案，存在的疑问主要有：用自己的银行卡取出的钱是不是盗窃？银行自身有保障财产安全的责任和义务，而非因何鹏导致的银行计算机系统故障，才使何鹏可以通过银行卡取出超出其卡内金额的钱，银行的管理不当在先，何鹏并没有以盗窃的目的事先破坏银行的计算机系统，以达到取出更多的钱的目的。从目的上来看，何鹏并不存在盗窃的故意。然而，又延伸出了新的问题，如果因为我的疏忽，外出时忘记了锁自己家里的门，此时路人甲路过我家门口，看见门没锁进去偷了东西，算不算盗窃？当然算，但是这与何鹏事先并不存在盗窃的主观故意，却确实取出了银行的钱似乎是一个道理，为什么何鹏的行为算不算盗窃却存在争议？更进一步分析就会发现，二者的客观事实还存在细微的差别，也就是失去财物的一方：银行与我家的区别。银行作为金融机构，本身有通过加强保安人员和计算机系统的管理，保障存款者的财务安全的法定义务。而我作为个体的人，既不具有法定义务，也存在疏忽大意的可能，在我国古代甚至可以"夜不闭户"。该种情形系由于客观事实上的细微差别，直接导致了后续的法律疑难处理上的争议。

因此可以说，何鹏案存在两个方面的法律疑难：其一，是没有直接可以适用的，完全符合其行为模式的法定规则，即便最后以"盗窃罪"定罪也略显牵强。因为何鹏事先并没有盗窃的故意，也没有以盗窃为目的破坏银行的计算机系统，达到可以取出不属于自己的钱的目的。其二，则是由失去财物的主体系具有保障财产安全义务的银行这一客观事实，引起的关于：银行的过失在先，是否应当通过"利益归于被告"原则免除至少减轻对何鹏量刑的原则适用上的法律疑难。① 现实中，何鹏于2002年10月，经云南省高级人民法院二审判决，维持一审原判的无期徒刑。但在2009年11月，何鹏案经云南省高级人民法院再审之后，虽然再审判决书认定案件事实和罪名与之前的判决并无二致，但对何鹏的刑期由无期减为八年零六个月。这便是我国对法律疑难的案件，从量刑上最终采取从轻处理的一个典型案例。

第三，存在模糊规则，法律规定不明确的案件，如果检察院以错误的罪名对嫌疑人提出起诉，根据"一事不再理"的原则，刑事个案中，检察院是否应当对其错误起诉承担责任，将该种公诉机关的错误利益归于被告，而不得再反复对嫌疑人提起诉讼，也是实践中值得研究的问题。

二 非法律规范层面的"利益归于被告"

非法律规范的层面主要从主观价值判断入手，包括道德、合理性、对"恶法"的价值判断等。关于在非法律规范层面是否适用"利益归于被告"的原则，自然法与实证主义有不同的观点，从自然法"恶法非法"的角度来看，在个案中一旦出现不符合道德准则、公民共识性的"恶法"时，该法律的"恶"就不应强行施加于被告人，那么显然应当适用"利益归于被告"的原则。然而，从实证主义"恶法亦法"的角度来看，即便法律是"恶法"，一经制定就具有权威性，应当被遵守，被告人当然不得以"恶法"为由享受到利益。

第一，合法性与合理性不相容的案件，在刑事案件中，这种关于法

---

① 通常情况下，法律疑难的案件以规则为优先适用，只有穷尽规则时才适用原则。当然，德沃金已经通过案例指出也有原则优先于规则适用的例外。此处关于是否适用"利益归于被告"的原则仅供商榷。

律适用的合法性与合理性不相容的价值判断，通常是在：采取合法性对被告而言更为严苛，采取合理性则对被告人有利时才被提出。相反的，如果刑事个案中采取合法性对被告人更为有利，采取合理性对被告人将更加严苛，则应当采取合法性，对被告人适用法定的较轻的刑罚，这本身就是法律赋予被告人的利益。例如，我国刑法对未满法定年龄的未成年人犯罪，给了法定的不处罚或者轻刑。① 也即是说，我们不能通过不合理的法律加重对被告人的惩罚，这也是从法理层面赋予刑事案件嫌疑人的"利益"。

第二，对"恶法"的价值判断是否可以适用"利益归于被告"？新自然法与分析实证主义有不同的观点。如果某种行为有法律进行限制，而法官通过常识和经验判断该种限制性规则属于"恶法"的范畴，从自然法"恶法非法"的角度，法官凭借常识和经验推断所限制的行为不具有社会危害性，在量刑上可以从轻。值得注意的是，在个案中，法官对"恶法"的价值判断应当具有普适性，即符合以国家、公民为单位，或者以国家内部某个特定区域为单位的范围中（前提是个案属于该区域管辖范围内），群众对"恶法"的普遍认知。否则，将难以避免司法腐败的滋生。

以我国的刑事案件，赵春华非法持有枪支案为例，赵春华经一审获刑三年六个月，后提起上诉，二审法院改判其有期徒刑三年缓刑三年。② 根据法律的规定，赵春华违法持有枪支 6 只，已经符合了法定的"情节严重"的标准，根据我国《刑法》的规定，对其的量刑应当在三年以上。③ 然而，该案中关于枪支鉴定标准过于严苛，存在"恶法"的因素，同时，仿真枪与真枪的法律处罚标准也应当有所区分。尽管从分析实证法学派的角度来看，即使是"恶法"也应当被遵守，法律的权威性涵盖

---

① 参见《中华人民共和国刑法》第十七条规定："已满 16 周岁的人犯罪，应当负刑事责任。已满 14 周岁不满 16 周岁的人，犯故意杀人罪、故意伤害致人重伤或死亡、强奸、抢劫、贩卖毒品、放火、爆炸、投毒罪的，应当负刑事责任，已满 14 周岁不满 18 周岁的未成年人犯罪，应当从轻或减轻处罚。"

② 参见赵春华案二审判决书：（2017）津 01 刑终 41 号。

③ 参见《中华人民共和国刑法》第一百二十八条第一款："违反枪支管理规定，非法持有、私藏枪支、弹药的，处三年以下有期徒刑、拘役或者管制；情节严重的，处三年以上七年以下有期徒刑。"

了"恶法"的因素。在赵春华案中，法官在量刑上显然偏向于自然法的观点。尽管法官在法律的适用上严格依照法律的规定对其定罪，但最终在判罚时却明显地参考了超出法律之外的因素，这种因素即：对是否属于"恶法"的常识性价值判断。同时，赵春华持有仿真枪支不具有危害社会的目的和实际的危害结果，也是法官最终减轻刑罚的考量之一。

极端的"恶法非法"观点可能会导致人们认为：既然"恶法非法"，在法律疑难的案件中，如果出现了非法律规范的因素，存在不合理、不道德、"恶法"的情形时，嫌疑人则不应当被定罪，应直接对嫌疑人判决无罪，而不是通过减轻法定的量刑来处理。笔者却以为，在刑事案件中，能够从量刑上跳出僵硬的法律规则，采取对嫌疑人有利的量刑，已经是法治的一大进步，也印证了德沃金的整全法思想。毕竟，对犯罪嫌疑人定罪后的量刑是经过法定规则加以确定的，这种跳出规则，综合参考非法律规范因素的判罚模式，也是出于对保障人权的考量。

第三，法律的内容不符合道德准则。实证主义认为应将道德与法律严格地区分开来，道德与法律各有其规范的范畴。然而不可否认的是，道德与法律有重合之处，一些行为受道德的许可同时也受到法律的授权，一些道德所禁止的行为也受到法律的禁止。那么，实证主义所强调的将道德与法律严格区分，应当是指道德与法律相冲突、不相容的部分。然而，即使是这些不相容的部分，法律也不能完全摒除道德的影响力。毕竟，法律与道德的特征有太多的相似之处：首先，二者在本质上都属于社会共识，只是法律由国家强制力保障实施，而道德则由共识群体自觉遵守。其次，道德与法律价值相重合，法律所追求的公平、正义、程序等价值通常符合道德的规范，既然法律价值影响着法律的适用，那么比法律价值更高层面的道德应当也有其对个案的影响作用，当然这种影响受到案件事实的限制。以刑事案件为例，即便犯了故意杀人罪的被告人，其杀人动机是为自己的父亲报仇，这种"杀人偿命"为血亲报仇的思想符合中国传统的道德观，却并不符合法律。此时，即便被告人在道德上有充足的理由，仍必须按照法律对其定罪。由此可见，公民平等主体之间的道德观对法律的影响较小。

然而，如果并非平等主体之间的道德观是否可以影响法律适用，起到"利益归于被告"的作用呢？进一步来分析，以刑事案件附带行政案件为例,若犯了故意杀人罪的被告,其杀人动机是因为自身权利受到行政执法主体的严重①侵害,② 根据综合衡量与个案平衡的方法,由于犯罪主体的不平等,强势方的行政主体存在过错在先,直接造成被告人在常识道德观范畴内的反击行为,如果触犯了法律,是否可以从轻?这是未来的法治发展进程中值得探讨的问题。如果该种情形可以从轻,从法经济分析的角度来看,能够达到迫使行政人员规范执法行为、限制权力滥用的目的,进而降低社会中执法权滥用的可能性,并降低管理行政执法人员的成本。

刑事案件中,"利益归于被告"的原则主要适用于事实疑难的案件,但在我国的一些刑事法律疑难的案件中,当事人确实得到了较轻的刑罚,或者从重刑减为轻刑的结果。可见,在法律疑难的案件中,或者存在"恶法"的案件中,我国实际上并未按照法律规范和所裁定罪名的刑罚去严格执行,其中或多或少地受到超越法律的非法律规范的影响。进一步而言,即使法官在处理现实中的刑事法律疑难案件时,在法律适用的层面从实然的角度出发严格依据法律规则,但在对被告处以刑罚,尤其在对被告量刑的层面,则综合考量了应然的非法律规范的因素。

综上来看,"利益归于被告"的原则在法律疑难案件中适用时,并不严格地区分法律规范与非法律规范,而是首先在法律规范中寻求解决,尤其当法律规则中存在瑕疵,再结合非法律规范,如道德、合理性、"对恶法的认知"等价值判断,采取综合考量、个案平衡的办法考察是否适用有利于被告的原则。

---

① 此处对"严重"的衡量,应至少与被告所犯罪行的严重程度相对等,或高于被告所犯罪行。
② 该种侵害,系指行政机关执法人员实施了违规执法、滥用执法权等行为。

第十二章

国内处理刑事法律疑难案件之司法方法

除了前述将法律疑难的利益归于被告的情形之外,在我国面对刑事法律疑难案件时,还可以通过法官"释法"和最高人民法院"造法"的方法来解决。德沃金与哈特从不同的角度对解决法律疑难提出了"法官释法"和"法官造法"的路径,但美国的德沃金和英国的哈特两位学者所处的都是英美判例法系国家,将"释法"和"造法"的权力同时赋予法官是可以实现的,经由法官解释的判例对后续个案具有指导性和普适性作用。

中国目前采取的是将司法解释和法律解释相结合的"二元结构"解释模式。[①] 我国属于大陆法系成文法国家,对"造法"有严格的程序、主体要求。"释法"和"造法"在我国似乎兼而有之,只是二者的主体存在区别。在我国,最高人民法院的司法解释主要实现了"造法"的功能,其颁布的司法解释既能补充现行成文法律的不足,同时也具有法的权威性和适用性。正如国内学者所言:法律解释与司法解释不能等同。[②] 法理学意义上的"释法"主要应是法律解释,主要由法官在面对个案中的法律疑难时运用。

第一节 法官进行裁判解释

德沃金认为解释涉及三个阶段:第一个阶段,当对一些社会实践加

---

① 参见董皞《司法解释论》,中国政法大学出版社1999年版,第3页。
② 关于法律解释与司法解释的区别,可参见范愉《法律解释的理论与实践》,《金陵法律评论》2003年秋季卷,第21—24页。

以个别化处理时，我们解释社会实践；第二个阶段，当我们将某些目的归之于我们认定为正确的类型或亚类型时，我们做出解释；第三个阶段，当我们试图确定某些目的在某些特定场合是否得到了最好的实现时，做出解释。① 在上述三个阶段都可能出现需要法官"释法"的情形。法官"释法"是指法官对法条的解释性适用，尤其当法律适用出现疑难时，基于司法效率和免除当事人讼累的目的，都需要对个案中的法律疑难情形得出如何解决的结论，此时，个案中的法官通过解释法律而得出判决结论，无疑是最有效率的途径之一。

塔玛纳哈指出：法治不可或缺的条件，是法官努力依法裁决案件。② 尽管成文规则中的瑕疵不可避免，法官仍应尽可能地在法律体系内部寻求法律的自我完善之道。尽管法律规则内部的瑕疵是一种客观存在，该种瑕疵加大了法律的不确定性，在司法实践中，仍然可以通过解释来增强法律的确定性。解释的种类大致可以分为：文义、目的、法意、体系、社会学、比较法解释等。③ 然而审判过程中，法官采取不同的解释方法可以影响判决走向，得出不同的判决结论，如何从由于解释方法不同而引起的不同判决结论中选出"唯一正确"结论，也即是德沃金提出的关于法律疑难的第二个层面：选择正确结论的疑难。关于结论的合理性与正确性，可以先通过梳理法律的位阶，借助法律原则、法律政策，分析公民权利与目标等方式寻求解决之道。当然，规则出现上述瑕疵时，法律原则及法律政策并非就直接成为瑕疵规则的补位适用。法官还可以考察是否有类似案例，通过类推适用的方式参考案例的适用规则进行裁判。

在刑事疑难案件中，法官的地位似乎并不完全中立，不能如民事诉讼般，仅仅是消极地听取双方当事人的辩诉。在刑事疑难案件中，当出现法律疑难时，可能需要法官积极的解释法律才能推进刑事诉讼的进程，进而实现刑事个案的实质正义。需要明确的是，法律解释的主体与依据

---

① 参见［美］罗纳德·德沃金《刺猬的正义》，周望、徐宗立译，中国政法大学出版社2016年版，第146页。

② 参见 Brian Z. Tamanaha: *Law as a Means to an End: Threat to the Rule of Law*, New York: Cambridge University Press, 2006, p.244。

③ 参见桑本谦《法律解释的困境》，《法学研究》2004年第5期，第4页。

都必须合法、合理,[①] 应避免法律解释主体的多元化,且确保法官运用法律解释依据的标准与规范。也即实践中,既要保障司法部门作为法律解释主体的不受干扰,也要限制法官适用法律解释依据的范围,以此来划出法官自由裁量的界限,避免司法腐败。正如林卫星指出的那样,法官解释法律时至少应满足以下几个基本要求:第一,法官的解释要忠实于成文法律。第二,解释法律要满足社会的需要。第三,解释法律要满足当事人的公正诉求。[②] 除了上述三点基本要求外,我国法官在刑事个案中解释法律时还应以最高人民法院的司法解释和指导案例为基准,不得做出与刑事法律法规、刑事司法解释、刑事指导案例相悖的裁判解释。如此约束法官个案裁判解释权,才能最大限度地防止司法腐败。

值得注意的是,正如魏治勋所言:法官对法律的解释称为"裁判解释",有别于立法解释和司法解释。[③] 在我国,合议庭和陪审员的意见都能影响法官在个案中的"裁判解释",因此法官在个案中独立行使裁判解释权的权力在司法实践层面是有限的。尽管在我国,出现法律疑难情形时,司法实践中法官有权对个案进行"裁判解释"。但如果个案中的法律出现空白的情形,法官是否有权基于案件事实,对原本空白的法律进行创造,并将创造出的法律适用于刑事个案的判决中?这既需要有权机关的明确授权,也需要相关法律进行确权,否则将造成法官享有过大的司法裁量权,未经论证的创造法律也不利于刑事个案的实质正义。单就空白规则的法律情形来看,德沃金的"法官释法"似乎比哈特的"法官造法"更符合司法实践,也更能限制法官过大的司法解释权,避免司法腐败。正如有学者指出的那样:"刑事法官对法律理解的不同会造成实际判决结果悬殊。"[④] 刑事法官对空白规则的解释权应当受到限制,甚至不被允许。这也进一步印证了,当刑事个案出现空白规则的情形,现行的成

[①] 参见周永坤《我国现行法律解释与法治观念的冲突》,《现代法学》2006年7月,第3—5页。
[②] 参见林卫星《法官释法的基本要求》,《法制日报》2013年11月27日,第9版。
[③] 参见魏治勋《法律解释体制与法官的法律解释权》,《东方法学》2013年第3期,第69—70页。
[④] 杨辉忠:《刑事法官解释刑法的几个问题》,《南京大学法律评论》2009年秋季卷,第79页。

文法条不能对应案件事实进行裁判时，该种法律疑难情形的存疑利益应当归属于被告，而不是赋予法官"创造"法律来弥补空白规则的权力。

总的来看，法官"释法"有利于促进个案的裁判，使争议得以有效率的解决。但法官对个案的解释行为存在其个人的价值判断，增加了法律疑难案件判决的不确定性因素，一定程度上也将影响"同案同判"的实现。法官"释法"后，要对同类型的案件产生影响，要实现刑事法律疑难案件的"同案同判"，除了制定并修改成文法外，还可以通过最高人民法院的司法解释对空白规则进行补充、对冲突规则确立适用性规则，或者借助最高人民法院的指导性案例来实现。

基于以上，国内的法律疑难案件主要应借助最高人民法院的司法解释和指导性案例来解决，法官的裁判解释应当以刑法、司法解释和指导性案例为界限，并且应当限制法官在法律疑难的刑事个案中对指导性案例做扩张解释。法官的裁判解释除了要在上述法定界限内，其对法律的解释适用还应符合宪法的规定。在刑事法律疑难的个案中，法官原则上不得做出与宪法及宪法原则相悖的裁判解释。解决法律疑难案件并非要扩大法官的解释权限和解释范围，严格限制法官的解释权限，将空白规则等法律疑难利益归于被告，更有利于实现司法的实质正义。

第二节　最高人民法院做出司法解释

当没有法律规则，或者规则之间存在冲突时，我国最高人民法院的刑事司法解释与刑法、刑事诉讼法一样，在司法实践中被当作成文法予以适用。[①] 因此，国内最高人民法院的司法解释，在很大程度上起到了弥补刑事空白规则的作用，也承担了哈特疑难案件理论中的"造法"职能。与此同时，国内的最高人民法院对成文法条的解释性适用，也起到了"释法"的作用。学界对于最高人民法院的司法解释性质属于"释法"还是"造法"存在争论。实际上，不同的法律疑难情形对应不同的功能，

[①] 1981年6月10日在第五届全国人民代表大会常务委员会第十九次会议中通过的《关于加强法律解释工作的决议》第二条规定："凡属于法院审判工作中具体应用法律、法令的问题，由最高人民法院进行解释。"该决议系最高人民法院发布司法解释的合法性依据。

空白规则的疑难情形需要"造法",法律规则模糊、适用存在疑难的情形时,则需要"释法",两种功能可以并存于最高人民法院的司法解释中。

一 最高人民法院的司法解释

有学者指出:国内最高人民法院的司法解释已经明显超越了法律赋予的行使解释权的范围,呈现出"立法化"的倾向。[1] 学界普遍认为:应当区分全国人民代表大会及其委员会的立法权,与最高人民法院的司法解释权,防止最高人民法院的"造法"功能向"立法化"发展的趋势。需要明确的是,最高人民法院可以通过司法解释补充刑事空白规则,该种行为属于补充性"造法",不同于全国人民代表大会及其常务委员会的主动立法。

我国的全国人民代表大会每年举行一次,对宪法、法律有制定和修改的权力。但全国人民代表大会一年的会议周期较长,立法和修改法律的程序较为复杂,可能导致对实践中空白规则的弥补周期过长,不利于刑事法律疑难个案有效率地得以解决。而如果将刑事法律疑难案件的"造法"功能赋予法官,则可能造成法官的权力过大,难以避免司法腐败的可能性,也将增加对法官的监督成本,并且可能不利于刑事个案的实质正义。尤其当刑事案件中出现空白规则的情形,合议庭认为犯罪嫌疑人的行为存在较大的社会危害,为了避免类似行为对社会、公众造成持续性的恶劣影响,对该类型的行为明显需要受到刑法规范。然而,对于该种新型犯罪行为尚且没有刑事法律规则可以适用,对其进行约束。此时,通过最高人民法院对现有的刑事法律进行解释,补充过去尚未纳入且应当纳入刑法规则调整范围的行为。使刑事个案得以更有效率的解决,也能实时调整由于成文法的僵化而影响刑法法律疑难个案裁判的情形。

除了对空白法律规则的补充,对于刑事个案中的冲突规则、漏洞规则、不良规则、模糊规则等疑难情形,都能借助最高人民法院的司法解释进行补充说明性的适用。最高人民法院的司法解释具有"补充性"的"造法"功能,能够弥补法律规则的局限性,这也是成文法不断完善、修

---

[1] 参见李燕《最高人民法院具体应用法律解释权的规范分析》,《江汉学术》2019 年第 5 期,第 49 页。

正的重要途径。相较于将立法权全部集中于全国人民代表大会而言，赋予最高人民法院通过司法解释履行补充性"造法"的权力，更有利于提高刑事法律疑难个案的判决效率，解决纠纷，减少诉讼当事人的讼累。

二 审判案例指导制度

我国的案例指导制度分为公安、检察、审判三个系列，其中公安指导案例、检察院指导案例主要用于规范司法办案。[①] 而审判指导案例则主要规范人民法院在案件审判过程中，对个案的事实认定，以及如何正确适用法律和司法政策，其基本目的在于总结审判经验，统一法律适用。从最高人民法院于2010年发布的《最高人民法院关于案例指导工作的规定》中对"指导性案例"的界定来看，[②] 对于刑事法律疑难案件，可以参考审判指导案例来解决实践中的空白规则、模糊规则、漏洞规则、不良规则、冲突规则等疑难问题，并实现上述法律疑难案件以指导性案例为基准的"同案同判"。

除了前述通过司法解释履行"造法"职能外，最高人民法院的指导性案例也能在一定程度上通过"释法"弥补法律规则的局限。由于我国是成文法国家，借助案例指导制度更有利于克服法条的僵化，有效解决由于空白规则、冲突规则、漏洞规则等情形造成的法律疑难案件。审判案例指导制度将指导性案例作为同类型案件裁判的参照，在法律疑难的案件中，指导性案例能够给法官的审判以及裁判解释，划出合法、合理的界限，给法官提供裁判依据和裁判理由，限制法官的自由裁量。

正如有学者指出的：刑事指导性案例应遵行"罪刑法定原则"，其在效力位阶上低于刑法和刑事司法解释，应当规范适用扩张解释。[③] 因此，国内的审判案例指导制度是在最高人民法院拟定的案例指导下，以刑事

[①] 关于国内的案例指导制度在法理和实体制度方面的研究，可以参见陈兴良主编《中国案例指导制度研究》，北京大学出版社2014年版。

[②] 参见由最高人民法院制定的《最高人民法院关于案例指导工作的规定》（法发〔2010〕51号）第二条："本规定所称指导性案例，是指裁判已经发生法律效力，并符合以下条件的案例：（一）社会广泛关注的；（二）法律规定比较原则的；（三）具有典型性的；（四）疑难复杂或者新类型的；（五）其他具有指导作用的案例。"

[③] 参见付玉明、汪萨日乃《刑事指导性案例的效力证成与司法适用——以最高人民法院的刑事指导性案例为分析进路》，《法学》2018年第9期，第167页。

法律、司法解释为主,以审判指导性案例为辅,对刑事疑难案件进行"释法"。其核心作用不仅在于促进刑事法律疑难案件的解决,更重要的功能在于能够指导具有相似性的刑事法律疑难案件,做出在法律适用上同类型的判决,这在一定程度上保障了法律的普适性,进而维护了司法的权威性。

有学者指出:我国最高人民法院的刑法解释权呈现扩张的态势,变相代行属于立法解释的统一法律解释功能,并且力图取代法官解释的个案评价功能,该种解释权的扩张侵蚀了权力的正当性。[①] 然而,在刑事法律疑难的案件中,通过最高人民法院的司法解释和指导性案例分别实现"造法"和"释法"的功能,寻求法律疑难案件的解决路径,相较于"法官造法"和"法官释法"而言,能够更为规范和统一的行使解释权,其解释内容更具有科学性,并能最大限度地避免司法腐败。

综上所述,刑事法律疑难案件的解决应当倚重最高人民法院的司法解释和指导性案例,法官的裁判解释必须在符合刑法、刑事诉讼法、最高人民法院司法解释和审判指导性案例的范畴内做出,其裁判解释不得超出上述范围做过大的扩张。通过最高人民法院实施"造法"和"释法"的功能,能够有效地限制法官的自由裁量,促进同类型的刑事法律疑难案件做出同类型的判决,有利于刑事法律疑难案件"同案同判"的实现。

[①] 参见王帅《最高人民法院刑法解释权的功能扩张与复归》,《政治与法律》2018 年第 6 期,第 94 页。

第十三章

刑事疑难案件在诉讼中的原则

在刑事诉讼中,除了遵循刑事法律、程序、常识外,也应当遵循原则。尤其当出现刑事事实疑难或者法律疑难的情形时,遵循一定的刑法原则,能够有效降低刑事疑难案件在诉讼中演变为刑事错案的几率,使刑事疑难案件始终沿着合理性的解决方向而行,有利于刑事疑难案件得出合理性的判决结论,也能最大限度地减少对犯罪嫌疑人施以非必要的司法强制措施。

第一节 "禁止双重危险"和"一事不再理"原则

禁止双重危险原则(The Principle of Prohibition Against Double Jeopardy)是英美法系国家的一项重要诉讼原则,其立足点是保护当事人权益的角度;一事不再理原则(The Principle of Non Bis in Idem)是大陆法系国家中的诉讼原则,其立足点是限制司法机关的重复审查,上述两个原则都有保护诉讼当事人免受重复讼累的作用,但二者也存在区别。我国目前还没有在诉讼中推行"禁止双重危险"原则,"一事不再理"原则也仅仅在民事诉讼中适用,尚未在刑事诉讼中推行。

一 确立刑事诉讼中的"禁止双重危险"原则

"禁止双重危险"原则系指:一个人不应因同一行为受到不止一次惩罚的原则,这一原则被认为是对双重危险的保护,并被纳入美国联邦和

41个州的宪法。① 因此，该原则主要基于被告的立场，以保护犯罪嫌疑人的人权为目的，禁止一个人因为同一种行为或者同一罪名，受到司法机关重复、多次的审判或处罚。值得注意的是，在美国适用"禁止双重危险"原则时，不以法院已经做出生效裁决为前提。只要被告因为同一行为或罪名已经受到审判，即使该审判并非终审裁判，仍然应当避免其重复经历司法程序的"二次危险"。这项原则有效地预防了审判机关滥用追诉权，增加了司法裁判的可预测性和稳定性。

（一）"禁止双重危险"原则在刑事疑难案件中的作用

美国对于"禁止双重危险"原则在刑事诉讼中的适用有严格的区分，法院撤销判决的依据将决定被告是否可能因这一特殊罪行再次面临起诉：当上诉法院以审判错误为由撤销原判决时，被告可能因为同一行为或同一罪名面临进一步的起诉；当上诉法院以证据不足为由撤销原判决时，应对"证据不足"的主张进行充分审查，在此基础上可以适用"禁止双重危险"原则，不得再基于同一罪名或被告实施的同一行为，再对其提起诉讼。② 鉴于美国对于"禁止双重危险"原则有严格的适用标准，这就要求侦查机关对刑事案件事实的侦查必须是充分的，控方对被告进行刑事起诉时必须以充足的证据为前提，否则当被告在上诉法院以证据不足为由推翻原判决后，鉴于"禁止双重危险"原则的法理，美国不允许权力机关再次将被告纳入司法程序。该项原则要求权力机关在刑事诉讼中的司法流程是谨慎的，从而起到保护被告权益，使其免受讼累的效果。

此外，"双重危险"条款不禁止被告对已定罪的案件成功上诉后，法院进行第二次审判。③ 为被告保留了被定罪后继续上诉的权利，体现了司法机关对刑事判决的审慎态度，不否认刑事判决存在错误的可能性，这也在一定程度上降低了刑事错案的概率。被告方可以通过对同一行为或同一罪名定罪后的上诉，补充证据、充分抗辩，实现自己的诉讼权利和

---

① 参见 Margaret Jones: "What Constitutes Double Jeopardy?," *Journal of Criminal Law and Criminology* (1931–1951), Vol. 38, No. 4 (Nov.–Dec., 1947), p. 379。

② 参见 Sarah O. Wang: "Insufficient Attention to Insufficient Evidence: Some Double Jeopardy Implications," *Virginia Law Review*, Vol. 79, No. 6 (Sep., 1993), pp. 1381–1415。

③ 参见 Ted B. Edwards: "Double Jeopardy Limits on Prosecutorial Appeal of Sentences," *Duke Law Journal*, Vol. 1980, No. 4 (Sep., 1980), p. 858。

目的。

正如布莱克曼（Blackman）法官认为的那样，"禁止双重危险"能够将被告因刑事诉讼所遭受的紧张和焦虑降到最低。[①] 不仅如此，通过禁止"双重危险"，保护公民不因同一行为或同一罪名受到反复的刑事追诉，可以增强国家机关谨慎运用其侦查、起诉和审判的权力，有效降低原本无罪的被告人受到定罪的可能性，进而从制度上减少由于权力机关的错误造成刑事错案的概率。

（二）国内刑事诉讼确立"禁止双重危险"原则的趋势性

正如美国学者指出的那样："对双重危险的保护，是公民的最重要的宪法权利之一。"[②] 我国在完善刑事疑难案件的处理原则时，应适时将"禁止双重危险"原则纳入刑事诉讼原则之中。该项原则实质上是将办理刑事案件时，侦查机关疏于查证案件事实，检察机关对缺乏证据案件的起诉等责任归于办案机关，公民不得在证据不足的情况下受到刑事控诉，这将反向促使权力机关在办理刑事案件的过程中更加严谨、积极、合法地收集证据，并谨慎提起控诉。确立"禁止双重危险"原则，为了避免真正的罪犯因为"禁止双重危险"而免受处罚，将促使公安机关和检察院在尽可能查明案件事实、证据充分的情况下才提起控诉，从而减少因为案件事实疑难导致的刑事错案。

尽管在国内的刑事诉讼中尚未推行"禁止双重危险"原则，现行的《刑事诉讼法》也未明确做出对此项原则的规定。但中国政府于1998年10月在联合国总部签署了《公民权利和政治权利国际公约》（*International al Covenant on Civil and Political Rights*），该公约第十四条专门针对个人在受到刑事指控和进行刑事诉讼时的权利义务进行规定，其中第七款指出："任何人已依一国的法律及刑事程序被最后定罪或宣告无罪者，不得就同一罪名再予审判或惩罚。"该项约定实质内容即是保护公民在刑事诉讼中禁止受到"双重危险"。尽管国内目前尚未履行批准该公约的法定程序，

[①] 参见张中《解析"双重危险"——以美国禁止双重危险原则的历史嬗变为视角》，《诉讼法论丛》第10卷，2005年7月15日，第224页。

[②] Alexander Sidney Lanier："Prohibition and Double Jeopardy，" *The Virginia Law Register*，New Series，Vol. 8，No. 10（Feb.，1923），p. 743.

但从我国近年来的系列司法体制改革趋势来看,批准并履行该公约,在国内的刑事诉讼中正式确立"禁止双重危险"原则仅仅是时间问题。

二 "一事不再理"原则在刑事疑难案件中的适用

"一事不再理"原则系指:对于已经被宣告确定判决的行为,不得再次起诉和审理。[①] 因此,该原则主要基于审判机关的立场,在法院判决已经确定生效的情形下适用。"一事不再理"原则一方面可以为了维护司法裁判的既判力和安定性,另一方面也避免被告因为同一行为被再次起诉和审理。然而,刑事诉讼中的事实真相是影响案件走向的最关键因素,如果过于强调对已经生效的刑事判决适用"一事不再理"原则,可能导致被错判的被告无法翻案。尽管刑事诉讼是基于案件事实和在证据充分的前提下才能做出判决,但由于事实真相存在疑难,无法保证每个刑事案件都是基于事实真相而做出的判决。刑事案件存在错判的可能性,因此在刑事案件中"一事不再理"原则不能一概而论。

在刑事疑难案件中,对于"疑罪从无"和"罪疑从轻"两种判决情形,在适用一事不再理原则时应当有所区别。首先,前者应当鉴于对刑法的既判力,对于已经生效的"疑罪从无"判决,在没有新的客观事实、直接证据或存在法律疑难时,应维持"从无"的裁判。其次,当对刑事案件被告适用"罪疑从轻"判决时,则不能完全否定被告可能无罪的情形,该种情形下,一旦出现新的事实或证据,即使不是直接证据,但如果能够佐证被告人的无罪行为,即使该案的判决已经生效,甚至已经执行,也不能因为"一事不再理"而禁止被告翻案。

"一事不再理"原则目前在国内仅适用于民事诉讼中,尚未在刑事诉讼中推行。一旦适用于刑事诉讼,应当厘清适用的情形、标准,不能在刑事诉讼中,尤其不能在刑事疑难案件中一概而论地适用"一事不再理"原则。

综上来看,"禁止双重危险"原则和"一事不再理原则"在刑事诉讼中的适用阶段、各自的侧重点等方面都存在一定的区别,不能将二者等

[①] 参见秦宗文《"一事不再理"的法理与立法选择》,《现代法学》2004年第5期,第89页。

同。前者在我国尚未确立,后者目前也仅仅在国内的民事诉讼中适用。结合适用"禁止双重危险"原则的国家实施现状,和"一事不再理"原则在国外以及国内民事诉讼中的适用来看,两项原则的主要区别在于:第一,"禁止双重危险"原则重点是防止权力机关对公民滥用追诉权,其作用在于限制司法权的滥用,并保障司法秩序的安定性;而"一事不再理"原则重点是防止审判机关基于同一事实做出不同的裁判,其作用在于维护司法的既判力和权威性。第二,"一事不再理"原则仅对已经生效的法律判决适用,限制控辩双方或者审判机关对已经生效的判决重新审判;而"禁止双重危险"原则的适用以已经接受过审判为要件,即使该审判尚未形成生效判决,仍能通过该原则保护被告不再受到重复起诉和审判。两项原则可以同时适用于刑事诉讼的不同阶段,"禁止双重危险"原则属于"事中保护",适用于刑事诉讼的审判阶段;"一事不再理"原则属于"事后保护",适用于刑事判决生效后。

第二节 刑法不得已原则与谦抑原则的区别适用

刑法不得已原则和谦抑原则就刑法是否有独立的调整对象而言,有不同的立场。前者认为刑法有独立的调整对象,即:全体公民基本人权与个人基本人权之间的冲突关系。因此,刑法为了保护全体公民的基本人权不得已要对个体、少数人适用刑罚,以阻止、威慑、规范某些不法行为。后者认为刑法没有独立的调整对象,是"谦让"于民法、行政法的保障法。[①] 尽管二者由于刑法是否有独立调整对象的观点不同,而分为不同的刑法立场,实质上在刑事疑难案件中,两种原则都能发挥作用。需要明确的是,刑法不得已原则与谦抑原则并不是非此即彼的、相互对立的原则。从不同的角度切入,选择不同的原则适用于刑事疑难个案中,能够增加疑难案件裁判的合理性,作为一种裁判思路,可辅助法官在刑事诉讼中有效率地解决疑难案件。

[①] 参见梅象华《继承与超越:刑法不得已原则之于谦抑原则》,《河北法学》2014 年第 10 期,第 63—65 页。

一 刑法不得已原则在刑事疑难案件中的适用

有学者指出:"刑法不得已原则系指在道德、习俗和其他法律规范不能有效调整社会关系时,才由刑法调整,如果不用刑法调整,相应的法律制度就会崩溃,人民群众感到自身利益从根本上将受到威胁。"[①] 因此,当刑事案件中出现空白规则的情形,是否应当运用刑法去规范新出现的行为,主要应当考察该种行为的社会危害性,以及该种行为是否仅仅运用道德、习俗加以规范即可,抑或必须借助刑法予以制止。如果必须运用刑法加以遏制该空白规则的行为,则应以刑法不得已原则为切入,为个案的裁判提供路径。当刑法尚未对某个行为进行规范、约束,刑事个案中该行为没有相应的刑法规则可以适用,如果只是简单地根据"罪刑法定"原则作为判案的法理依据,认为"法无明文规定不为罪",单纯地将该种空白规则的法律疑难利益归于被告而判定被告无罪,可能丧失弥补法律漏洞的机会,更可能放任某种社会危害较大但法律尚未加以约束的行为。该种情形似乎是"罪行法定"与刑法不得已原则之间的冲突,而刑法不得已原则可以为约束社会危害性大,且属于空白规则情形的个案提供法理依据。

因此,个案中是否适用刑法不得已原则主要应当考察以下几个方面:第一,考察个案中新型行为的社会危害性,如果该行为的社会危害性大则应当侧重刑法不得已原则;第二,该行为是否可以由道德、习俗加以规范,如果不能,则可以结合该行为的社会危害性分析是否选择刑法不得已原则。第三,引发被告实施该行为的原因是否是被动的,该种行为重复性发生的概率是否非常低。如果个案中的空白规则行为具有较大的社会危害性,不能仅仅通过道德、习俗进行约束,又有重复发生扩大社会影响的可能性,则应以刑法不得已原则为切入研判个案。

除了空白规则的法律疑难情形外,刑事诉讼中如果出现不良规则、模糊规则、漏洞规则、冲突规则等情形时,都可先基于上述三个方面进行考察,再选择是否倚重刑法不得已原则的思路进行裁判。值得注意的

---

① 杨艺红、梅象华:《论犯罪的实质界域——以刑法不得已原则解读》,《河南科技大学学报》2012年第1期,第84页。

是，正如有学者指出的那样：该原则以不予刑法调整是否会崩溃指引刑事立法，并以刑事处罚是否对行为造成褒奖、是否契合民众意愿来考量刑事司法。① 因此，在考察是否适用刑法不得已原则时，社会影响及危害应作为主要考察因素，在此基础上再进一步考察该行为的重复性影响及其是否被道德、习俗规范。

二　谦抑原则在刑事疑难案件诉讼中的作用

日本学者通常认为刑法谦抑原则的内容主要包含：刑法的补充性、片断性和宽容性三个方面。② 因此，刑法是在其他部门法不能有效防止犯罪的情形下的最后手段，用以规制具有较大社会危害性的行为，在此基础上，能不动用刑法则不用。有学者进一步指出：因为刑法是国家对公民权利的所有干涉中最严厉的一种，只有在其他轻缓手段不能充分保证效果的前提下，才允许适用刑法。③ 这亦是刑法谦抑原则的精髓。

谦抑原则主要体现在刑法的立法阶段，用以衡量某种行为是否需要刑法加以规制，或者是否需要在某些领域设置刑法。尽管谦抑原则主要适用于立法环节，④ 但我国是成文法国家，成文法律不可能全面地规制社会生活的各个方面。随着社会进步，新生事物的不断涌现，可能出现各种新的需要界定的行为，对由于新生事物引起的新生行为可能出现没有法律适用的情形，这些行为是否需要刑法加以约束本身也是一种法律疑难。

此外，刑法的谦抑性还体现在对被告的量刑上。尤其在刑事疑难案件中，当个案存在事实疑难或者法律疑难情形，当法官已经排除适用"疑罪从无"时，应对被告采取具有谦抑性的刑罚，适当将存疑利益给予被告。尽管《中华人民共和国刑法》第五条规定："刑罚的轻重，应当与

---

① 参见童春荣《刑法不得已原则之提倡——与刑法谦抑性比较的抉择》，《湖北社会科学》2015年第7期，第153页。
② 参见马克昌《我国刑法也应以谦抑为原则》，《云南大学学报》（法学版）2008年第5期，第3页。
③ 同上书，第2页。
④ 谦抑原则通常认为以下两种情形没有设置刑法的必要：第一，如果将某种行为设定为犯罪行为，仍不能起到预防、控制该行为的效果；第二，如果可以用行政、民商事、经济等手段来有效控制和防范某行为，则无刑事立法的必要性。

犯罪分子所犯罪行和承担的刑事责任相适应。"① 该法规要求在个案中要实现罪行、责任、刑罚相均衡。② 然而，罪行均衡原则并不否定谦抑原则，尤其在刑事疑难案件中，更应侧重谦抑原则为裁判思路。首先，当刑事诉讼中出现事实疑难的情形，应当考虑刑法的谦抑性，尤其当存在客观事实存疑，法律事实冲突等影响查明案件事实真相的情形时，不得简单因为行为有较大的社会危害性而将被告定罪。当案件出现事实疑难，对被告"是否真的有罪"的查明应当优先于对其"犯罪行为"的惩罚，否则不仅可能使真正的罪犯逃脱刑罚，还可能将无罪之人定性为有罪。此时，刑法应当遵循谦抑原则，做出"疑罪从无"或者"罪疑从轻"的裁判。其次，当刑事案件出现空白规则的情形，司法机关决定要对被告人施以刑罚时，谦抑原则还可以辅助法官判断应当对被告适用刑罚的轻重。

总的来讲，无论在立法环节还是司法裁判环节，谦抑原则都提倡"慎刑"，要求慎立刑法、慎判刑罚，这种审慎在刑事疑难案件中尤为必要，也更能发挥存疑利于被告的作用，进而保护刑事疑难案件中的犯罪嫌疑人的人权。

综上来看，当刑事案件出现空白规则时，是否应当通过司法解释或法官裁判来对被告人施以刑罚，基于刑罚不得已原则可选择对其实施惩罚，基于谦抑原则可选择对其免除惩罚。在不同的刑事疑难阶段，面对不同的疑难类型、疑难原因，解决案件的侧重点可能不同。部分疑难案件可能侧重于保护全体公民的基本人权而选择刑法不得已原则为切入；有的疑难案件中被告的行为社会危害不大，在裁判或量刑时可能更侧重刑法的谦抑性。

对于不同的刑事疑难情形，分别选取刑法不得已原则或谦抑原则为切入寻求合理裁判路径，仅为一种解决部分刑事疑难案件的思路，用以增加刑事疑难案件裁判的合理性。因为大多数的刑事案件通常不存在疑难情形，而少数刑事疑难个案如果得不到有效的解决，不仅增加当事人的讼累，还可能导致反复对被告人施以羁押或刑罚，案件久拖不决也将

---

① 《中华人民共和国刑法》第五条，1979 年 7 月 1 日颁布，2017 年 11 月 4 日执行。
② 即刑法的罪行均衡原则。

持续耗费司法资源。而在刑事疑难案件中,运用哪一种原则既能更为合理的解决实际问题,也能达成被告人与被害人之间的基本共识,本身亦是一种应然层面上的疑难情形。因此,不将两种原则置于非此即彼的状态似乎更有利于将其运用于司法实践,解决实际的问题。

第十四章

结　　论

　　之所以选择将刑事案件作为"疑难案件理论"的部门法实证研究，皆因近年来我国屡屡出现的刑事错案几乎都属于事实疑难的案件，而国内外对于疑难案件理论的研究又多以法律疑难为主，对事实疑难的理论研究较少。每个个案的事实不尽相同，事实之间可能存在冲突，对事实的认定失之毫厘，谬之千里，并且刑事案件中错误的事实认定将严重危害当事人的基本权利。在法律疑难方面，尽管国内外对法律疑难的研究理论已经相对深入，仍在法律规范和非法律规范如何影响法官裁判，以及刑事存疑案件如何适用对嫌疑人有利的原则等方面，存有可研究的空间。刑事案件中的事实与法律可能同时存疑，不应将事实疑难与法律疑难进行人为割裂。若能将刑事案件中的事实疑难与法律疑难合为一体进行研究将更加系统，更利于解决司法实践中的疑难问题。实际上，无论是事实疑难还是法律疑难，都阶段性地存在实然和应然层面的疑难问题，如何更好地处理实然与应然层面的疑难，正是将疑难案件理论与司法实践接轨的落脚点，也是本书选择从法理角度为切入点，研究刑事疑难案件的实践意义。

　　从第五章对案件事实疑难情形的分析来看，事实疑难的应然层面只以案件事实之间存在冲突为前提，而当道德、伦理等价值因素与事实认定存在冲突时，不应列入应然的层面去考察，这点与法律疑难存在差别。只有当案件事实之间存在冲突，出现应当如何认定的问题时，才可以将道德、伦理等价值作为如何认定的参考因素。对事实的认定应当有迹可循，这也是司法公信力的保障。否则，公民对"媒体审判"形成路径依赖，在个案中惯性寻求媒体舆论的力量影响裁判，将严重影响司法的权威，也不利于案件得到公正、客观的审判。值得注意的是，无论是对案件事实冲突的应然解决，还是法律适用中包括法律规范内部和超越法律规范的应然处理方式，在参考道德、伦理、公序良俗等价值因素时，都必须同时考虑到判决结果将要带来的社会影响，将对人们行为带来的导向性，这是确保在应然层面合理解决事实和法律疑难的必要前提。

本书在第九章分析了法律适用中的疑难情形，第十章通过研究哈特与德沃金以各自法学流派为视角的疑难观，分析了二者对解决法律疑难的理论争议，该种争议本质上也是一种法律疑难。德沃金与哈特关于疑难案件理论之争，后者似乎已经在法理学界取得了"压倒性"的胜利，但德沃金基于自然法视角的疑难案件理论似乎更能与笔者的内心产生共鸣。实证法的确能够契合司法实践，实现形式正义，有利于提高刑事案件的结案效率。但在刑事疑难案件中，尤应将实质正义作为司法裁判的价值追求，不能完全摒弃自然法的人文理念。以实证法视角和以自然法视角分别切入形成的疑难案件理论，并不是非此即彼的关系，在刑事疑难案件中应当各取其优。

第七章和第十一章分别对我国的刑事事实与法律疑难案件应当在哪些存疑情形下，适用"利益归于被告"的原则进行了研究。刑事案件不同于民商事案件主要涉及财产等与人身无关的纠纷，民事案件双方当事人都具有对各自主张举证的责任，也各自承担其举证不利的后果；也不同于行政法案件，公民对行政行为可以申请行政复议，救济渠道多样化。一旦涉及刑事公诉案件，无论是事实疑难还是法律疑难，国家侦查、起诉、审判机关都具有查明案件事实真相的责任，司法机关同时还担负着正确适用法律的责任。因此，刑事案件中，从侦查、起诉到司法审判阶段的事实与法律审查过程中，如果出现事实疑难或法律疑难的情形，都应当予以同等的重视。根据疑难出现的不同阶段、不同类型，相应的公、检、法机关在各自负责的阶段内，都存在是否适用"利益归于被告"原则的问题。

本书的基本结论主要有三点：第一，从刑事案件侦查、起诉、审判三个阶段的法理来看：在侦查阶段，公安机关主要考察案件的客观事实疑难，根据个案中的客观事实之间是否存在冲突，是否存在"合理怀疑"，是否存在疑点等，相应地做出不实施强制措施、不予立案等利于被告的措施。在起诉阶段,检察院在综合考察客观事实与法律事实疑难的基础上,如果存在案件事实疑难,根据疑难的类型、程度,是否符合"合理怀疑"的标准等,相应地做出补充侦查、不起诉等利于被告的措施。在司法审判阶段,当存在事实疑难时,法官需要具体区分出客观事实疑难与法律事实疑难的类型,再根据不同类型的疑难情形做出是否适用"罪疑从轻""疑罪从无"的裁定。在法律疑难方面,是否适用"存疑利于被告"的原则尚有争议,但我国已有对被告的量刑采取从轻的案例,这也是一种法治观念的进步。

第二,从刑事案件中对"疑难"的处理来看:刑事案件中的疑难点不仅仅是一种客观存在,侦查、起诉、审判机关在办理案件的过程中,一旦发现了疑难点,首先需具备详细区分疑难类型的能力,在此基础上实施相应的合理的司法行为,对案件中的疑难点做出积极的"利于嫌疑人"的反应,而不是消极的"知道即可"。如此可以在侦查阶段减少错误的超期羁押,在起诉阶段减少客观事实不清、证据不足的起诉,在审判阶段合理运用"罪疑从轻""疑罪从无",从而起到保障人权的良性效果,减少刑事案件在各个环节中形成错案可能。

司法实践中,为了避免由于刑事案件中的事实疑难和法律疑难产生刑事错案,应强调在侦查、起诉、审判三个阶段分别降低对犯罪嫌疑人实施司法措施的错误率。对于刑事错案,应分侦查、起诉、审判三个阶段分别进行错误原因的追溯,并重点审查公安、检察院、法院的相关办案人员,在刑事错案的事实认定,以及实施强制措施方面的错误。同时,将办案人员在刑事案件中的事实认定及处理方式等错误纳入刑事错案惩罚机制,相关办案人员应对刑事个案在司法流程中的明显错漏负责,从而促使办案人员在处理刑事疑难案件时更加谨慎,达到降低刑事错案率的效果。在审判阶段,尤其是终审法院,应当在判决之前,就疑难案件的判决争议、理由及决定形成书面意见,一旦发现错案则便于责任的追溯,[①] 以此来限制法官过度的适用自由裁量权以及可能的司法腐败。同时,应将审判阶段的刑事错案与法官的退出机制相结合,对审判中确有

[①] 参见 W. M. Lile: "'One-Judge' Decisions in Courts of Last Resort," *The Virginia Law Register*, Vol. 20, No. 1 (May, 1914), p. 4.

错误，因个人原因造成冤假错案的情形予以惩罚。①

第三，从同案同判的角度来看，正如英格拉姆所强调的那样：遵守一项规则，或遵守指导行为的法律规则体系，就是接受了同案应该同判的原则。② 随着科技、社会的不断发展，现实生活的瞬息万变，案件事实总是推陈出新。对于疑难案件想要实现完全的同案同判几乎不可能，因为个案的事实总会存在些许差别，而事实上案件细微的差别可能会改变案件认定的方向，并影响法官的裁量。更有学者明确地指出："同案同判"近似一个虚构的法治神话。③ 既然如此，同案同判作为一种司法追求，意义何在？当然是为了最大限度地实现法律对每个受众的公平正义。

具体到刑事案件中，对存在事实疑难的案件，应首先厘清属于客观事实疑难还是法律事实疑难。对于客观事实疑难，应运用侦查技术，至少是穷尽侦查技术，排除案件的"合理怀疑"。对于法律事实疑难，应尽可能合法、合理地④找到关于法律事实认定的唯一正解，法律事实通常以客观事实为基础，如果客观事实存在疑点，则可能直接影响到法律事实的认定，因此当法律事实存在疑问时，应首先回到客观事实的考察上。当现有的案件事实存在冲突，无法通过当下的科技与侦查技术找出案件的客观真相，在法律没有规定应当如何处理或认定的情况下，还应运用排除事实疑难的方法论，至少实现个案中事实认定的合理性。最后，结合已经合理审结的同类型疑难案例进行参考，得出结论。

对于法律疑难的案件，应首先在排除了事实疑难的基础上进行考察。关于法律疑难应分为实然和应然两个层面，递进地考察：首先，从实然层面，找出法律疑难的原因，是因为规则存在漏洞、空白，还是规则与原则存在冲突，找出法律疑难的关键点之后，再从实然的角度考察法律的适用。其次，从应然层面来看，主要对实然层面的法律适用进行应然

---

① 参见张晓冉《中国法官退出机制研究》，《广东社会科学》2016 年第 3 期，第 255 页。

② 参见 Peter Ingram: Maintaining the Rule of Law, *The Philosophical Quarterly* (1950 -), Vol. 35, No. 141, Special Issue: Philosophy and the Law (Oct., 1985), p. 361。

③ 参见周少华《同案同判：一个虚构的法治神话》，《法学》2015 年第 11 期，第 131—140 页。

④ 对于事实疑难的案件，认定过程以合法为主，合理作为例外。即形式推理、实质审查为主，实质推理为例外，但并非完全地排除实质推理。部分对嫌疑人有利的实质推理也并非完全不能适用在个案中。

的考察，例如是否属于"恶法"，是否与道德存在冲突等。最后，在综观实然与应然的层面来看：如果实然与应然不存在冲突则应当按照实然层面的法律适用；如果实然与应然存在冲突，则应上升到理论高度，根据个案，选择采取自然法的"恶法非法"抑或是实证主义的"恶法亦法"做出裁判。而刑事案件中，尽管对于"恶法非法"的概念仍存有争议，不能完全推翻现有的成文法律规则影响法官的定罪，却可以在个案中，影响法官的量刑。须知，在法律疑难的案件中，法官对被告核定比法定刑罚更轻的量刑，也是"恶法非法"的一种司法实践。

对于事实与法律同时存疑的案件，应以排查直接影响案件走向的事实疑难为基础，考察案件事实是否已经得出了"唯一正确答案"。如果案件事实存疑，且达到合理怀疑的程度，则不需要再进行法律疑难的考察。如果案件事实存在不影响事实认定的疑点，虽然可以进行法律疑难的考察，但在最终裁定罪名和量刑时，需要结合个案中的事实疑点进行综合考量，是否可以适用"存疑利于被告"的原则。

值得注意的是，刑事案件与民事案件不同，刑事案件中侦查、起诉、审判三个阶段都可能存在疑难，侦查与起诉阶段主要体现为事实疑难，审判阶段主要体现为法律疑难。须知侦查、起诉、审判三个阶段皆在司法体系内，尽管刑事案件中三个阶段的疑难情形各有不同，但都应当遵守"司法诚信的一致性标准"。因此，"同案同判"在刑事案件中应做广义的理解，重点在审判阶段，但又不仅仅适用于审判阶段，对侦查、起诉阶段的事实疑难也同样适用。例如：个案中若存在客观事实疑难，无法形成完整的证据链，通过补充侦查也无法提供更多的证明材料，只要符合上述情形的疑难，在侦查阶段的同类型案件中都不得对嫌疑人进行"有罪推定"，对嫌疑人实施超期羁押或者其他侵害人身权利的强制措施。

正如恩迪科特所言："如果政府不能同案同判，如果它不能一以贯之地对待人民，那么政府就是专制的。"[1] 同案同判作为一种司法理想的状态与追求，是在疑难案件中，为法官行使自由裁量权划定的界限。作为一种司法的实践，从实然角度来看，要实现疑难案件的同案同判，应首

---

[1] Timothy A. O. Endicott: "The Impossibility of the Rule of Law," *Oxford Journal of Legal Studies*, Vol. 19, No. 1 (Spring, 1999), p. 3.

先对疑难案件的类型进行细致的区分，根据事实疑难和法律疑难以及两大类型疑难案件的再分类确认个案的疑难类型。在确定了疑难类型的基础上，针对不同的疑难种类，首先找到案件事实的唯一正解，再结合法律与价值判断进行综合衡量。即：先做好事实疑难到法律疑难的排除，再对个案进行从实然到应然的推理。务求对同类型的事实疑难案件，同类型的法律疑难案件，以同案同判为界，得出在法律适用上、应然理论上、利于被告的原则上、量刑上的同案同判。以起到限制法官自由裁量的作用，实现法律面前人人平等。

参考文献

一 外文文献

Aharon Barak: The Theoretical Basis for Purposive Interpretation, Purposive Interpretation in Law, Princeton University Press, 2005.

Alexander Sidney Lanier: "Prohibition and Double Jeopardy," *The Virginia Law Register*, *New Series*, Vol. 8, No. 10, Feb., 1923.

Amanda Perreau-Saussinereview: An outsider on the inside: Hart's Limits on Jurisprudence, University of Toronto Press, The University of Toronto Law Journal, Vol. 56, No. 4, Autumn, 2006.

Andrei Marmor: "No Easy Case," *Canadian Journal of Law and Jurisprudence*, 1990.

Andrei Marmor: "The Rule of Law and Its Limits," *Law and Philosophy*, Vol. 23, No. 1, Jan., 2004.

Anthony Kenny: The morality of the criminal law by H. L. A. Hart, *New Blackfriars*, Vol. 48, No. 559, December 1966.

Anthony Simon Laden: The House That Jack Built: That Years of Reading Rawls, *Ethics*, Vol. 113, No. 2, January 2003.

Austin, J.: How to Do Things With Words, 2nd edition, Cambridge, MA.: Harvard University Press, 1975.

Barry Hoffmaster: Understanding Judicial Discretion, *Law and Philosophy*, Vol. 1, No. 1, Apr., 1982.

Barry Siegal: "Double Jeopardy and Due Process," *The Journal of Criminal Law*, Criminology, and Police Science, Vol. 59, No. 2, Jun., 1968.

Benjamin N. Cardozo: The Nature of the Judicial Process, New Haven,

Conn.: Yale University Press, 1921.

Brian Bix: "H. L. A. Hart and the 'Open Texture' of language," *Law and Philosophy*, Vol. 10, No. 1, Feb., 1991.

Brian Bix: Law, Language, and Legal Determinacy, Oxford: Claredon Press, 1993.

Brian Bix: "Michael Moore's Realist Approach to Law," *University of Pennsylvania Law Review*, Vol. 140, No. 4, Apr., 1992.

Brian Z. Tamanaha: Law as a Means to an End: Threat to the Rule of Law, New York: Cambridge University Press, 2006.

Bryan A. Garner, ed., Black's Law Dictionary, 8th ed., St. Paul, Minn.: Thomson/West, 2004.

Cf. Aulis Aarnio: Reason and Authority, A Treatise on the Dynamic Paradigm of Legal Dogmatics, Aldershot: Ashgate Publishing Ltd., 1997.

Ch. Perelman: *Self-Evidence and Proof*, Cambridge University Press on behalf of Royal Institute of Philosophy, Philosophy, Vol. 33, No. 127, Oct., 1958.

Christopher Osakwe: The Bill of Rights For the Criminal Defendent in American Law, in Human Rights in Criminal Procedure, Hague: Nartinus Nijhoff Publishers, 1982.

D. D. Raphael Reviewed: "Reviewed Work (s): Causation in the Law by H. L. A. Hart and A. M. Honoré," *Philosophy*, Vol. 37, No. 139, Jan., 1962.

F. C. Auld review: The Law in Quest of Itself: Being a Series of Three Lectures Provided by the Julius Rosenthal Foundation for General Law, and Delivered at the Law School of Northwestern University at Chicago in April, 1940 by L. L. Fuller, *The University of Toronto Law Journal*, Vol. 4, No. 1 (1941), University of Toronto Press.

Franklin A. Nachman: Posttrial Alchemy: Judgments Notwithstanding the Verdict, Litigation, Vol. 15, No. 3, APPEALS, 1989.

Geoffrey C. Shaw: H. L. A. Hart's Lost Essay: "Discretion" and the Legal Process School, Published by: The Harvard Law Review Association, Harvard Law Review, Vol. 127, No. 2, DECEMBER 2013.

George Pitcher: A Theory of Perception, Princeton: Princeton University Press, 2015.

Grant Lamond: "The Coerciveness of Law," *Oxford Journal of Legal Studies*, Vol. 20, No. 1, Spring, 2000.

H. L. A. Hart: "Are There Any Natural Rights?," *The Philosophical Review*, Vol. 64, No. 2, Apr., 1955.

H. L. A. Hart: "Between Utility and Rights," *Columbia Law Review*, Vol. 79, No. 5, Jun., 1979.

H. L. A. Hart: "Discretion," *Harvard Law Review*, Vol. 127, No. 2, December 2013.

H. L. A. Hart: Justice, *Philosophy*, Vol. 28, No. 107, Oct., 1953.

H. L. A. Hart: "Positivism and the Separation of Law and Morals," *Harvard Law Review*, Vol. 71, No. 4, Feb., 1958.

H. L. A. Hart: "Rawls on Liberty and Its Priority," *The University of Chicago Law Review*, Vol. 40, No. 3, Spring, 1973.

H. L. A. Hart: Scandinavian Realism, *The Cambridge Law Journal*, Vol. 17, No. 2, Nov., 1959.

H. L. A. Hart: Signs and Words, The Philosophical Quarterly (1950 –), Vol. 2, No. 6, Jan., 1952.

H. L. A. Hart: "Social Solidarity and the Enforcement of Morality," *The University of Chicago Law Review*, Vol. 35, No. 1, Autumn, 1967.

H. L. A. Hart: "The Ascription of Responsibility and Rights," *Proceedings of the Aristotelian Society*, New Series, Vol. 49, 1948 – 1949.

H. L. A. Hart: The Concept of Law, 2nd ed., Oxford: Oxford University Press, 1994.

H. L. A. Hart & Tony Honoré: Causation in the Law, Oxford: Clarendon Press, Second Edition, 1985.

Jerome Hall: General Principles of Criminal Law, 2nd ed., Indianapolis, Ind.: Bobbs-Merrill, 1960.

Jimmy J. Williams: "Controlling the Judge's Discretion: Appellate Review of

Departures Made in Sentencing Guideline Cases," *The Justice System Journal*, Vol. 17, No. 2, 1994.

Joel Yellin: "Evidence, Proof and Probability. by Richard Eggleston," *Journal of Economic Literature*, Vol. 17, No. 2, Jun., 1979.

John Austin: The Practice of Jurisprudence Determined, ed. Wilfrid E. Rumble, New York: Cambridge University Press, 1995.

John F. Manning: "The Absurdity Doctrine," *Harvard Law Review*, Vol. 116, No. 8, Jun., 2003.

John Rawls: *A Theory of Justice*, The Belknap Press, 1999.

Joseph Raz: Ethics in the Public Domain: Essays in the Morality of Law and Politics, Oxford: Clarendon Press 1995.

Joseph Raz: Legal Positivism and the Sources of Law, in the Authority of Law, Oxford: Clarendon Press, 1979.

Joseph Raz: Legal Reasons, Source, and Gap, in The Authority of Law: Essays in Law and Morality, Oxford: Clarendon Press, 1979.

Joseph Raz: Practical Reason and Norms, Oxford University Press, 1999.

Joseph Raz: The Authority of Law: Essays on Law and Morality, New York: Oxford University Press, 1979.

Joshua Dressler: Understanding Criminal Law, 3rd ed., New York: Lexis, 2001.

Larry Alexander and Emily Sherwin: The Rule of Rules, Durham, N. C.: Duke University Press, 2001.

Lon L. Fuller: "The Forms and Limits of Adjudication," *Harvard Law Review* 92, 1978.

Lon L. Fuller: *The Morality of Law*, New Haven and London, Yale University Press, 1969.

Lorenzo Zucca: "A Theory of Constitutional Rights by Robert Alexy and Julian Rivers," *The International and Comparative Law Quarterly*, Vol. 53, No. 1, Jan., 2004.

Madison powers: Truth, Interpretation, and Judicial Method in Recent Anglo-American Jurisprudence, Published by: Vittorio Klostermann GmbH,

Zeitschrift für philosophische Forschung, Bd. 46, H. 1, Jan. – Mar. , 1992.

Margaret Jones: "What Constitutes Double Jeopardy?," *Journal of Criminal Law and Criminology* (1931–1951), Vol. 38, No. 4, Nov. – Dec. , 1947.

Michael Mandel: "Dworkin, Hart, and the Problem of Theoretical Perspective, Published by: Wiley on behalf of the Law and Society Association," *Law & Society Review*, Vol. 14, No. 1, Autumn, 1979.

Michael Moore: Law as a Functiinal Kind, in Natural Law Theory: Contemporary Essays, ed. Robert P. George, Oxford: Oxford University Press, 1992.

Michigan Law reviewed: H. L. A. Hart on Legal and Moral Obligation, Published by: The Michigan Law Review Association, Vol. 73, No. 2, Dec. , 1974.

Morris Ginsberg reviewed: "Punishment and the Elimination of Responsibility, L. T. Hobhouse Memorial Trust Lectures No. 31 by H. L. A. Hart; Law, Liberty and Morality by H. L. A. Hart," *The British Journal of Criminology*, Vol. 4, No. 3, JANUARY 1964.

Neil Duxbury: "Faith in Reason: The Process Tradition in American Jurisprudence," *Cardozo Law Review* 15, 1993.

Neil MacCormick: Legal Reasoning and Legal Theory, Oxford: Clarendon Press, 1978.

Nicola Gennaioli and Andrei Shleifer: "Judicial Fact Discretion," *The Journal of Legal Studies*, Vol. 37, No. 1, January 2008.

Peter Ingram: "Maintaining the Rule of Law," *The Philosophical Quarterly* (1950 –), Vol. 35, No. 141, Special Issue: Philosophy and the Law, Oct. , 1985.

Philip Milton reviewed: Essays in Jurisprudence and Philosophy by H. L. A. Hart; H. L. A. Hart by Neil MacCormick, The Modern Law Review, Vol. 47, No. 6, Nov. , 1984.

Robert Alexy: A theory of Constitutional Rights (Translation), Rivers, A J. Liii ed. Oxford: Oxford University Press, 2002.

Ronald Dworkin: "Darwin's New Bulldog," *Harvard Law Review*, Vol. 111, No. 7, May. , 1998.

Ronald Dworkin: "Does Law Have a Function? A Comment on the Two-Level

Theory of Decision," *The Yale Law Journal*, Vol. 74, No. 4, Mar., 1965.

Ronald Dworkin: "Hard Cases," *Harvard Law Review*, Vol. 88, No. 6, Apr., 1975.

Ronald Dworkin: Hard Cases, in Taking Rights Seriously, Cambridge, Mass.: Harvard University Press, 1977.

Ronald Dworkin: "Hart's Postscript and the Character of Political Philosophy," *Oxford Journal of Legal Studies*, Vol. 24, No. 1, 2004.

Ronald Dworkin: "Is There a Right to Pornography?," *Oxford Journal of Legal Studies*, Vol. 1, No. 2, Summer, 1981.

Ronald Dworkin: "Judicial Discretion," *The Journal of Philosophy*, Vol. 60, No. 21, American Philosophical Association, Eastern Division, Sixtieth Annual Meeting, Oct. 10, 1963.

Ronald Dworkin: Law as Interpretation, Critical Inquiry, Vol. 9, No. 1, The Politics of Interpretation, Sep., 1982.

Ronald Dworkin: Law, Philosophy and Interpretation, ARSP: Archiv für Rechts-und Sozialphilosophie/Archives for Philosophy of Law and Social Philosophy, Vol. 80, No. 4, 1994.

Ronald Dworkin: "Law's Ambitions for Itself," *Virginia Law Review*, Vol. 71, No. 2, Mar., 1985.

Ronald Dworkin: Law's Empire, Harvard University Press, 1986.

Ronald Dworkin: Liberal Community, *California Law Review*, Vol. 77, No. 3, Symposium: Law, Community, and Moral Reasoning, May, 1989.

Ronald Dworkin: "Philosophy, Morality, and Law. Observations Prompted by Professor Fuller's Novel Claim," *University of Pennsylvania Law Review*, Vol. 113, No. 5, Mar., 1965.

Ronald Dworkin: Response to overseas commentators, Oxford University Press and New York University School of Law 2003, I. CON. Volume 1, Number 4, 2003.

Ronald Dworkin: "Social Sciences and Constitutional Rights— the Consequences of Uncertainty," *Journal of Law & Education*, Vol. 6, No. 1, 1977.

Ronald Dworkin, Sovereign Virtue: The Theory and Practice of Equality, Cambridge, MA: Harvard University Press, 2000.

Ronald Dworkin: The great abortion case, Reprinted with permission from the New York Review of Books, Copyright 1989 Nyrev, Inc.

Ronald Dworkin: "The Judge's New Role: Should Personal Convictions Count?," *Journal of International Criminal Justice* 1, 2003.

Ronald Dworkin: "Unenumerated Rights: Whether and How Roe Should Be Overruled, *The University of Chicago Law Review*," Vol. 59, No. 1, The Bill of Rights in the Welfare State: A Bicentennial Symposium, Winter, 1992.

Ronald M. Dworkin: "Is Wealth A Value?," *The Journal of Legal Studies*, Vol. 9, No. 2, Change in the Common Law: Legal and Economic Perspectives, Mar., 1980.

Ronald M. Dworkin: "The Model of Rules," *The University of Chicago Law Review*, Vol. 35, No. 1, Autumn, 1967.

Roscoe Pound: An Introduction to the Philosophy of Law, New Haven: Yale Univ. Press, 1922.

Roscoe Pound: "A Survey of Social Interests," *Harvard Law Review*, Vol. 57, No. 1, 1943.

Sambhav N. Sankar: Disciplining the Professional Judge, California Law Review 88, 2000.

Sarah O. Wang: "Insufficient Attention to Insufficient Evidence: Some Double Jeopardy Implications," *Virginia Law Review*, Vol. 79, No. 6, Sep., 1993.

S. B. Drury: "H. L. A. Hart's minimum content theory of natural law," *Political Theory*, Vol. 9, No. 4, Nov., 1981.

Stuart Hampshire and H. L. A. Hart: Decision, *Intention and Certainty*, Mind, Vol. 67, No. 265, Jan., 1958.

Stuart S. Nagel: Political Party Affiliation and Judges' Decisions, *The American Political Science Review*, Vol. 55, No. 4, Dec., 1961.

Ted B. Edwards: "Double Jeopardy Limits on Prosecutorial Appeal of Sentences," *Duke Law Journal*, Vol. 1980, No. 4, Sep., 1980.

Timothy A. O. Endicott: "The Impossibility of the Rule of Law," *Oxford Journal of Legal Studies*, Vol. 19, No. 1, Spring, 1999.

Timothy Endicott: Vagueness in Law, Oxford: Oxford University Press, 2001.

Walter Dean: "Negligence: Proof of Causation," *Michigan Law Review*, Vol. 48, No. 4, Feb., 1950.

Wilfrid J. Waluchow: Strong Discretion, The Philosophical Quarterly (1950 –), Vol. 33, No. 133, Oct., 1983.

William B. Hornblower: "A Century of 'Judge-Made' Law," *Columbia Law Review*, Vol. 7, No. 7, Nov., 1907.

Wittgenstein, L.: Philosophical Investigations, 3rd edition, N. Y.: The Mac Millan Company, 1958.

W. M. Lile: "'One-Judge' Decisions in Courts of Last Resort," *The Virginia Law Register*, Vol. 20, No. 1, May, 1914.

二 中文文献

［德］阿图尔·考夫曼、温弗里德·哈斯默尔：《当代法哲学和法律理论导论》，郑勇流译，法律出版社2001年版。

埃尼尔·希曼：《当代美国自然法理论走势》，徐爽译，《现代法学》2002年第1期。

卞建林、谭世贵主编：《证据法学》第三版，中国政法大学出版社2014年版。

［美］波斯纳：《超越法律》，苏力译，中国政法大学出版社2001年版。

［美］波斯纳：《法理学问题》，苏力译，中国政法大学出版社2002年版。

［美］博登海默：《法理学：法律哲学与法律方法》，邓正来译，中国政法大学出版社1999年版。

常怡、陈飏：《麦考密克论证据》书评，《环球法律评论》2007年第2期。

陈波：《客观事实抑或认知建构：罗素和金岳霖论事实》，《学术月刊》2018年第10期。

陈光中、陈海光、魏晓娜：《刑事证据制度与认识论》，《中国法学》2001年第1期。

陈光中、李玉华、陈学权：《诉讼真实与证明标准改革》，《政法论坛》2009年第2期。

陈洪兵、周春荣：《犯罪既未遂疑难问题探讨》，《山西省政法管理干部学院学报》2007 年第 1 期。

陈金钊、谢晖主编:《法律方法》第 2 卷,山东人民出版社 2003 年版。

陈林林:《基于法律原则的裁判》,《法学研究》2006 年第 3 期。

陈林林:《基于法律原则的裁判》,《法学研究》2006 年第 3 期。

陈林林:《证据推理中的价值判断》,《浙江社会科学》2019 年第 8 期。

陈兴良主编:《中国案例指导制度研究》,北京大学出版社 2014 年版。

陈永生:《法律事实与客观事实的契合与背离——对证据制度史另一视觉的解读》,《国家检察官学院学报》第 11 卷,2003 年第 4 期。

[美] 丹尼斯·帕特森:《布莱克维尔·法哲学和法律理论指南》,汪庆华等译,上海人民出版社 2012 年版。

董皞:《司法解释论》,中国政法大学出版社 1999 年版。

杜文静:《"孤证不能定案"的逻辑证成》,《学术研究》2017 年第 11 期。

[法] 米海依尔·戴尔玛斯—马蒂:《刑事政策的主要体系》,卢建平译,法律出版社 2000 年版。

范愉:《法律解释的理论与实践》,《金陵法律评论》2003 年秋季卷。

方金刚:《案件事实认定论》,中国政法大学,博士学位论文,2004 年。

付玉明、汪萨日乃:《刑事指导性案例的效力证成与司法适用——以最高人民法院的刑事指导性案例为分析进路》,《法学》2018 年第 9 期。

[德] 古斯塔夫·拉德布鲁赫:《法律之不法与超越法律之法》,舒国滢译,载于"百度文库",网络地址:https://wenku.baidu.com/view/6a0e4f8b3b3567ec112d8a19.html,最近访问日期:2019 年 6 月 18 日。

[古希腊] 亚里士多德:《政治学》,吴寿彭译,商务印书馆 1965 年版。

郭华:《案件事实认定方法》,中国人民公安大学出版社 2009 年版。

[英] H. L. A. 哈特:《法理学与哲学论文集》,支振锋译,法律出版社 2005 年版。

[英] 哈特:《法律的概念》,许家馨、李冠宜译,法律出版社 2011 年版。

[美] 哈特、[美] 霍诺尔:《法律中的因果关系》第二版,张绍谦、孙战国译,中国政法大学出版社 2005 年版。

[德] 汉斯·海因里希·耶赛克、托马斯·魏根特《德国刑法教科书》,徐久生译,中国法制出版社 2001 年版。

贺建勇、朱炜:《对美国陪审团制度的考察与评析》,《江西公安专科学校学报》2010 年第 2 期。

贺建勇、朱炜：《对美国陪审团制度的考察与评析》，《江西公安专科学校学报》2010 年第 2 期。

后祥：《疑难案件的审理经验点滴》，《四川监察》1996 年第 4 期。

胡萌：《英国证据法中禁止反言的起源与主要形态》，《证据科学》2014 年第 5 期。

胡云腾、段启俊：《疑罪问题研究》，《中国法学》2006 年第 3 期。

黄宏生：《客观事实与法律事实的关系及意义》，《福建论坛》2007 年第 7 期。

黄伟力：《论法律实质推理》，《政治与法律》2000 年第 5 期。

黄先雄：《波斯纳眼中的法律客观性》，《中南大学学报》2003 年第 5 期。

John W. Strong 主编：《麦考密克论证据》，汤维建等译，中国政法大学出版社 2003 年版。

季涛：《论疑难案件的界定标准》，《浙江社会科学》2004 年第 5 期。

［美］杰弗里·布兰德：《法治的界限：超法裁判的伦理》，娄曲亢译，中国人民大学出版社 2016 年版。

金钟：《论疑罪》，《江苏社会科学》2013 年第 3 期。

金自宁：《探析行政法原则的地位——走出发源学说之迷雾》，2010 行政法年会，中国法学会主办，2010 年 7 月。

［德］卡尔·拉伦茨：《法学方法论》，陈爱娥译，商务出版社 2003 年版。

［美］朗·L. 富勒：《法律的道德性》，郑戈译，商务印书馆 2005 年版。

李步云、赵迅：《什么是良法》，《法学研究》2005 年第 6 期。

李莉：《论刑事证据的证明能力对证明力的影响》，《中外法学》1999 年第 4 期。

李燕：《最高人民法院具体应用法律解释权的规范分析》，《江汉学术》2019 年第 5 期。

梁慧星：《民商法论丛》第 2 卷，法律出版社 1999 年版。

林辉煌：《论证据排除——美国法之理论与实务》，北京大学出版社 2006 年版。

林纪东：《刑事政策学》，台湾中正书局 2000 年版。

林立：《法学方法论与德沃金》，中国政法大学出版社 2002 年版。

林山田：《刑事程序法》，台湾五南图书出版股份有限公司，2004年。
林卫星：《法官释法的基本要求》，《法制日报》2013年第9版。
林钰雄：《刑事诉讼法》上册，中国人民大学出版社2005年版。
蔺剑、孙利勃：《疑罪从无研究》，《中国刑事法杂志》1998年第1期。
刘芳：《刑法适用疑难问题及定罪量刑标准通解》，法律出版社2004年版。
刘礼忠：《"良法"与"恶法"辨析》，《法制与社会》2009年第31期。
刘星：《法律是什么》，中国政法大学出版社1998年版。
刘仲秋、熊志海：《证据中的事实信息》，《西南师范大学学报》2005年第5期。
［德］罗伯特·阿列克西：《法概念与法效力》，王鹏翔译，商务印书馆2015年版。
［德］罗伯特·阿列克西：《法律论证理论》，舒国滢译，中国法制出版社2002年版。
［美］罗纳德·德沃金：《刺猬的正义》，周望、徐宗立译，中国政法大学出版社2016年版。
［美］罗纳德·德沃金：《认真对待权利》，信春鹰、吴玉章译，上海三联书店2008年版。
［美］罗纳德·德沃金：《原则问题》，张国清译，凤凰出版传媒集团、江苏人民出版社2008年版。
［美］罗纳德·德沃金：《至上的美德：平等的理论与实践》，冯克利译，江苏人民出版社2012年版。
［美］罗纳德·德沃金：《自由的法：对美国宪法的道德解读》，刘丽君译，上海人民出版社2013年版。
［美］罗斯科·庞德：《通过法律的社会控制法律的任务》，沈宗灵等译，商务印书馆1984年版。
罗志刚、唐海波：《对无直接证据案件应运用间接证据之间的印证定案——浙江衢州中院裁定张传勇贩卖毒品案》，《人民法院报》2016年2月25日第6版。
马克昌：《我国刑法也应以谦抑为原则》，《云南大学学报》（法学版）2008年第5期。
梅象华：《继承与超越：刑法不得已原则之于谦抑原则》，《河北法学》

2014 年第 10 期。

《拿破仑法典（法国民法典）》（1908—1804 年公布），李浩培、吴传颐、孙鸣岗译，商务印书馆 1979 年版。

［英］尼尔·麦考密克：《法律推理与法律理论》，姜峰译，法律出版社 2005 年版。

宁汉林、魏克家：《中国刑法简史》，中国检察出版社 1997 年版。

《牛津法律大辞典》：光明日报出版社 1988 年版。

庞凌：《法律原则的识别和适用》，《法学》2004 年第 10 期。

彭漪涟：《事实论》，广西师范大学出版社 2015 年版。

齐晓凡：《司法鉴定中的不确定性鉴定结论研究——以笔迹鉴定为考察视角》，《湖南公安高等专科学校学报》2006 年第 5 期。

［英］乔治·爱德华·摩尔：《伦理学原理》，长河译，上海人民出版社 2003 年版。

秦宗文：《"一事不再理"的法理与立法选择》，《现代法学》2004 年第 5 期。

邱昭继：《法律、语言与法律的不确定性》，博士学位论文，中国政法大学，2008 年。

任强：《判决如何作出——以判断类型为视角》，《中国社会科学》2007 年第 3 期。

［英］萨达卡特·卡德里：《审判为什么不公正》，新星出版社 2014 年版。

桑本谦：《法律解释的困境》，《法学研究》2004 年第 5 期。

沈宗灵等主编：《法理学与比较法学论集》，北京大学出版社 2000 年版。

沈宗灵：《法律推理与法律适用》，《法学》1988 年第 5 期。

［美］史蒂文·J. 伯顿：《法律和法律推理导论》，张志铭、解兴权译，中国政法大学出版社 2000 年版。

舒国滢、宋旭光：《以证据为根据还是以事实为根据？——与陈波教授商榷》，《政法论丛》2018 年第 1 期。

宋晚秋：《析论"疑罪从无"与"一切疑点利益归于被告"》，《法制博览》2012 年第 11 期。

孙长永：《提起公诉的证据标准及其司法审查比较研究》，《中国法学》2001 年第 4 期。

孙国强、白林:《从"客观真实"到"法律真实"——论我国刑事审判证明标准的转换》,《广西大学学报》2011年第4期。

孙海波:《案件为何疑难?》,《兰州学刊》2012年11月。

孙海波:《"疑难案件的成因及裁判进路研究"文献综述》,北大法律信息网,http://article.chinalawinfo.com/ArticleHtml/Article_62555.shtml,访问日期:2019年11月21日。

孙日华:《裁判事实如何形成》,《北方法学》2011年第6期。

孙文恺:《"恶法非法"与"恶法亦法"》,《人民法院报》2010年10月8日。

孙笑侠:《基于规则与事实的司法哲学范畴》,《中国社会科学》2016年第7期。

童春荣:《刑法不得已原则之提倡——与刑法谦抑性比较的抉择》,《湖北社会科学》2015年第7期。

王舸:《案件事实推理论》,中国政法大学出版社2013年版。

王宏选:《疑难案件及其法律发现》,《法律方法》第5卷,山东人民出版社2006年版。

王圣扬:《刑事证明标准层次性略论》,《政治与法律》2003年第5期。

王帅:《最高人民法院刑法解释权的功能扩张与复归》,《政治与法律》2018年第6期。

[德]维尔纳·弗卢梅:《法律行为论》,迟颖译,法律出版社2013年版。

[奥]维特根斯坦:《论确实性》,张金言译,广西师范大学出版社2002年版。

魏治勋:《法律解释体制与法官的法律解释权》,《东方法学》2013年第3期。

[美]德沃金:《法律帝国》,许杨勇译,上海三联书店2016年版。

向朝阳、龙波:《对疑罪之司法抉择的学理及应用研究》,《中国刑事法杂志》1999年第3期。

谢晖:《论规范分析方法》,《中国法学》2009年第2期。

熊志海、张步文:《论刑事证据与案件事实之关系》,《法学研究》2004年第4期。

杨辉忠:《刑事法官解释刑法的几个问题》,《南京大学法律评论》2009年秋季卷。

杨建军：《法律事实的概念》，《西北政法学院学报》2004 年第 6 期。

杨建军：《法律事实、规范与价值》，《法律方法》2006 年第 5 卷。

杨建军：《事实的类型化与法律推理》，《法律方法》2005 年第 4 卷。

杨艺红、梅象华：《论犯罪的实质界域——以刑法不得已原则解读》，《河南科技大学学报》2012 年第 1 期。

杨玉梅、孟丽萍：《试论公安机关在行政诉讼中的举证责任》，《公安部管理干部学院山西分院学报》1999 年第 1 期。

杨知文：《"分类"与"解释"——两类疑难案件裁判规范证立的比较研究》，《太原理工大学学报》2010 年第 3 期。

叶青、盛雷鸣：《刑事诉讼中精神疾病自行鉴定问题研究——以张扣扣案的鉴定争议为线索》，《中国司法鉴定》2019 年第 4 期。

余涌：《道德权利研究》，中央编译出版社 2001 年版。

曾世雄：《民法总则之现在与未来》，中国政法大学出版社 2001 年版。

张保生：《法律推理的理论与方法》，中国政法大学出版社 2000 年版。

张保生：《事实认定及其在法律推理中的作用》，《浙江社会科学》2019 年第 6 期。

张建伟：《审判中心主义的实质内涵与实现途径》，《中外法学》2015 年第 4 期。

张建伟：《"疑罪"的含义与处理原则》，《检察日报》1997 年 3 月 31 日。

张剑：《不能用预判的应然情形作为定案证据》，《中国检察官》2015 年第 22 期。

张卫平：《民事诉讼法》第四版，法律出版社 2016 年版。

张文显主编：《法理学》，高等教育出版社 2007 年版。

张晓冉：《案件事实为何疑难？——认知局限、事实冲突和证据形成》，《北京警察学院学报》2019 年第 3 期。

张晓冉：《"存疑利于被告"原则在刑事事实疑难案件中的适用》，《北京警察学院学报》2018 年第 4 期。

张晓冉：《法律疑难的理论争议及其对司法裁判的影响》，《四川大学法律评论》第 18 卷，法律出版社 2018 年版。

张晓冉：《刑事案件中的事实疑难：类型及适用》，《学术前沿》2016 年第

21期。

张晓冉:《中国法官退出机制研究》,《广东社会科学》2016年第3期。

张晓冉:《"罪疑"与"疑罪"之法理界分》,《中山大学法律评论》第14卷第1辑,广西师范大学出版社2016年版。

张颖颖:《刍议法律事实和客观事实的冲突问题》,《厦门广播电视大学学报》2004年第1期。

张兆松:《"刑事存疑时有利于被告原则"质疑》,《人民检察》2005年第11期。

张中:《解析"双重危险"——以美国禁止双重危险原则的历史嬗变为视角》,《诉讼法论丛》第10卷,2005年7月15日。

郑永流:《法律判断大小前提的建构及其方法》,《法学研究》2006年第4期。

支振峰:《驯化法律——哈特的法律规则理论》,清华大学出版社2009年版。

周洪波:《比较法视野中的刑事证明方法与程序》,《法学家》2010年第5期。

周力:《法律实证主义的基本命题》,《华东政法大学学报》2008年第2期。

周少华:《同案同判:一个虚构的法治神话》,《法学》2015年第11期。

周永坤:《我国现行法律解释与法治观念的冲突》,《现代法学》2006年7月。

朱营周:《从"疑罪从无"谈测谎技术在侦查中的应用》,《中州学报》2003年第4期。

纵博:《"孤证不能定案"规则之反思与重塑》,《环球法律评论》2019年第1期。

附 录

一 相关裁判文书

闫啸天、王亚军案一审判决书：（2014）辉刑初字第 409 号。

闫啸天等案二审判决书：（2015）新中刑一终字第 128 号。

赵春华一审判决书：（2016）津 0105 刑初 442 号。

赵春华案二审判决书：（2017）津 01 刑终 41 号。

许霆案一审判决书：（2007）穗中法刑初字第 196 号。

许霆案二审判决书：（2008）穗中法刑二重字第 2 号。

朱志武、金朝华贩卖毒品、容留他人吸毒案一审判决：（2016）浙 01 刑初 50 号。

张传勇贩卖毒品案一审判决书：（2015）衢江刑初字第 115 号。

张传勇贩卖毒品案二审判决书：（2015）浙衢刑二终字第 60 号。

二 相关法律法规

全国人民代表大会颁布：《中华人民共和国刑法》，第一百二十八条第一款："违反枪支管理规定，非法持有、私藏枪支、弹药的，处三年以下有期徒刑、拘役或者管制；情节严重的，处三年以上七年以下有期徒刑。"2017 年 11 月 4 日实施。

公安部：《公安机关涉案枪支弹药性能鉴定工作规定》，公通字〔2010〕67 号，第三条第（三）款："对不能发射制式弹药的非制式枪支，按照《枪支致伤力的法庭科学鉴定判据》（GA/T 718—2007）的规定，当所发射弹丸的枪口比动能大于等于 1.8 焦耳/平方厘米时，一律认定为枪支。"2010 年 12 月 7 日发布。

最高人民法院：《关于审理非法制造、买卖、运输枪支、弹药、爆炸物等刑事案件具体应用法律若干问题的解释》，第五条第二款："具有下列情形之一的，属于刑法第一百二十八条第一款规定的情节严重：（一）非法持有、私藏军用枪支二支以上的；（二）非法持有、私藏以火药为动力发射枪弹的非军用枪支二支以上或者以压缩气体等为动力的其他非军用枪支五支以上的；（三）非法持有、私藏军用子弹一百发以上，气枪铅弹五千发以上或者其他非军用子弹一千发以上的；（四）非法持有、私藏手榴弹三枚以上的；（五）达到本条第一款规定的最低数量标准，并具有造成严重后果等其他恶劣情节的。"2010年1月1日起施行。

全国人民代表大会颁布：《中华人民共和国刑法》，第二百六十四条："盗窃公私财物，数额较大或者多次盗窃的，处三年以下有期徒刑、拘役或者管制，并处或者单处罚金；数额巨大或者有其他严重情节的，处三年以上十年以下有期徒刑，并处罚金；数额特别巨大或者有其他特别严重情节的，处十年以上有期徒刑或者无期徒刑，并处罚金或者没收财产；有下列情形之一的，处无期徒刑或者死刑，并处没收财产：（一）盗窃金融机构，数额特别巨大的；（二）盗窃珍贵文物，情节严重的。"2017年11月4日实施。

全国人民代表大会颁布：《中华人民共和国刑法》，第六十三条第二款："犯罪分子虽然不具有本法规定的减轻处罚情节，但是根据案件的特殊情况，经最高人民法院核准，也可以在法定刑以下判处刑罚。"2017年11月4日实施。

最高人民法院：《关于审理盗窃案件具体应用法律若干问题的解释》，第八条："刑法第二百六十四条规定的'盗窃金融机构'，是指盗窃金融机构的经营资金、有价证券和客户的资金等，如储户的存款、债券、其他款物，企业的结算资金、股票，不包括盗窃金融机构的办公用品、交通工具等财物的行为。"1998年3月10日颁布，2013年4月4日失效。

最高人民检察院：第十二批指导性案例明确正当防卫界限标准，分别是"陈某正当防卫案（检例第45号），朱凤山故意伤害（防卫过当）案（检例第46号），于海明正当防卫案（检例第47号），侯雨秋正当防卫案（检例第48号）"，2018年12月19日发布。

全国人民代表大会颁布：《中华人民共和国刑事诉讼法》第一百二十三条："侦查人员在讯问犯罪嫌疑人的时候，可以对讯问过程进行录音或者录像;对于可能判处无期徒刑、死刑的案件或者其他重大犯罪案件,应当对讯问过程进行录音或者录像。"2018年10月26日实施。

全国人民代表大会颁布:《中华人民共和国刑事诉讼法》第五十条:"可以用于证明案件事实的材料,都是证据。证据包括:(一)物证;(二)书证;(三)证人证言;(四)被害人陈述;(五)犯罪嫌疑人、被告人供述和辩解;(六)鉴定意见;(七)勘验、检查、辨认、侦查实验等笔录;(八)视听资料、电子数据。"2018年10月26日实施。

公安部:《公安机关现场执法视音频记录工作规定》,公通字〔2016〕14号,第十九条:"对违反本规定,具有下列情形之一的,应当依照有关规定,追究相关单位和人员的责任:(一)对应当进行现场记录的执法活动未予记录,影响案件处理或者造成其他不良影响的;(二)剪接、删改、损毁、丢失现场执法视音频资料的;(三)擅自对外提供或者公开发布现场执法视音频资料的。"2016年7月1日起施行。

最高人民检察院:《人民检察院刑事诉讼规则》第六十三条:"证据确实、充分,应当符合以下条件:(一)定罪量刑的事实都有证据证明;(二)据以定案的证据均经法定程序查证属实;(三)综合全案证据,对所认定事实已排除合理怀疑。"2013年1月1日起施行。

最高人民检察院:《人民检察院刑事诉讼规则》第四百〇一条:"人民检察院对于公安机关移送审查起诉的案件,发现犯罪嫌疑人没有犯罪事实,或者符合刑事诉讼法第十五条规定的情形之一的,经检察长或者检察委员会决定,应当作出不起诉决定。"2013年1月1日实施。

全国人民代表大会颁布:《中华人民共和国刑事诉讼法》第十六条规定:"有下列情形之一的,不追究刑事责任,已经追究的,应当撤销案件,或者不起诉,或者终止审理,或者宣告无罪:(一)情节显著轻微、危害不大,不认为是犯罪的;(二)犯罪已过追诉时效期限的;(三)经特赦令免除刑罚的;(四)依照刑法告诉才处理的犯罪,没有告诉或者撤回告诉的;(五)犯罪嫌疑人、报告人死亡的;(六)其他法律规定免予追究刑事责任的。"2018年10月26日实施。

最高人民检察院:《人民检察院刑事诉讼规则》第四百零五条:"人民检察院根据刑事诉讼法第171条第四款规定决定不起诉的,在发现新的证据,符合起诉条件的,可以提起公诉。"2013年1月1日实施。

最高人民法院、最高人民检察院:《关于办理盗窃刑事案件适用法律若干问题的解释》第一条:盗窃公私财物价值一千元至三千元以上、三万元至十万元以上、三十万元至五十万元以上的,应当分别认定为刑法第二百六十四条规定的"数额较大""数额巨大""数额特别巨大"。2013年4月4日起施行。

最高人民检察院:《人民检察院刑事诉讼规则》,第三百九十条:"具有下列情形之一的,可以确认犯罪事实已经查清:(一)属于单一罪行的案件,查清的事实足以定罪量刑或者与定罪量刑有关的事实已经查清,不影响定罪量刑的事实无法查清的;(二)属于数个罪行的案件,部分罪行已经查清并符合起诉条件,其他罪行无法查清的;(三)无法查清作案工具、赃物去向,但有其他证据足以对被告人定罪量刑的;(四)证人证言、犯罪嫌疑人供述和辩解、被害人陈述的内容中主要情节一致,只有个别情节不一致且不影响定罪的。对于符合第二项情形的,应当以已经查清的罪行起诉。"2013年1月1日实施。

全国人民代表大会颁布:《中华人民共和国刑事诉讼法》第五十五条第二款:"证据确实、充分,应当符合以下条件:(一)定罪量刑的事实都有证据证明;(二)据以定案的证据均经法定程序查证属实;(三)综合全案证据,对所认定事实已排除合理怀疑。"2018年10月26日实施。

最高人民法院、最高人民检察院、公安部:《关于办理死刑案件审查判断证据若干问题的规定》第三十三条:"没有直接证据证明犯罪行为系被告人实施,但同时符合下列条件的可以认定被告人有罪:(一)据以定案的间接证据已经查证属实;(二)据以定案的间接证据之间相互印证,不存在无法排除的矛盾和无法解释的疑问;(三)据以定案的间接证据已经形成完整的证明体系;(四)依据间接证据认定的案件事实,结论是唯一的,足以排除一切合理怀疑;(五)运用间接证据进行的推理符合逻辑和经验判断。"2010年6月24日颁布。

全国人民代表大会颁布:《中华人民共和国婚姻法》第四十一条:"离婚时,原为夫妻共同生活所负的债务,应当共同偿还。共同财产不足清偿的,或财产归各自所有的,由双方协议清偿。"2001年4月28日实施。

最高人民法院颁布:《中华人民共和国婚姻法解释(二)》,法释

〔2003〕19号，第二十四条："债权人就婚姻关系存续期间夫妻一方以个人名义所负债务主张权利的，应当按夫妻共同债务处理。但夫妻一方能够证明债权人与债务人明确约定为个人债务，或者能够证明属于婚姻法第十九条第三款规定情形的除外。"2004年4月1日施行。

全国人民代表大会颁布：《中华人民共和国刑法》第三百一十条："明知是犯罪的人而为其提供隐藏处所、财物，帮助其逃匿或者作假证明包庇的，处三年以下有期徒刑、拘役或者管制；情节严重的，处三年以上十年以下有期徒刑。犯前款罪，事前通谋的，以共同犯罪论处。"2017年11月4日实施。

全国人民代表大会颁布：《中华人民共和国刑法》第十七条规定："已满16周岁的人犯罪，应当负刑事责任。已满14周岁不满16周岁的人，犯故意杀人罪、故意伤害致人重伤或死亡、强奸、抢劫、贩卖毒品、放火、爆炸、投毒罪的，应当负刑事责任，已满14周岁不满18周岁的未成年人犯罪，应当从轻或减轻处罚。"2017年11月4日实施。

全国人民代表大会颁布：《中华人民共和国刑法》第一百二十八条第一款："违反枪支管理规定，非法持有、私藏枪支、弹药的，处三年以下有期徒刑、拘役或者管制；情节严重的，处三年以上七年以下有期徒刑。"2017年11月4实施。

全国人民代表大会常务委员会：《关于加强法律解释工作的决议》第二条规定："凡属于法院审判工作中具体应用法律、法令的问题，由最高人民法院进行解释。"1981年6月10日于第五届全国人民代表大会常务委员会第十九次会议中通过。

最高人民法院制定：《最高人民法院关于案例指导工作的规定》，法发〔2010〕51号，第二条："本规定所称指导性案例，是指裁判已经发生法律效力，并符合以下条件的案例：（一）社会广泛关注的；（二）法律规定比较原则的；（三）具有典型性的；（四）疑难复杂或者新类型的；（五）其他具有指导作用的案例。"2010年11月26日施行。

全国人民代表大会颁布：《中华人民共和国刑法》第五条："刑法的轻重，应当与犯罪分子所犯罪行和承担的刑事责任相适应。"2017年11月4日实施。

后　　记

　　本书系在我的博士毕业论文基础上加以深化、完善而成，主体内容构思并写就于我在中山大学法学院攻读法学理论博士的三年时光里。回想自己在母校西南政法大学受法学启蒙，以及在中山大学攻读法学博士的历程中，老师们的精彩讲授、同学间的思辨讨论，仍历历在目。时光荏苒，逐渐加深了我对西方法学理论和西方法律思想的理解，这些法理上潜移默化的认知后来都运用到了本书的写作中。而后在中国社会科学院大学的博士后科研工作期间，我又抽出时间将书中部分章节内容加以补充完善，直至今日得以付梓。

　　本书得以出版首先需要感谢任强教授。2014年我进入中山大学攻读法学博士，任老师在入学之初即对我听课、读书、写作提出了严格的要求，使我较早明确了自己的学术方向。本书的结构优化、参考文献的丰富等诸多方面，都得到了任老师的悉心指导。掩卷之余，感叹时光飞逝，导师的教诲和课程讲授还画面般清晰如昨。博士三年除了科研还跟随任老师参与了多期公益讲堂，耳濡目染关于佛教、坛经、道德经、书法等经典文化，加深了我在哲学方面的认知和思考，对拓宽写作视野和思路都有所助益。这也是我在疑难案件理论的研究中，更倾向于新自然法学派的缘由之一。

　　特别感谢中山大学管理学院李善民教授，奖掖后学、谆谆教诲，在博士期间和博士后科研工作中都给予了我很多鼓励。同时要感谢中山大学法学院导师组徐忠明教授、熊明辉教授和杜金副教授对本书的修订与完善提出了宝贵意见；感谢谢进杰教授对本书第七章第二节"罪疑与疑罪之法理界分"提出的修改建议，并要感谢给予过我指导的刘恒教授、丁利副教授和丁建峰副教授。回顾在中山大学撰写博士论文的历程，知苦而不觉苦，终选择坚持，可谓人生中既难得又难忘的经历。

特别感谢我的博士后合作导师文学国教授，给了我充分的自由研究和潜心学问的空间，使我能够专注于自己感兴趣的科研方向，不断地学习积累也更坚定了自己要走学术研究道路的心念。在本书后期的修订过程中，文老师给了我很多的鼓励和支持。在中国社会科学院大学的科研工作中，时有问题向文老师求教，博士后期间发表关于"个人失信惩罚"的学术论文，其选题思路亦来自一次与文老师的交谈中。老师对我的学术指引总是适时又直击要点，我在科研方法和研究思路方面有幸能得到文老师的点拨，可谓受益匪浅。

感谢中国社会科学出版社张林老师。在本书计划出版之初，我幸运地得到张老师的指导，亲授其多年在书籍写作、编纂方面的经验，增加了我出版专著的信心。本书得以出版，离不开张林老师的鼓励和斧正。

感谢中国社会科学院关心我科研工作的黄晓勇教授、赵芮教授、谢朝斌教授、张菀洺教授、赵一红教授、刘仁文教授、龚赛红教授和吴玉章教授，正是老师们的无私授教使我能够快速认清自己的不足并加以修正。中国社会科学院具备极好的师资和优良的学风，浸润在一个务实、笃行的学术氛围中，其感染力是渗透式的，敦促自己持续学习。在中国社会科学院大会做应用经济学博士后科研工作时，选听了左大培教授、张宇燕教授、剧锦文教授和其他老师讲授的经济学课程，增进了我在法律的经济分析方面的认知。多年的法学理论学习和实践，加之经济学的新知在社科大得以沉淀，其间的所学所悟都运用到了本书的修订中。

感谢中南财经政法大学陈景良教授，以手写批注的方式，为我明确指出了有待完善之处，使本书后续的修订事半功倍。感谢北京警察学院穆云涛老师，对本书第五章、第六章"案件事实中的疑难情形及理论进路"和第七章第三节"刑事事实疑难之'利益归于被告'"的内容，提出了细致的修改意见。

特别感谢李天应先生在求学过程中对我的勉励，在我人生中的重要转折点总是适时地给予指引和帮助，会直言我的不足也给我最多的鼓励。也特别感谢李天春先生一家，在北京对我生活和工作给予的关心和照顾。最后，我想感谢精心培育我成长的父母，正是家人对我的信任与理解，让我可以心无旁骛、静守己拙。

求学之路没有终点，吾亦甘之如饴。在各位老师、家人的爱护中得以前行至此，倍感珍惜。生命的起承转合中，有太多老师、亲人、同学和朋友，在学习、工作和生活中给予过我无私的帮助，因无法一一列举他们的名字，在此一并表示衷心感谢。

本书从撰写到出版历时六年有余，《金刚经》言："过去心不可得"，我想写作当属例外。在对本书的增补、完善过程中，曾多次与过去的自己对话，并对自己过去研究中存在的问题加以修正。随着研究的逐渐深入，对同个问题的认知和表达也都产生了相应的变化，这些变化在本书中有所体现。尽管如此，受本人学术水平的限制，本书在认识上和表述上应该还存在不少的偏见或问题，欢迎读者指正。

张晓冉

2019 年 10 月于中国社会科学院